自然灾害损失、恢复力、风险评估理论与实践丛书

主　编　李　宁

副主编　李春华

自然灾害经济影响评估理论与实践

吴吉东　解　伟　李　宁　著

本书研究获

· 国家重点研发计划课题
"全球变化人口与经济系统风险评估模型与模式研究"
(2016YFA0602403)

· 国家自然科学基金项目
"自然灾害空间波及经济影响机制及模型模拟"
(41571492)

· 国家自然科学基金项目
"基于 I-O 理论的灾害间接经济损失评估模型"
(41101506)

· 国家重大科学研究计划课题
"全球变化与环境风险演变过程与综合评估模型"
(2012CB955402)

· 北京市自然科学基金项目
"北京市特大地震灾害管理中损失及其空间波及效应评估的研究"
(9172010)

支持

科 学 出 版 社

北　京

内 容 简 介

本书主要论述自然灾害间接经济损失评估的基础理论和方法问题。首先，从经济学视角基于灾害管理需求，对灾害损失进行了分类与界定，揭示了不同类型灾害损失的本质，并讨论了相应损失类型的评估方法；其次，针对自然灾害直接经济损失评估中损失最大值确定的难度，探讨了利用固定资产存量代替 GDP 作为经济暴露性表征指标的资产存量价值测算方法，为构建基于固定资产存量的灾害直接经济损失评估模型提供损失最大值的参数；最后，通过国内外重大自然灾害灾后经济恢复进程的实证案例分析，重点构建基于经济学 IO 模型和 CGE 模型的灾害间接经济损失评估模型，以期为科学认识灾害的社会属性及建立灾害经济学学科提供理论和方法思路。

本书可供灾害风险科学、地理学、经济学、管理学和资源与环境领域等的管理工作者、科研工作者等人员参考，也可作为高等院校自然灾害学、防灾减灾工程及防护工程、安全科学与工程等相关专业本科生和研究生的参考教材。

图书在版编目(CIP)数据

自然灾害经济影响评估理论与实践/吴吉东，解伟，李宁著.—北京：科学出版社，2018.6

（自然灾害损失、恢复力、风险评估理论与实践丛书/李宁主编）

ISBN 978-7-03-057707-8

Ⅰ.①自…　Ⅱ.①吴…　②解…　③李…　Ⅲ.①自然灾害-经济影响-经济评价　Ⅳ.①F062.2

中国版本图书馆 CIP 数据核字（2018）第 115575 号

责任编辑：林　剑 / 责任校对：彭　涛

责任印制：张　伟 / 封面设计：盛世图阅

科 学 出 版 社 出版

北京东黄城根北街 16 号

邮政编码：100717

http://www.sciencep.com

北京虎彩文化传播有限公司 印刷

科学出版社发行　各地新华书店经销

*

2018 年 6 月第　一　版　开本：787×1092　1/16

2020 年 1 月第二次印刷　印张：16 1/2

字数：370 000

定价：168.00 元

（如有印装质量问题，我社负责调换）

前言

在人类活动引起的全球性环境问题日益突出的背景下，有学者提出了“人类世”（the anthropocene）的概念，来说明人类活动对地球改造产生的深刻影响。伴随这种改造，人口膨胀、城市化等带来财产和经济活动高度密集的特征，也使同样致灾强度打击下灾害的直接经济损失数字不断地被刷新。例如，2008 年的汶川地震造成了 8451 亿元（当年价）的直接经济损失，而全球自然灾害数据库（EM-DAT）的记录显示，2011 年日本“3·11”大地震造成的直接经济损失估计为 2100 亿美元（约合 13 563 亿元，当年价），成为全球自然灾害损失有记录以来经济损失最惨重的自然灾害。实际上，灾害对人类社会及可持续发展的影响远不止于此，直接经济损失仅仅反映了灾害总损失的一部分。同时，灾害问题也逐步成为制约地区经济可持续发展的关键因素，也成为联合国政府间气候变化专门委员会（IPCC）和各国政府管理决策关注的热点问题。

灾害的经济影响包括灾害的直接经济损失和间接经济损失。灾害损失的科学评估是灾后恢复重建规划制定及重建资金需求确定的重要依据。我国著名经济学家于光远先生早在 1988 年就指出灾害损失的消极作用与为了进行减少灾害损失进行守业投入的负向经济效益，最终目的是实现灾害损失的最小化，损失减小的部分是“正效益”——灾害经济学中的“负负得正”原理。灾害发生以后，灾害造成的直接经济损失已定，如何采取合理有效的恢复重建措施使灾害直接经济损失得以补偿，从而减轻灾害的间接经济损失，是“负负得正”原理实践的关键。因此，从减少灾害影响来说，相对于直接经济损失评估，灾害间接经济损失的模拟与评估对于管理决策优化更有意义。

灾害的间接经济损失具有损失发生因果关系的“间接”性、损失累积的时滞性和损失的时空波及放大效应等特征，与灾害直接经济损失“有形”“静态”的特征相比，灾害间接经济损失的动力影响机制更为复杂，更难以捉摸，其也成为近年来国内外研究的前沿课题。

本书重点阐述了灾害间接经济损失评估的理论与方法。其中，第 1 章在阐述灾害损失评估重要性的基础上，重点梳理了灾害间接经济损失评估研究的国内外进展情况。第 2 章在论述灾害损失概念、特征和国内外分类的基础上，重点阐述基于灾害管理需要和经济学视角的自然灾害损失分类与损失的界定，以及损失的评估原则和方法。第3章阐述了灾害与经济发展的相互关系及相互制约的复杂关系。第4章提出面向灾害损失评估的固定资产存量价值评估方法，评估了中国改革开放以来分地市历年固定资产存量价值，为中国地市单元灾害损失评估中最大直接经济损失值参数的确定提供了依据。第5章通过对国内外重大气象灾害、地震灾害的灾后恢复进程分析，总结了灾害经济影响的时空特征差异；第6、第7章是本书的重中之重，发挥经济学中投入产出模型（Inputloutput model，IO）模型和可计算一般均衡（computation generalized equilibrium，CGE）模型各自的优势，通过灾害影响机制的引入，构建灾害经济影响模拟模型，以更合理地评估灾害间接经济损失的阈值，为灾后科学地进行灾害管理提供决策工具。

本书有以下主要观点：①灾害损失是不可避免的，灾害损失与经济发展密切相关，灾害间接经济损失会随着经济增长而呈非线性增长，甚至是直接经济损失的数倍；②资产存量价值指标更优于国内生产总值（gross domestic product，GDP）指标来表征灾害损失的最大值——暴露性；③灾害间接经济损失是确实存在的，但是不同灾种、不同国家、不同经济部门的影响差异较大；④灾害间接经济损失可以用经济学模型进行动态模拟评估，但是由于灾害间接经济影响机制的复杂性，评估结果仍存在很大的不确定性，灾害间接经济损失评估模型尚需要改进与完善；⑤IO模型往往高估灾害间接经济损失，CGE模型容易低估灾害间接经济损失，而灾害间接经济损失评估的目的更多的应该服务于不同灾害管理决策情景下减少损失的效益评估，因此，损失与效益评估的兼顾对于灾害管理的科学化具有重要应用价值。

总之，灾害的社会属性——灾害损失，是灾害的本质属性，灾害损失评估理论与方法体系的完善是建设灾害经济学，更好地服务于灾害管理实践的基础。

本书各章负责完成人员依次为：第1章吴吉东、解伟、李宁；第2章吴吉东、解伟；第3～第5章吴吉东；第6章吴吉东、解伟、李宁；第7章解伟、李宁。全书由吴吉东负责组织撰写，作者共同审定。

由于作者水平有限，书中难免存在不妥之处，欢迎广大读者批评指正。

著　者

2017年12月24日

目录

1 绪论

1.1 灾害间接经济损失评估的重要性

1.1.1 直接经济损失不足以准确评价灾害的影响

直接经济损失反映了灾害直接破坏的程度，但是仅仅用直接经济损失来量度灾害的经济影响是不充分的。例如，某地区两次洪水均造成10亿元的财产损失（直接经济损失），但是前一次主要破坏的是农作物、居民住房等，后一次则主要破坏的是交通、通信等“生命线”基础设施。不难看出，用同样的10亿元来评价这两次洪水造成的经济损失，显然是不合理的，因为“生命线”基础设施对经济的影响和重建成本等与农业及住房相比存在很大区别，“生命线”基础设施的影响要大得多。而这两者的区别可以通过评估灾害造成的间接经济损失来反映，因此，通过直接经济损失和间接经济损失两个指标来评估，能够更加准确地评价两次洪水的影响差异。

发达国家对灾害间接经济损失重视较早，而国内对灾害间接经济损失重视不够，理论研究分散，应用案例更加缺乏。

灾害间接经济损失评估是灾害评估的重要内容之一，发达国家和国际组织很早就已经开始重视灾害造成的间接经济损失。美国联邦紧急事务管理局（Federal Emergency Management Agency，FEMA）早在20世纪80年代，基于地震和结构工程等方面的专家经验，采用计算机模拟开发了评估地震经济影响的集成系统（ATC-13），其中，通过评估震后经济系统设施和“生命线”等的功能损失与恢复时间来评估地震造成的间接经济损失，在此基础上，FEMA在1997年发布的Hazus地震损失评估软件包结合投入产出模型来评估灾害间接经济损失；2009年4月FEMA发布了Hazus-MH最新版本MR4，可以对地震、洪水和飓风灾害损失进行评估，其可应用在减灾规划、灾害影响评估等的领域，为政府决策、防灾减灾策略优化调整、应急备灾和响应方案设计等提供了一种有效的决策工具。

联合国-拉丁美洲和加勒比经济委员会（United Nations-Economic Commission for Latin America and Caribbean，UN-ECLAC）于1991年发布的《灾害评估手册》是世界上应用比较广泛的灾害损失评估工具，其评估方法经历了三十几年的发展，相对比较成熟，并于2003年更新了《灾害社会经济和环境影响评估手册》（ECLAC，2003），该评估手册详细说明了灾后针对主要生产部门和家庭等的直接经济损失和间接经济损失评估的方法、主要内容。

总的来说，以美国为代表的发达国家对灾害间接经济损失给予了足够的重视，虽然还没有一种实用有效的评估模型。但是，投入产出模型和可计算一般均衡模型是灾害间接经济损失评估研究的两个主要模型。对投入产出模型的研究逐渐从静态向动态发展，而对可计算一般均衡模型的理论研究也逐步向灾害案例应用阶段过渡，且由学者自我分散研究向政府成立的专门机构集中研究转变，除了FEMA的Hazus-MH开发，还包括美国2004年成立的针对恐怖袭击风险的经济影响研究中心（CREATE），针对恐怖袭击等风险，其集中多所大学、研究机构的专家学者合作开发灾害经济影响模型工具，为美国国土安全部风险管理决策服务。

国内学者从20世纪90年代开始对灾害间接经济损失有一定的关注，主要针对地震间接经济损失的概念及计量方法做理论探讨，随着2008年南方雨雪冰冻灾害和汶川地震两次巨灾的巨大影响，灾害间接经济损失得到了学术界的进一步重视，政府及管理部门层面也逐渐认识到灾害间接经济损失的重要性。但是，目前国内对灾害间接经济损失研究缺乏，也没有一种有效的灾害间接经济损失评估方法。总的来说，国内对于灾害间接经济损失评估的研究方法多以经验系数法为主，对投入产出模型和可计算一般均衡模型的研究还处于理论探讨阶段，且多是分散研究，评估案例缺乏，即使有一些案例研究，也缺乏科学性和实用性，值得进一步探讨（吴吉东等，2009）。

1.1.2 灾害间接经济损失对经济可持续发展造成威胁

1.1.2.1 经济越发展，灾害的间接影响越大

灾害的影响与社会经济发展水平密切相关。Kellenberg和Mobarak（2008）

的研究显示，经济发展水平和灾害的影响呈库兹涅茨倒 U 形曲线关系。最不发达国家被认为是最脆弱的，遭受灾害破坏时，其直接经济损失占国家财富总量的比例最大（ODI，2005）。

经济系统面对自然灾害的脆弱性由经济结构、经济发展所处的阶段、当前的经济状况和政策环境等一系列复杂的动态影响因素决定。经济系统的脆弱性会随着时间，在经济增长迅速或社会经济处于明显下滑的国家迅速变化。

经济系统的这种脆弱性可以通过减灾投资、经济结构和经济发展环境的合理调整而消减。总的来看，经济越发达的国家，灾害造成的资产损失越大，如日本 1995 年神户地震、美国 2005 年卡特里娜（Katrina）飓风造成了巨大经济损失。经济系统产业之间关联度越来越高，经济系统的脆弱性也越来越大，灾害的间接影响也越来越严重，但是灾害总损失占经济总量的比例明显减少。主要原因在于：①从国家层面来说，经济发达国家在减灾投资、备灾措施和环境管理等方面的改善，以及贫困人口比例下降引起的家庭脆弱性的降低等方面的进步，使得社会整体的抗灾能力得到提高，同时灾后更容易获取重建资金及减少相应的机会成本；②从收入水平来看，发达国家居民可以有更多的政府资金和私人资本用于救助与重建，而不完全是靠国际援助，从而可以更快地应对灾害造成的破坏，吸纳或减轻灾害的影响；③保险补偿，私有部门通过灾害保险和全球保险市场分担风险。在这些综合因素的影响下，经济发展和灾害脆弱性呈库兹涅茨倒 U 形曲线关系。而对许多中等发达水平国家来说，其经济体在部门和区域上集聚程度较高，因此更容易放大灾害的波及效应影响，会对特定部门或区域造成严重的负面影响，这种影响的滞后性，往往使灾后的重建进程缓慢（ODI，2005）。

自中华人民共和国成立以来，我国因灾直接经济损失占 GDP 的比例有下降趋势，但是，中国近 40 年来正处于以年均超过 8% 的 GDP 增长率的工业化和城市化的加速发展时期，产业结构正处于优化调整过程中，能源短缺、环境成本上升、城乡收入差距扩大、就业压力和公共服务能力不足等问题，也使中国经济增长在步入“黄金发展期”的同时，也开始步入“矛盾凸显期”，而城市化带来的财产的高度密集增加了经济发展的脆弱性，最终增加了灾害风险，容易放大或恶化灾害对经济系统的波及效应影响。因此，我国更应该注重灾害的间接影响。

1.1.2.2 间接经济损失占总损失份额不可忽略

由于灾害间接影响涉及灾后应急和恢复重建全过程，而这个过程往往需要数月甚至数年，对于地震、洪水、飓风等重大突发性自然灾害，其造成的间接经济损失往往很大。据 ECLAC 对拉丁美洲和加勒比海地区 1972 ~ 2005 年主要灾害案例的损失统计（表 1.1），灾害的间接经济损失是直接经济损失的 10% ~ 440% 。

表 1.1　拉丁美洲和加勒比海地区自然灾害直接经济损失和间接经济损失对比

时间	国家	灾害类型	破坏程度	总损失（10^6 美元，1998 年）*		间接经济损失与
				直接经济损失	间接经济损失	直接经济损失比
1972 年	尼加拉瓜	地震	里氏 8.5 级	2383	584	0.2
1974 年	洪都拉斯	Fifi 台风	165km/h	512	818	1.6
1976 年	危地马拉	地震	里氏 7.5 级	586	1561	2.7
1979 年	多米尼加共和国	飓风 David 和 Frederic	200 ~ 260km/h	1301	568	0.4
1982 ~ 1983 年	玻利维亚，厄瓜多尔和秘鲁	极端天气：厄尔尼诺	—	3679	1972	0.5
1985 年	墨西哥	地震	里氏 7.8 ~ 8.1 级	5436	780	0.1
1987 年	厄瓜多尔	地震	里氏 6.1 级和里氏 6.8 级	267	1170	4.4
1988 年	尼加拉瓜	飓风 Joan	217km/h	1030	131	0.1
1997 ~ 1998 年	安第斯共同体	厄尔尼诺	—	2784	4910	1.8
1998 年	多米尼加共和国	飓风 Georges	170km/h	1337	856	0.6
1998 年	中美洲	飓风 Mitch	285km/h	3078	2930	1.0
1999 年	哥伦比亚	地震	里氏 5.8 级	1391	188	0.1
1999 年	委内瑞拉	洪水	—	1961	1264	0.6
2001 年	萨尔瓦多	地震	里氏 7.8 级	939	591	0.6
2005 年	萨尔瓦多	飓风 Stan	130 km/h	196	145	0.7
2005 年	尼加拉瓜	飓风 Stan	130 km/h	512	249	0.5
2005 年	洪都拉斯	飓风 Stan	130 km/h	2178	1460	0.7

* 1972 ~ 1999 年的损失数据按 1998 年美元价格计算，2001 ~ 2005 年损失数据为美元当年价数据；本表在原表数据上有增减。

资料来源：ECLAC 和 IDB，2000；Mechler，2009。

Gordon 等（1996）估计北岭地震的结构性损失达到200亿美元，并导致附加的商业中断损失（或称间接经济损失）60亿美元，即间接经济损失是直接经济损失的近1/3。1995年的阪神大地震，间接经济损失占直接经济损失的近一半，达到500亿美元（RMS，2005）。1986年发生在苏联切尔诺贝利的核电站事故造成直接经济损失为100多亿美元，间接经济损失更是高达260多亿美元，数十万人受到了核污染（郑功成，1998）。美国特拉华州大学灾害研究中心的Tierney 等（2001）通过调查，试图确定商业中断损失的主要来源与主要影响机制，并指出商业中断损失与直接财产损失在量上是相当的。根据实证研究，CGER（1999）也指出灾害损失程度越大，间接影响的幅度越大。这些研究证实，与直接经济损失相比，间接经济损失规模显著。Hallegatte（2008）对卡特里娜飓风案例的灾后重建模拟及间接经济损失评估研究指出，随着灾害破坏程度的加大，灾害间接经济损失增加的幅度越来越大，甚至超过直接经济损失增加的幅度。

决策者和研究者不仅仅要关注灾害的物理破坏损失，还应该重视灾害直接破坏造成的间接经济损失。

1.1.3 灾害间接经济损失评估的作用

对企业来说，灾害间接经济损失包括企业的停产损失、减产损失、企业间产业关联损失和投资溢价损失（冯志泽等，1998），其中的停产损失和减产损失（简称停减产损失）评估相对比较容易，而企业间产业关联损失评估则比较困难，需要借助投入产出模型或可计算一般均衡模型等经济学模型来完成，而目前还没有一种行之有效的方法（胡爱军等，2009）。

从灾害间接经济损失评估的可操作性和实用性来说，灾害间接经济损失评估的主要内容应包括：区域（灾区）尺度、国家尺度间接经济损失（增益）和恢复重建期（也称灾害影响持续时间）（表1.2），不仅要评估灾害造成的间接经济损失项，还要评估灾后重建的“破窗效应”等对灾区和周围地区经济的刺激作用——增益项。灾害间接经济损失评估可以更准确地评价灾害的影响，从而为灾后恢复重建、防灾减灾规划等灾害风险管理决策提供量化评估基础支持。

表 1.2　灾害间接经济损失评估的主要内容和用途

	区域尺度	国家尺度
主要内容	部门间接经济损失：产业关联损失、产业中断损失（+） 家庭消费下降（+） 重建需求刺激：政府负担或保险赔付（-） 生还者补偿、补助（-） 外部援助：对口支援、红十字会、捐款等（-）	间接经济损失：生产瓶颈关联损失、产业中断损失（+） 灾区外重建资金的支付负担：政府或保险等（+） 对灾区的重建资助、外部援助（+） 对灾区生还者补偿、补助（+） 灾区以外生产满足灾区重建需求（-）
	恢复重建期（灾害影响持续时间）	恢复重建期（灾害影响持续时间）
用途	• 灾后重建资金需求估算 • 灾后部门重建资金配置额度 • 诊断主导约束部门	• 外部重建援助的机会成本估算 • 重建资金配置额度的成本效益分析与决策 • 潜在灾害风险影响预评估

注：（+）表示损失项，（-）表示增益项；地区尺度的增益项，从国家尺度来说是损失项。

1.1.3.1　准确评价灾害的影响

间接经济损失是反映灾害强度、社会经济系统脆弱性的重要指标，也是灾后优化调整重建决策的依据。结合灾害直接经济损失，科学合理评估灾害间接经济损失可以更加系统全面地评价灾害的影响。特别是对于像汶川地震这样的重大自然灾害（或巨灾），可以为中央和地方政府长期的重建资金投放额度提供根据，也可以为调整国家和地方政府财政投入和资金安排提供成本效益分析工具。

1.1.3.2　服务于灾后恢复重建决策

灾害损失评估是灾后重建科学化的基础，自然灾害机理、预测等有众多的科研群体的研究，包括气象预报、干旱预警等灾害的预测预报基本都有一套科学的方法，而自然灾害损失评估，特别是间接经济损失评估目前国内外没有一套科学的评估标准或模式，从而使防灾减灾和恢复重建处于一种较被动的局面，损失评估数据测算的主观随意性和数据缺乏科学性，给政府灾后恢复重建策略调整带来了一定的困难。科学评估灾害可能造成的间接经济损失，有利于政府及早决策，制定科学的恢复重建计划，合理配置重建资源，重建过程中适度调整加速重建力度，采取积极有效的措施，尽量减少灾害造成的间接经济损失。

1.1.3.3 地区经济可持续发展的决策工具

我国地域辽阔，自然灾害种类复杂多样，因灾直接经济损失日益严重。据统计，中华人民共和国成立以来我国灾害直接经济损失呈明显上升趋势，按1990年不变价计算，20世纪50年代为635亿元，90年代为1035亿元，进入21世纪以来，灾害年平均直接经济损失达1284亿元，灾害直接经济损失占国民生产总值的1%~6%。准确评价灾害的间接经济损失，特别是重大自然灾害的损失评估，对国民经济发展调整具有重要决策参考价值。

首先，损失评估可以为防灾减灾投入提供成本效益分析。随着现代社会经济迅猛发展，人与自然、环境和资源的关系日益紧张，灾害危害的严峻性，也使政府、企业和家庭对减灾行动越来越重视，但减灾投入受地方政府财力，政府、企业和个人不同主体的经济利益及国家重视程度等因素的影响。如何合理布置减灾投入力度才能更“经济”，不同减灾投入幅度下的灾害损失评估情景分析可以为不同的主体参与减灾活动提供参考。

其次，从国家和地方政府宏观层面来说，灾害损失评估工作是制定防灾救灾规划和具体安排防灾救灾措施的基础，是政府有关部门合理筹措安排救灾资金，制定灾区恢复重建规划及救灾资金合理分配的一种强有力的辅助手段。综合灾害风险防范需要灾害科学、应急技术和风险管理技术的支撑（史培军，2009），而间接经济损失评估可以为地区灾害风险防范提供技术支持，为经济长期可持续发展及防灾减灾规划优化提供决策工具。

1.1.3.4 提高人们的防灾意识

灾害间接经济损失评估可以使人们认识到，防御灾害不仅仅要考虑人身和财产安全，还要考虑灾害同样会对人民经济生产生活产生难以弥补的损失，从而提高人们防灾、减灾的自觉性和主动性。另外，欧美一些发达国家及少部分发展中国家已经建立了巨灾保险计划，值得一提的是，西班牙的保险体系中保险标的不仅包括由于地震、洪水、恐怖主义等自然和人为灾害对个人与商业财产的破坏，还包括商业中断损失，而后者为灾害间接经济损失的一部分。因此，灾害间接经济损失评估将来也可以为保险业保险市场的开发和保险产品的设计提供参考。未来的灾害保险是否能把灾害间接经济损失纳入到保险标的中是一个值得探讨的问题。

同时，灾害间接经济损失评估研究也可以推动灾害经济学的研究。灾害经济损失评估的理论与方法是灾害经济学的核心内容之一，科学的灾害经济损失评估体系的建立和完善，必然使灾害经济学更加充实和成熟。

总之，管理者对灾害间接经济影响认识不足是制约灾害管理水平的重要因素之一。灾害间接经济损失是灾害影响强度和社会经济系统脆弱性的重要评价指标，灾害间接经济损失评估是灾后恢复重建决策和防灾减灾规划的重要依据。灾害间接经济损失评估可以为灾害风险管理提供一种新的决策工具，对于重大自然灾害对地区经济可持续发展造成的间接影响，决策者和学术界应给予应有的重视，使灾害经济学的研究成果更好地服务于国家的防灾减灾事业。

1.1.4　灾害间接经济损失评估的难度

由于灾害影响时空机制复杂及灾害损失的特殊性，灾害的间接经济损失评估极其困难。以地震灾害为例，其评估难度包括：

1）地震灾害破坏的彻底性。与气象灾害相比，地震灾害除了造成大量的人员伤亡，往往还造成大范围的结构性彻底破坏，如对建筑物、“生命线”基础设施等的破坏，对社会经济秩序和生产系统的破坏，特别是对于城市化程度高、城市设防水平有限的场所，这种大规模结构性破坏的修复难度很大、恢复周期也很长。

2）地震影响的复杂性。地震不仅造成直接破坏，往往还造成次生灾害和灾害链，这种灾害链的影响机制复杂，很难评估（史培军，2009）。例如，1995 年日本阪神大地震后城市煤气网破裂引发的火灾；1970 年秘鲁 7.6 级地震引发的滑坡掩埋了潘拉赫卡城的一部分，死亡近 3 万人；2008 年汶川地震引发滑坡造成的堰塞湖；并而地震造成的直接经济损失和次生灾害很容易造成停工停产、社会混乱和心理创伤等，不利于灾后恢复重建工作的顺利进行。

3）地震造成的间接经济损失巨大，地震损失的全面评估是非常复杂的一个工程。由于地震灾害对经济系统和社会系统的损害往往具有彻底性、复杂性、长期性等特点，因此，对地震灾害的间接经济损失评估是非常复杂的，不是仅仅对 GDP 或几个行业的损失简单相加减就能完成的。

4）地震灾害多发性且破坏面积广。从时间上看，一次大震之后，在一段较长的时期内，灾区会受到滑坡、堰塞湖等多种次生灾害的影响。从空间上看，一个强烈地震，往往在一个大范围内，造成多种基础设施和房屋的破坏。

因此，开发一个可信的损失评估模型对于减灾策略的设计和防灾计划的开发具有重大意义。损失评估模型对以往灾害事件或潜在风险的损失评估信息对于实际的灾害管理者（或政府官员）有重要的指导作用。有时候，决策者不愿意对防灾进行投资，因为投资成本实实在在，而防灾投资的利益由于发生在未来，很不确定。而损失评估模型可以对具体的防灾计划设计提供基于国家和区域尺度的成本效益分析，从而有利于防灾策略的优化和投资，以及提供援助的合理形式和投放领域。而且，规划者可以在灾害发生前假想灾害影响情景，来评估不同灾害管理策略下潜在损失情况。除了政府和当地政策制订者，民众、企业和保险公司也可能想知道灾害可能产生的潜在损失。因此，保险公司可以为消费者设计更合理的产品，而个人和企业能够明确自身面临的灾害风险，并正确决定如何更好地从生命和财产上保护自身免受损失。

在灾害间接经济损失评估方法研究和实证分析中应注意以下问题。

1）灾害不仅仅会造成基础设施物理破坏的直接经济损失，还会对经济系统产生波及效应影响，造成进一步的损失，称为间接经济损失，这种损失可能很大，但是时常被决策者忽略。

2）与直接经济损失相比，间接经济损失不容易度量，主要在于其损失的原因模糊。而对各种损失进行简单加和可能会导致重复计算。间接经济损失的评估可能需要一种系统的评估方法，而不仅仅是一种方法。评估前需要对灾害间接经济损失的构成范围做科学清晰的界定，以增加评估结果的可信度和可比性。

3）因为灾害的短期和长期影响、地区和国家尺度的损失差异，评估前需要针对灾害影响的时间和空间尺度做清晰的界定，使评估结果更具有针对性和科学性。

4）灾害损失评估模型应充分考虑灾害冲击对经济系统整体的动态影响机理，考虑经济系统弹性、灾后部门生产容量的调整和动态变化及不同性质部门的产出差异特性，合理设置相关参数，从而使灾害损失评估模型更切合实际。

5）损失评估方法是一个必要和重要的决策工具，能够获得未来潜在灾害损失的详细信息，可以帮助风险管理决策。在可能的情况下，灾害损失评估模型的假设应尽量接近实际。

6）在我国自然灾害频发及保险业发展水平还不高的情况下，进行自然灾害间接经济损失评估很有必要的，特别是巨灾间接经济损失评估模型的理论研究和进一步的实证研究。

1.1.5 灾害间接经济损失评估的意义

自然灾害的影响已经深入到人们生活和社会经济生产中来，社会经济发展与安全越来越受到灾害的威胁。如不能对灾害损失进行精确的评估，将严重影响国家、地方和政府部门防灾、减灾、救灾的决策与组织实施，特别是社会经济发展计划的制订、救灾资金和物资的配给等。

灾害间接经济损失评估本身并不能减少地震等灾害的威胁，但是可以基于灾害损失评估的研究成果，采取合理、有效的减灾和应急策略、措施、政策制度等。因而可以说，灾害损失评估是减轻灾害的基础，可以为各级政府减灾决策提供科学依据或参考。具体来说，对灾害间接经济损失评估方法的探讨具有以下意义。

1）灾害间接经济损失评估可以为灾后恢复重建决策提供参考。部门灾害间接经济损失评估结果可以诊断灾后生产的瓶颈及主导约束部门，为灾后重建资金的分配、投资提供参考，特别是对灾后恢复重建较长时间段内（数月至数年）不同时间段投资分配的比例有很好的指导作用。

2）灾害间接经济损失评估框架及方法可以作为国家和地方政府防灾减灾规划、减灾决策、措施实施的一种决策工具。随着社会经济的发展，灾害与经济发展的关系也日益密切，灾害影响的严重性、迫切性、普遍性和特殊性，使决策者不得不在经济发展规划中考虑灾害的影响。在经济发展过程中，如何采取有效措施最大限度地减轻灾害造成的损失，以及对经济发展产生的负面效应，已成为全世界面临的现实而严峻难题。而灾害问题需要从经济学等各个角度对灾害—社会经济系统进行系统研究。利用改进的区域投入产出模型，基于指定地区灾害情景模拟，灾害损失评估可以掌握未来灾害可能的潜在损失信息；而对于假定减灾策略和措施实施的潜在效益分析，可以为灾害应对策略的选择及优化实施提供支持，从而制定更为有效的防灾计划及改进风险管理策略。

3）灾害间接经济损失评估有利于推动和完善灾害经济学的研究。本书的研究可以补充目前我国灾害间接经济损失评估方法研究不足的状况，而灾害经济损失评估方法和理论的完善，也将促进灾害经济学更加充实、成熟。对灾害经济学的研究，有利于提高社会预测和抵御各种灾害的能力。

4）灾害间接经济损失评估有利于改善政府和公众的灾害观念。灾害影响的量化及间接经济损失评估的直观结果，有助于政府、社会、家庭和个人了解包括防灾、抗灾和保险等在内的各种减灾措施的投资效益，可以使决策者和民众能够正确认识自身所面临的灾害风险、了解灾害威胁可能造成的损失，提高全社会的灾害意识，推动减灾文化的发展，促进社会经济的可持续发展。

1.2　灾害间接经济损失评估研究的国内外进展

对灾害造成的经济影响评估，主要包括直接经济损失评估、间接经济损失评估及宏观经济影响评估。如前所述，直接经济损失评估已经有比较完善的评估方法及评估体系，如中国《地震现场工作第 4 部分：灾害直接经济损失评估》国家标准中对于直接经济损失评估标准的规定（GB/T 18208.4—2005），评估结果也容易被大家所接受；灾害的宏观经济影响主要利用计量经济学模型，以 GDP 为指标，从宏观层面评估灾害可能对经济造成的长期和短期影响；灾害的间接经济损失研究多从地震开始，且在地震多发的美国和日本研究较早，在 20 世纪 60 年代就开展了此方面的工作，国内也相继开展了地震间接经济损失评估的研究工作，并取得了一些进展。

众多学者利用不同的模型评估间接经济损失。这些模型的不同点在于模型的适用范围和模型边界界定（吴吉东等，2009）。然而，只有少数计算方法得到应用，如 IO 模型（Leontief，1970；Miller and Blair，1985；Boisvert，1992；Gordon et al.，1995；Hallegatte，2008）和 CGE 模型（Brookshire and McKee，1992；Brookshire et al.，1997；Rose and Lim，2002；Rose and Liao，2005）。另外，还使用经验系数法和实地调查评估法。

1.2.1　国外研究进展

IO 模型一个突出功能是能够模拟和计算灾害对经济系统造成的扰动而产生的连锁反应和波及效应，是区域经济影响分析应用最广泛的工具。IO 模型基于投入产出矩阵，描述了经济系统的所有产业部门之间购买与消费经济流的交互作用（Miller and Blair，1985）。IO 模型可以通过中间消费需求变化来评估灾害对一个或几个部门的经济影响。由于 IO 模型的易用性，其很早被 Cochrane（1974）引入灾害间接经济损失评估，并在随后得到广泛应用。

Kawashima 和 Kanoh（1990）认为地震间接经济损失主要由基础设施、交通设施及原材料和商品的破坏决定，同时也应考虑重建投资的正面效应，以直接经济损失为依据，应用投入产出分析方法给出了灾害“涟漪效应”影响的评估公式。基于该公式，他们对 1983 年日本的 Nihonkai-Chubu 地震进行了间接经济损失评估，但是该模型没有考虑地震对经济系统本身的影响所引起的外部系统损失。

美国国家海洋和大气管理局（National Oceanic and Atmospheric Administration，NOAA）和美国地质调查局（United States Geological Survey，USGS）从 1970 年就开始着手研究预测旧金山地区大尺度地震可能造成的损失，并于 20 世纪 80 年代由 FEMA 开发了一套基于地震和结构工程等方面专家经验，采用计算机模拟方法来评价地震经济影响的集成系统（ATC-13）。该系统根据设定的地震及评估区烈度→基于评估区结构和设施特征分类与专家经验→获得对应烈度下的破坏概率矩阵→给出结构和设施破坏情况→结合不同烈度区对应结构的损失比和结构重置价格→计算结构和设施直接经济损失，进而由专家给出各类设施的功能损失和恢复时间函数→考虑生命线系统影响→评估停减产经济损失（美国应用技术委员会，1991）。在此基础上，FEMA 与美国建筑科学院（National Institute of Building Sciences，NIBS）于 1992 年合作开发了基于地理信息系统（geographic information system，GIS）平台的 Hazus 灾害评估软件包。该软件包基于美国各州建筑物数据库，除了评估灾害造成的直接经济损失，Hazus 结合 IO 模型可以用于灾害间接经济损失评估。Hazus 将家庭作为一个内生的产业部门，使 IO 模型能够反映家庭支出减少造成的损失，且为动态 IO 模型。Hazus 能够评估地震、洪水和飓风等灾害的间接经济损失，从而为不同层次的政府决策及防灾减灾策略的实施、应急备灾和响应方案的设计提供了一种工具。Hazus 从最初的 MR1、MR2 版本，发展到 2009 年发布的版本 MR4，并用于灾害规划、飓风影响评估等案例中，其可操作性和实用性不断得到了证实。但是 Hazus 没能够考虑劳动力和资本的替代问题，以及不能考虑相对价格变化对最终需求的影响，这也是 IO 模型的劣势所在（FEMA，2001）；同时 Hazus 为非开源软件包，其详细的评估计算过程不为一般公众所知。

美国国家地震工程研究中心（NCEER）的 Gordon 等（1997）及 Shinozuka 和 Chang（1997）考虑到城市地震间接经济损失主要是由于交通和工业生产能力下降造成的，基于网络平衡的观点，计算由于交通网络、桥梁和道路破坏导致的网络运输能力的下降程度→考虑运输源和运输目的地的选择等计算生产运输价格的上升→基于工业生产能力下降水平→根据部门间投入产出关系考虑将损失放入功能下降的网络中→计算地震造成的间接经济损失。

CGE 模型是灾害间接经济损失评估中另一个常用的模型。CGE 模型的基本思想：生产者根据利润最大化或成本最小化原则，在技术约束下，进行最优投入决策，确定最优的供给产量；消费者根据效用最大化原则，在预算约束条件下，进行最优支出决策，确定最优的需求量；均衡价格使最优供给量与需求量相等，资源得到最合理的使用，消费者得到最大的满足，经济达到稳定的均衡状态（Shoven and Whalley，1992）。灾害间接经济损失可以通过在这两个均衡状态下诊断经济变量的变化来估算。经济变量包括就业、生产力水平、福利、相对价格等（Bohringer et al.，2003；Francois and Reinert，1997；Rutherford，1999）。

CGE 模型方程融合其他众多模型的许多优点，而且没有太多限制（Rose，1995）。CGE 模型被广泛用于区域经济决策分析上，也为自然灾害影响和政策响应分析提供了一个很好的框架，并被用于灾害损失评估（Rose and Lim，2002；Chang et al，2000），其中包括“生命线”基础设施中断的影响评估（Boisvert，1992；Brookshire and McKee，1992；Rose and Guha，2004；Rose and Liao，2005）。

Rose 是 CGE 模型提出和在灾害研究中应用的倡导者。CGE 模型被成功地用于自然灾害造成供水系统和电力系统中断的波及影响上（Rose and Guha，2004；Rose and Liao，2005）。Rose 等通过考虑供水系统破坏后，供水的节约、替代等经济的内在和外在弹性，对地震后波特兰市供水系统破坏对部门和区域经济影响进行了模拟，并对弹性参数的校正提供了一个算法。CGE 模型为我们提供了评估“生命线”基础设施破坏对经济影响评估的一个有效方法。Tirasirichai 和 Enke（2007）基于 CGE 模型对地震导致城市桥梁损坏造成的间接影响进行了评估，结果表明，与直接经济损失相比，间接经济损失更显著，因此决策者在灾前和灾后基础设施决策上应加以重视。Tatano 和 Tsuchiya（2008）则提出用空间可计算一般均衡（spatial computable general equilibrium，SCGE）模型评估交通中断对经济系统造成的影响，并用于日本 Niigata-chuetsu 地震的间接经济损失评估中。研究结果显示，地震导致的灾区交通中断会对灾区以外的地区经济发展产生重要的影响，因此提出应对策略以减轻灾害损失空间波及效应影响的必要性。

ECLAC 2003 年发布的《灾害社会经济和环境影响评估手册》的主要生产部门和家庭等的直接经济损失和间接经济损失评估的方法及主要内容，主要采用实地调查评估法评估灾害的间接经济损失，实地调查评估法能够详尽反映灾害影响的具体方面，但是其调查的成本较高，而且对于灾害影响范围较大的事件，不可能对受灾害影响的各个企业全部进行走访统计。

1.2.2 国内研究进展

国内一些学者对灾害造成的间接经济损失评估做了大量工作。间接经济损失分为企业停减产损失和产业关联损失。黄渝祥等（1994）通过计算震后企业部门间接停减产损失、中间投入积压损失和投资溢价损失，计算了上海市地震间接经济损失在 50 年超越概率 3%~63% 时，间接经济损失量纲上是直接经济损失的 40%~45%。

1）对于停减产损失。肖光先（1991）则提出在快速评估时采用企业日平均净产值乘以生产中断时间并加和求得企业停减产损失的公式。于庆东和沈荣芳（1996）根据“无灾”时和“有灾”时企业产出变化曲线，以及企业停减产时间来估计灾害引起企业产出下降造成的损失，为企业停减产损失评估提供理论指导。林均岐等（2006）则指出难以得到“无灾”和“有灾”时的生产函数曲线，企业停减产的损失评估存在一定难度，建议企业停减产损失按企业的停产、减产时间和企业日均产值与日均产值的减少额来计算。

2）对于产业关联损失评估。王海滋和肖光先（1998）从经济学的角度出发，详细论述了因地震关联产业间接经济损失的计算模型，主张从投入、产出等多角度建立产业关联损失评估的理论模型。林均岐和钟江荣（2003）对已有的灾害间接经济损失评估方法做了深入研究，综述了基于 GDP（陈颙等，1999）、地震震级（楼宝棠，1996）和地震直接经济损失的间接经济损失评估经验统计方法，提出了以投入产出表为基础的地震灾害产业关联损失评估方法（林均岐和钟江荣，2007）。徐嵩龄（1998）假设自然灾害直接经济损失与间接经济损失的影响均属于总产出或总投入层次，且自然灾害并不影响经济系统的产出结构，即整个经济结构的部门投入产出比例保持稳定，以此解决直接经济损失与间接经济损失可加性的问题。宋嘉宁（2009）在徐嵩龄研究的基础上提出了灾害对经济系统稳定性破坏的影响，从方法论角度，主张首先要对经济系统的稳定性进行判定，判断经济系统遭到破坏后是否仍然可以使用IO模型计量经济损失，否则需要加入误差矩阵，目的在于使IO模型用于计量灾害损失时更加严密。

路琮等（2002）基于IO模型分析了自然灾害造成的农业总产值损失对国民经济各部门的影响。张显东（1996）及张显东和梅广清（1999）基于二要素多部门CGE模型对灾害造成的影响进行了评估，并构建了一个简化的投入产出系统动力学模型，用于分析灾害发生前后投入产出系统的稳定性及系统对各种经济条件变化的响应过程（张显东等，1998）。

经验统计法由于其操作的简便性，可用于粗略评估地震（林均岐和钟江荣，2007；都吉夔等，2008）、泥石流（刘希林和赵源，2008）、洪水（曹永强等，2006；刘朝辉等，2009）等灾害的间接经济损失评估。对于地震灾害间接经济损失，相关文献建议间接经济损失占直接经济损失的比例取为0.4～1.0（尹之潜，1995）。

国内其他一些学者也对灾害间接经济损失评估的理论和方法进行了探讨（姜立新和傅征祥，1995；冯志泽等，1998；赵直和尹之潜，2001；王艳艳和刘树坤，2005；徐娟，2006；王宝华等，2007），但往往多注重理论探讨，而且多是对地震灾害进行分析，案例分析较少，评估方法的实用性不强。

1.2.3 灾害间接经济损失评估模型评述

综上所述，IO模型因其广泛的实用性和易于操作，在灾害损失评估中得到广泛应用。在已公开的灾害对经济影响的评估研究中，大多数都基于IO模型，通过中间消费需求，评估灾害对一个或几个部门的经济影响。但是，这些模型有两个主要的缺点。

第一，在已有文献中，利用IO模型进行的灾害损失评估多属于静态的（Cochrance，1974；Wilson，1982；Boisvert，1992；Gordon et al.，1995；Cole，1997；Rose et al.，1997），也没有考虑生产容量，不能评定灾害对供给方产生的影响。例如，Rose 等（1997）和 Okuyama（2004）等只考虑灾害对需求造成的后果，也就是间接经济损失只通过灾后需求的变化来获得。Haimes 等（2005）和 Percoco（2006）也指出了这个缺点，提出通过需求和生产的振荡评估每个部门的重要性和脆弱性的方法，但是他们的方法仍不能模拟灾害发生后经济的及时反应。

第二，IO 模型没有考虑经济系统的弹性：生产者和消费者不能对供给输入的短缺有所反应，例如，生产者和消费者可以通过选择没有受灾害影响的供应商。另外，Rose 和 Liao（2005）、Tsuchiya 等（2007）通过价格响应与需求弹性考虑经济系统的弹性。但是，即使这些作者调整了模型弹性来解决灾害发生后的特殊情况，市场清算假设只有在长时间尺度成立，而不是这里想考虑的数月的较短时间尺度。事实上灾害发生后，物资短缺可通过配给、涨价及替代品来解决。

同时，由于数据获取的难度和静态 IO 模型的缺点，其中的很多研究模型不能反映灾害影响的动态时空变化特征，如灾害引起的商品短缺导致的价格上升问题。这些方法大多基于诸多假设，如技术水平固定（直接消耗系数固定）的假定，在灾害造成生产设施破坏后导致生产能力下降情况下显得不太现实（Boisvert，1992），与实际经济状况有一段距离，而且大部分经济模型和技术很难反映灾害造成的这种相对较短时期的变化特征。由于 IO 模型对经济系统弹性考虑不足，往往使灾害损失评估的结果偏大。Hallegatte（2008）考虑了 IO 模型以上的一些缺点，利用改进的地区 IO 模型，考虑灾后部门生产能力的变化及经济弹性等因素，评估了美国 2005 年 Katrina 飓风对路易斯安那州造成的影响。

CGE 模型是建立在一定经济技术条件下的区域影响分析模型，特别适合经济冲击和政策分析。实际上，CGE 模型集合了 IO 模型的所有优点（如所有投入的综合核算，经济因素和活动的相互依赖），并克服了 IO 模型线性、缺乏行为响应内容、市场价格缺失和缺乏约束等缺点（Rose，1995）。CGE 模型是非线性的，容易融入投入替代响应，模型的方程框架可以明确地考虑到灾害后的生产替代和价格弹性问题，因此可以更贴切反映真实的世界。CGE 模型的另一个好于 IO 模型的优势在于突出价格和市场的重要性（West and Lenze，1994）。

然而，CGE 模型相对于 IO 模型的改善也提高了理论上的复杂性，提高了数据需求，因此，CGE 模型应用容易受限于数据缺乏。CGE 模型进行灾害影响分析有一些值得注意的缺点。首先，CGE 模型的校准需要从外部获得弹性值，所以区域 CGE 模型依赖于国家和国际研究的弹性，而这个弹性可能没有可比性；其次，大多数 CGE 模型适用于长期均衡分析（如模型建立在充分的投入和进口替代弹性，假定无限制的调整至均衡等）；另外，CGE 模型在最近和将来面对增加的不确定性下优化行为的假设，容易恢复均衡的假设，以及简短时间段内响应的过度弹性，使 CGE 模型不能很好地校准，产生过度的弹性响应（Boisvert，1992；Rose and Guha，2004），使 CGE 模型相当于估算了灾害经济影响的下限值（吴吉东等，2009）。

总之，IO 模型简单易用，其注重评估灾害的后向关联损失或需求减少造成的损失，但是已有的研究多属静态模型，且模型假定的技术水平在灾害发生前后固定不变。CGE 模型克服了 IO 模型线性、弹性考虑不足等的缺陷，使其更符合实际，但相应的模型更加复杂，计算要求更高，需要的数据也更多，要求操作人员具有一定的编程能力；而且模型弹性参数的验证比较困难，其稳定性和均衡假设值得深究。经验统计法经验成分较多，但是操作上可行，在没有有效的灾害间接经济损失评估方法情况下，其仍不失为一种有实用价值的灾害间接经济损失的评估方法。

1.3 本章小结

灾害是指任何引起人员伤亡、设施破坏、经济严重损失、健康状况及卫生条件恶化的事件，如其规模已超出事件发生社区的承受能力而不得不向社区外部寻求专门救援时，都可称其为灾害。根据突发公共事件（灾害）的发生过程、性质和机理，我国在《国家突发公共事件总体应急预案》中将灾害主要分为以下 4 类：自然灾害、事故灾难、公共卫生事件和社会安全事件。灾害的发生不可避免，不管哪种灾害类型，都会对生命财产、经济发展或生态环境等造成一定的影响。

灾害对人类的危害主要表现在两个方面：一是造成人员伤亡，如 2008 年汶川地震造成 6.9 万人死亡、1.8 万人失踪和 37.4 万人受伤，2004 年印度洋海啸死亡人数近 30 万人，1991 年孟加拉飓风死亡和失踪人数达 14 万人（陈龙珠等，2005），而 2010 年 1 月的海地地震则造成超过 22 万人死亡，使海地首都太子港被夷为平地；二是造成国家、集体、个人的财产损失，对许多重要基础设施造成破坏，如对房屋建筑、电力系统、供水系统和交通设施造成的破坏。

随着我国经济的发展，灾害造成的损失亦日趋严重。据统计，中华人民共和国成立以来，我国灾害直接经济损失呈明显上升趋势，按1990年不变价格计算，20世纪50年代为635亿元，80年代为760亿元（张国清，2004），90年代为1035亿元，进入21世纪以来，灾害年平均直接经济损失达1284亿元，特别是2008年自然灾害造成的直接经济损失达11 752亿元（1990年不变价为4249亿元），约为2007年的5倍。由于现代灾害的影响范围越来越广，受灾对象越来越多，承灾财产密度越来越高，灾害的连锁效应越来越强，所以灾害所造成的损失越来越严重（马宗晋，1998）。

据统计，2008年我国人均GDP超过3000美元，我国经济处于加速发展期，产业结构、消费类型不断发生转变，包括贫富差距、资源约束等各种矛盾进入非常集中、非常尖锐的时期。国内外经验表明，这一阶段往往是“危机事件”的多发期，不仅各种人为的灾难性事故、事件会频繁发生，而且突发性自然灾害的危害性也显著增长。同时，我国保险业发展起步较晚，发展的时间也相对短暂，保险业化解灾害风险的能力有限。保险业发达的国家一般保险费占GDP 10%左右，而我国保险费所占比例不足3%（黄芳，2004）。我国保险业与经济社会发展的要求相比，还存在很大的差距。而一个综合的灾害保险体系可能比政府灾后直接补偿对经济发展更加有利（Kunreurher and Fiore，1966；Dacy and Kunreuther，1969）。

灾害会对人们的生产生活产生重要影响，灾害损失评估也越来越引起学术界、公众及政府的重视。灾害的频繁发生给灾害管理造成了越来越大的压力和挑战。如何采取更加有效的风险管理政策和决策才能减轻灾害造成的损失？如何改进风险管理策略以应对越来越频繁的灾害，已经变得尤为重要。各国政府对灾害管理也越来越重视，一些国家也因此颁布灾害基本法，完善防灾减灾的基本法律法规体系，加强防灾减灾体制建设，逐步将灾害管理纳入国家经济发展的长期战略中来。我国在2007年8月出台了《国家综合减灾“十一五”规划》，这是我国第一个国务院发布实施的综合减灾专项规划。随着社会发展及公众灾害意识的提高，人对灾害的认识有了本质的改变：过去人面对灾害很被动，政府则在灾害发生后才有所响应；而现在政府则会主动采取有效措施将灾害可能引起的损失尽量控制在一定水平。

灾害不仅造成直接经济损失，还会造成严重的间接经济损失，并进而影响宏观经济发展（如 GDP 增长的下滑）。为了获得更优化的防灾和恢复重建策略，必须对灾害造成的区域经济影响有充分的了解，并研究潜在灾害损失评估的有效方法。合理的灾害损失评估是进一步救灾、恢复重建和减灾措施实施的基础。针对各种灾害，我国相应各个管理部门有自己的一套灾害评估体系。但是，目前的灾害损失评估还存在以下问题。

第一，一般的灾害评估多注重人员伤亡情况和灾害造成的直接经济损失，对间接经济损失注重不够。人员伤亡数是在电视、报纸等媒体上经常能看到的灾害损失数字，灾害的直接经济损失可以通过灾害直接造成的各类动产和不动产按现价重置成本求得，一般在灾后数天或数周内就可累加计算得出。而灾害间接影响的时间尺度要比直接影响长远，加上直接经济损失数据的质量不佳及没有很好的模型方法估算这种长时间尺度影响等因素，间接经济损失的估算相对比较困难，而且常被决策者忽视。

第二，对于间接经济损失评估，目前还没有比较科学、有效和统一的方法。灾害间接经济损失评估的方法，从最初的简单案例描述，到回归和时间序列分析，再到区域联立方程模型、区域计量经济模型、投入产出模型和可计算一般均衡模型，其方法也不断得到改进。但是，国内从理论到宏观层面，研究灾害的较多，而对灾害间接经济损失评估及灾后灾区可持续重建对策的研究较少，对灾害间接经济损失的评估仍处于理论探讨阶段。

第三，不同学者及机构对灾害间接经济损失的概念及构成界定理解上存在混淆、分歧，没有一个统一的标准，评估损失的基础不一致且易令人误解。这也不利于研究结果的对比分析。我国对灾害的研究与管理缺乏系统性，至今学术界对灾害学的学科属性未有明确、统一的界定，因而其理论框架的系统性不像其他学科那么成熟，研究也不够深入（郑亚平，2009）。

第四，灾害损失基础数据获取不易、精度不高，评估结果存在检验缺乏、评估范围与时间空间尺度界定模糊、损失指标选取表达不合理及误算、重复计算等问题。这些问题往往使间接经济损失评估的结果大打折扣，也是间接经济损失评估及预测模型开发的障碍（CGER，1999）。间接经济损失的成因复杂，因而可信的间接经济损失评估模型必须是数据密集、大规模、复杂的系统，并可能需要复杂的计算（An et al.，2004）。

第五，灾害影响本身的复杂性给灾害评估带来了很多不确定性。与直接经济损失相比，间接经济损失的起因更模糊而且其大小存在不确定性（CGER，1999；Enke et al.，2008；Chang et al.，2000），不能仅仅凭借实地调查来评估间接经济损失；而且，即使对于一个地区的一次灾害可能可以评估其损失的大小，而对于持续性灾害的发生，很难确定灾害发生之间的前后影响或叠加效应，从而很难评估其中某次灾害的间接经济损失。

第六，非市场损失很少或者从未进行评估。目前，灾害损失评估仅限于由市场价值量度的影响，对于灾后心理问题、娱乐消遣、归属感、古迹（文化）设施的损失等仍没有相关的评估技术（Cochrane，2004）。

第七，灾害评估多集中在主要灾害事件，而忽略小规模的灾害。Lavell（1999）强调关注这些小规模事件的重要性，因为小规模灾害事件发生频率相对较高，但是因为事件小而没有记录到统计数据中，从而不为高层管理者所知，常常由当地政府处理，而这些小规模事件的累积损失可能和大规模灾害一样大。

灾害损失评估主要是直接经济损失和间接经济损失评估。随着经济的发展，自然灾害与资源、环境的关系越来越密切，灾害对社会经济可持续发展影响的广度和深度也越来越大，除了对传统农业生产的影响，对城市、工业、交通运输及其他众多产业的生产破坏也越来越显著，不仅造成的直接经济损失越来越大，而且间接经济损失也越来越严重。

在实际的灾害风险管理中，仅仅用直接经济损失来刻画灾害的影响，显然不能够反映灾害全部的经济总损失，这就需要有合适的模型来量化评估灾害对经济系统造成的总体损失。针对我国所处的经济发展阶段、灾害保险发展的不足及灾害管理水平的有限等原因，决策者更加需要科学合理的依据来对灾害及灾害风险进行管理。而国内目前的灾害损失评估很少涉及间接经济损失评估，少数情况下，管理部门需要宏观了解一次大灾的灾害间接经济损失，通常利用经验估计，粗估为直接经济损失的一倍至数倍，而这种经验系数存在很大的不确定性且精度较低、实用性差。

对于汶川地震这样的巨灾，如果仅对其进行直接经济损失评估远远不能满足社会经济可持续发展的需要。鉴于以上所述灾害损失评估中存在的问题，特别是灾害损失评估中多注重直接经济损失，而忽略或不重视灾害造成的巨大间接经济损失的状况，为了获得更优化的防灾和恢复重建策略，有必要对灾害造成的间接经济损失进行合理的评估，并研究间接灾害损失评估的有效方法（Rose et al.，1997；Brookshire et al.，1997；Cochrane，2004；Okuyama，2004；Rose and Liao，2005；Greenberg et al.，2007；高庆华等，2007），从而使决策者能够估计到面临的经济损失风险，并基于不同风险管理策略情景的成本效益分析，以获得一个可行的防灾策略，减轻灾害可能造成的损失（CGER，1999；King et al.，1997；Lindell and Prater，2003）。

主要参考文献

曹永强，杜国志，王方雄．2006. 洪灾损失评估方法及其应用研究．辽宁师范大学学报（自然科学版），29（3）：355-358.

陈龙珠，梁发云，宋春雨，等．2005. 防灾工程学导论．北京：中国建筑工业出版社．

陈颙，刘杰，陈棋福，等．1999. 地震危险性分析和震害预测．北京：地震出版社．

都吉夔，张勤，宋立军，等．2008. 四川汶川 8.0 级地震间接经济损失评估方法．灾害学，23（4）：130-133.

冯志泽，王宝银，于善清．1998. 地震灾害间接经济损失估计．灾害学，13（4）：23-27.

高庆华，马宗晋，张业成．2007. 自然灾害评估．北京：气象出版社．

胡爱军，李宁，史培军，等．2009. 极端天气事件导致基础设施破坏间接经济损失评估．经济地理，29（4）：529-534.

黄芳．2004-12-09. 热保险的冷思考．中国保险报，21.

黄渝祥，杨宗跃，邵颖红．1994. 灾害间接经济损失的计量．灾害学，9（3）：7-11.

姜立新，傅征祥．1995. 地震灾害经济损失估算与预测方法．自然灾害学报，4（4）：27-33.

林均岐，钟江荣．2003. 地震间接经济损失研究综述．世界地震工程，19（3）：1-5.

林均岐，钟江荣．2007. 区域地震间接经济损失评估．自然灾害学报，16（4）：139-142.

林均岐，钟江荣，申选召．2006. 地震企业停减产损失评估．世界地震工程，22（4）：18-21.

刘朝辉，刘高峰，仇蕾．2009. 城市洪水灾害损失评估及应用．水利经济，27（1）：36-38.

刘希林，赵源．2008. 地貌灾害间接经济损失评估——以泥石流灾害为例．地理科学进展，27（3）：7-12.

楼宝棠．1996. 中国古今地震灾情总汇．北京：地震出版社．

路琮，魏一鸣，范英，2002. 灾害对国民经济影响的定量分析模型及其应用．自然灾害学报，11（3）：15-20.

马宗晋 . 1998. 灾害学导论 . 长沙：湖南人民出版社 .

美国应用技术委员会 . 1991. 加利福尼亚未来地震的损失估计 . 曹新玲，毛国敏，等译 . 北京：地震出版社 .

史培军 . 2009. 五论灾害系统研究的理论与实践 . 自然灾害学报，18（5）：1-9.

宋嘉宁 . 2009. 投入产出模型计量灾害损失可行性判定 . 安徽农业科学，36（35）：15277-15278.

王宝华，付强，谢永刚，等 . 2007. 国内外洪水灾害经济损失评估方法综述 . 灾害学，22（3）：95-99.

王海滋，肖光先 . 1998. 从多侧面评估地震灾害的产业关联间接经济损失 . 灾害学，13（2）：1-5.

王艳艳，刘树坤 . 2005. 灾害经济研究综述 . 灾害学，20（1）：104-109.

吴吉东，李宁 . 2012. 浅析灾害间接经济损失评估的重要性 . 自然灾害学报，21（3）：15-21.

吴吉东，李宁，温玉婷，等 . 2009. 自然灾害的影响及间接经济损失评估方法 . 地理科学进展，28（6）：877-885.

肖光先 . 1991. 震后灾害损失快速评估 . 灾害学，6（4）：12-17.

徐娟 . 2006. 灾害经济学中的减灾投入与成本问题 . 灾害学，21（2）：103-105.

徐嵩龄 . 1998. 灾害经济损失概念及产业关联型间接经济损失计量 . 自然灾害学报，7（4）：7-15.

尹之潜 . 1995. 地震灾害及损失预测方法 . 北京：地震出版社 .

于庆东，沈荣芳 . 1995. 自然灾害绝对灾情分级模型及应用 . 自然灾害学报，4（3）：47-52.

于庆东，沈荣芳 . 1996. 灾害经济损失评估理论与方法探讨 . 灾害学，11（2）：10-14.

张国清 . 2004. 民防知识教程 . 上海：同济大学出版社 .

张显东 . 1996. 自然灾害对国民经济系统的影响研究 . 上海：同济大学博士学位论文 .

张显东，梅广清 . 1999. 二要素多部门 CGE 模型的灾害经济研究 . 自然灾害学报，8（1）：9-15.

张显东，王其藩，梅广清，等 . 1998. 投入产出分析法的系统动力学研究//北京：中国系统工程学会第十届年会论文集 .

赵直，尹之潜 . 2001. 震后企业停产减产损失估计方法的研究 . 地震工程与工程振动，21（1）：152-154.

郑功成 . 1998. 灾害经济学 . 长沙：湖南人民出版社 .

郑亚平 . 2009. 基于国内外灾害经济研究与管理实践的启示 . 灾害学，24（4）：112-117.

An D，Gordon P，Moore J I I，et al. 2004. Regional economic models for performance based earthquake engineering. Natural Hazards Review，5（4）：188-194.

Böhringer C，Rutherford T F，Wiegard W. 2003. Computable general equilibrium analysis：Opening a black box. http：//zine. zew. de/pub/zew-docs/dp/dpo356. pdf［2013-04-27］.

Boisvert R N. 1992. Indirect Losses from a Catastrophic Earthquake and the Local，Regional，and National Interest，Indirect Economic Consequences of a Catastrophic Earthquake. Washington：FEMA.

Brookshire D S，Chang S E，Cochrane H，et al. 1997. Direct and indirect economic losses for earthquake damage. Earthquake Spectra, 13 (4): 683-701.

Brookshire D, McKee M. 1992. Other indirect costs and losses from earthquakes: Issues and estimation. Washington: FEMA.

CGER (Commission on Geosciences, Environment and Resources) . 1999. The Impacts of Natural Disasters: A Framework for Loss Estimation. Washington: National Academy Press.

Chang S E, Rose A, Shinozuka M, et al. 2000. Modeling Earthquake Impact on Urban Lifeline Systems: Advances and Integration. New York: Multidisciplinary Center for Earthquake Engineering Research.

Chang S. 1996. Economic Impact of Lifeline Disruption in the January 17, 1995 Hanshin-Awaji Earthquake. Proceedings of the 11th World Conference on Earthquake Engineering. Oxford, UK: Elsevier.

Cochrane H C. 1974. Predicting the economic impact of earthquake//Cochrane H C, Hass J E, Bowden M J, et al. Social Science Perspectives on the Coming San Francisco Earthquake. Boulder: University of Colorado Natural Hazards Research Paper.

Cochrane H. 2004. Economic loss: Myth and measurement. Disaster Prevention and Management, 13 (4): 290-296.

Cole H S. 1997. The socio-economic and inter-regional impacts of an earthquake//Shinozuka M, Rose A, Eguchi R. Engineering and Socioeconomic Analysis of a New Madrid Earthquake. New York: National Center for Earthquake Engineering Research, Buffalo.

Dacy D C, Kunreuther H. 1969. The Economics of Natural Disasters: Implications for Federal Policy. New York: The Free Press.

ECLAC (Economic Commission for Latin America and the Caribbean) . 2003. Handbook for Estimating the Socio-economic and Environmental Effects of Disaster. Mexico City: ECLAC.

ECLAC, IDB (Inter-American Development Bank) . 2000. A Matter of Development: How to Reduce Vulnerability in the Face of Natural Disasters. Mexico City: ECLAC-IDB.

ECLAC. 1991. Manual for Estimating the Socio-Economic Effects of Natural Disasters. Mexico City: ECLAC.

Enke D, Tirasirichai C, Luna R. 2008. Estimation of earthquake loss due to bridge damage in the St. Louis Metropolitan Area: Part II-indirect losses. Natural Hazards Review, ASCE, 9 (1): 12-19.

FEHMA (Federal Emergency Management Agency) . 2001. HAZUS 99 Estimated Annualized Losses for the United States. Washington: Federal Emergency Management Agency.

Francois J F, Reinert K A. 1997. Applied Methods for Trade Policy Analysis. New York: Cambridge University Press.

Gordon P, Moore J E, Richardson H W, et al. 1997. An integrated model of bridge performance, highway networks, and the spatial metropolitan economy: Towards a general model of how losses due to earthquake impacts on lifelines affect the economy. Technical Report Nceer, 97-0005: 515-525.

Gordon P, Richardson H W, Davis B. 1995. The Business Interruption Effects of the Northridge Earthquake. Los Angeles: University of Southern California.

Greenberg M R, Lahr M, Mantell N. 2007. Understanding the economic costs and benefits of catastrophes and their aftermath: A review and suggestions for the U. S. federal government. Risk Analysis, 27 (1): 83-96.

Guha-Sapir D, Below R. 2002. The Quality and Accuracy of Disaster Data: A Comparative Analysis of Three Global Data Sets. https://www.unisdr.org/2005/task-force/working%20groups/wg3/Comparative_Analysis_of_3_Global_Data_Sets.pdf [2015-05-17].

Haimes Y, Horowitz B, Lambert J, et al. 2005. Inoperability input-output model for interdependent infrastructure sectors Ⅰ: Theory and methodology. Journal of Infrastructure Systems, 11 (2): 67-79.

Hallegatte S. 2008. An adaptive regional input-output model and its application to the assessment of the economic cost of Katrina. Risk Analysis, 28 (3): 779-799.

Kawashima K, Kanoh T. 1990. Evaluation of indirect economic effects caused by the 1983 Nohonkai-chubu, Japan earthquake. Earthquake Spectra, 6 (4): 739-756.

Kellenberg D K, Mobarak A M. 2008. Does rising income increase or decrease damage risk from natural disasters. Journal of Urban Economics, 63: 788-802.

King S A, Kiremidjian A S, Basoz N, et al. 1997. Methodologies for evaluating the socio-economic consequence of large earthquake. Earthquake Spectra, 13 (4): 565-584.

Kunreurher H, Fiore E S. 1966. The Alaskan Earthquake: A Case Study in the Economics of Disaster, Institute for Defense Analyses, Arlington, Virginis, Study S-227, February.

Lavell A. 1999. The Impact of Disasters on Development Gains: Clarity or Controversy. Latin American Social Science Faculty and the Network for the Social Study of Disaster Prevention in Latin America. Geneva: IDNDR Programme Forum.

Leontief W. 1970. The dynamic inverse//Carter A P, Brody A. Contributions to Input-Output Analysis. New York: North-Holland.

Lindell M K, Prater C S. 2003. Assessing community impacts of natural disasters. Nature Hazards Review, 4 (4): 176-185.

Mechler R. 2009. Disasters and Economic Welfare: Can National Savings Help Explain Post-disaster Changes in Consumption New York: Social Science Electronic Publishing.

Miller R, Blair P. 1985. Input-Output Analysis: Foundations and Extensions. Englewood Cliffs: Prentice Hall.

ODI (Overseas Development Institute). 2005. Aftershocks: Natural Disaster Risk and Economic Development Policy. London: ODI Briefing Paper.

Okuyama Y. 2004. Modeling spatial economic impacts of an earthquake: Input-output approaches. Disaster

Prevention and Management, 13 (4): 297-306.

Percoco M. 2006. A note on the inoperability input-output model. Risk Analysis, 26 (3): 589-594.

RMS (Risk Management Solutions, Inc.) . 2005. 1995 Kobe Earthquake 10-year Retrospective. Newark, CA: Risk Management Solutions.

Rojahn C, Sharpe R L. 1985. ACT-13: Earthquake Damage Evaluation Data for California. California: Applied Technology Council.

Rose A, Benavides J, Chang S E, et al. 1997. The regional economic impact of an earthquake: Direct and indirect effects of electricity lifeline disruptions. Journal of Regional Science, 37 (3): 437-458.

Rose A, Guha G. 2004. Computable general equilibrium modeling of electric utility lifeline losses from earthquakes//Okuyama Y, Chang S. Modeling the Spatial Economic Impacts of Natural Hazards. Heidelberg: Springer.

Rose A, Liao S Y. 2005. Modeling regional economic resilience to disasters: A computable general equilibrium analysis of water service disruptions. Journal of Regional Science, 45 (1): 75-112.

Rose A, Lim D. 2002. Business interruption losses from natural hazards: Conceptual and methodological issues in the case of the Northridge earthquake. Environmental Hazards, 4 (1): 1-14.

Rose A. 1995. Input-output economics and computable general equilibrium models. Structural Change and Economic Dynamics, 6 (3): 295-304.

Rose A. 2004. Economic principles, issues, and research priorities in hazard loss estimation//Okuyama Y, Chang S. Modeling Spatial and Economic Impacts of Disasters. Heidelberg: Springer.

Rutherford T F. 1999. Applied general equilibrium modeling with MPSGE as a GAMS subsystem: An overview of the modeling framework and syntax. Computational Economics, 14 (1-2): 1-46.

Shinozuka M, Chang S E. 1997. Advances in earthquake loss estimation and application to memphis, tennessee. Earthquake Spectra, 13 (4): 739-758.

Shoven J B, Whalley J. 1992. Applying General Equilibrium. New York: Cambridge University Press.

Tatano H, Tsuchiya S. 2008. A framework for economic loss estimation due to seismic transportation network disruption: A spatial computable general equilibrium approach. Natural Hazards, 44 (2): 253-265.

Tierney K J, Lindell M K, Perry R W. 2001. Facing the Unexpected: Disaster Preparedness and Response in the United States. Washington: National Academies Press.

Tirasirichai C, Enke D. 2007. Case study: Applying a regional CGE model for estimation of indirect economic losses due to damaged highway bridges. The Engineering Economist, 52 (4): 367-401.

Tsuchiya S, Tatano H, Okada N. 2007. Economic loss assessment due to railroad and highway disruption. Economic Systems Research, 19 (2): 147-162.

West C, Lenze D. 1994. Modeling the regional impact of natural disaster and recovery: A general framework and an application to hurricane andrew. International Regional Science Review, 17（2）: 121-150.

Wilson R. 1982. Earthquake Vulnerability Analysis for Economic Impact Assessment. Washington: FEMA Information Resources Management Office.

2

自然灾害损失评估理论与方法

2.1 自然灾害的双重属性及定义

2.1.1 自然灾害的自然属性和社会属性

自然灾害具有双重属性，即灾害的自然属性和社会属性，两者都是灾害的本质属性，缺一不能称其为灾害。地震、干旱和洪涝等自然现象本身并不是灾害，只有当它们对人类的生命和活动造成危害时，才称其为灾害。火星上的沙尘暴迄今还不能称为灾害，主要是因为人类目前在火星上的活动有限，而地球上的沙尘暴却是国际公认的灾害。

从古人以水、火为灾，到现代人将旱、涝、虫、雹、瘟疫等都归入灾害，表明了灾害与人类活动的相互关联性。一方面，随着人类活动空间和活动方式的不断扩展，自然界的物质、现象和运动不断对人类构成新的威胁，因此，在人类进化和发展的过程中，灾害的种类也不断增加。而随着人类对自然界不断施加影响，如过度砍伐森林、开垦耕地、排放废气等，影响岩石圈、水圈、大气圈、土壤圈和生物圈等的平衡状态；同时，自然界反作用于人类，对人类造成伤害和影响，也会导致灾害种类和频次的增加。而另一方面，人类社会发展的历史是人类与自然抗争的历史。从早期人类对自然现象充满敬畏，到人类对自然的改造。随着人类文明程度不断提高，人类不断通过科学发展和技术进步，采用工程性措施和非工程性措施，来克服灾难，减轻灾害可能造成的影响。

灾害的自然属性是指灾害作为一种自然现象，表现为对自然界天然物质及人类创造的社会物质财富的破坏，其破坏类型、强度、发生频率、影响范围和时空分布等都属于灾害的自然属性范畴。灾害的自然属性是研究灾害事件的物质前提，它不受特定社会发展阶段和社会生产关系的影响，是评估和对比不同灾害类型经济影响和损失特征的客观前提。

灾害的社会属性体现在两个方面（徐怀礼，2007）：一是灾害产生的社会经济根源性。各种自然灾害和人为灾害追根究源，都直接或间接与人类生产方式、经济体制等社会经济因素密切相关，表现为人与自然关系失调，以及人与人之间的社会经济关系紊乱。二是任何灾害发生发展的过程不但是一个自然过程，而且也是一个社会经济过程，自然现象成为灾害事件必须具备两个条件。首先，灾害必须对人类社会生产和活动产生负面影响，才称为灾害问题，否则只能算是一种自然能量运动、变异现象。其次，灾害本身产生的变异能量或破坏力必须超过承灾体的抗灾能力上限，它才能从一种潜在风险状态发展为灾害事实。而且，灾害现象都具有相对性，都是相对于具体承灾体及其抗灾能力阈值而言的，由于承灾体抗灾能力阈值的差异，对于此承灾体构成灾害的事件相对于另一个承灾体也许不能构成灾害或者演变为一种巨灾。

灾害的社会属性与特定的社会经济形态和生产制度等相联系，具体包括经济类型、社会关系、经济发展水平、财产关系等因素。而这些社会经济因素往往是导致灾害经济损失、致灾原因、影响过程特征、地区及国家差异的重要决定因素。

因此，自然灾害不是一个“自然”事件，只有当自然致灾因子对人类社会造成不利影响时才称为自然灾害。从此种意义上说，自然灾害的社会属性尤为重要。自然灾害是致灾因子的自然属性与承灾体的社会属性的有机统一体，而社会因素是决定灾害问题的基本因素。

2.1.2 灾害的定义

根据突发公共事件的发生过程、性质和机理，我国在《国家突发公共事件总体应急预案》[①] 中将突发公共事件（灾害）主要分为以下四类：自然灾害、事故灾难、公共卫生事件和社会安全事件。

自然灾害是指由于生物圈自然过程或现象的变动产生的有破坏力的事件。灾害事件在强度、频率、持续时间、影响范围、空间扩散和时间间隔上有所不同。自然灾害又可根据灾种在自然界各圈层中的位置，依次分为气象灾害、水

---

① http：//www. gov. cn/yjgl/2006-01/08/content_ 21048. html。

文灾害、地质灾害和生物灾害等。

根据灾害发生的快慢和持续的时间，可以将灾害分为以下两类：突发型灾害、缓发型或长期型灾害。突发型灾害包括地震、台风（飓风）、洪水和海啸等；缓发型或长期型灾害包括内战、干旱、饥荒、流行病等。这种灾害类型的划分在某些情况下很实用，因为同一类灾害在灾后的一般响应过程很相似。一次大范围的突发型灾害可能引起大规模的损失和破坏，随后可能引起一系列次生灾害，如地震引发的滑坡等灾害的发生，但是这种情况不久将得到改善。相比之下，在一个长期的、缓发型灾害情况下，其影响可能是持久的，随着时间推移灾害可能进一步的恶化。另外，像洪水这样的突发型灾害，其影响范围常常相对较小，而缓发型灾害的影响范围可能很大。

从经济学视角来说，自然灾害可以被定义为对经济系统功能造成扰动，并对资产、生产要素、产出、就业或消费产生负面影响的自然事件。

2.1.3 自然灾害损失的特征

灾害损失主要是相对于灾害的社会属性而言，即灾害对人及人类社会造成的破坏。灾害造成的损失不仅与灾害发生的强度有关，而且极大地依赖于当时社会的经济发展水平、人口密度和活动范围等社会环境条件。因此，灾害损失是社会状态的函数（赵阿兴和马宗晋，1993）。从一般意义上说，灾害损失就是灾害给人类生存和发展所造成的危害与破坏程度的度量。

（1）灾害损失的根源

灾害经济损失的根源与灾害的自然和社会双重属性相关联。灾害造成的经济损失一方面受灾害自然属性的影响，如灾害的强度和影响范围等；而另一方面由经济系统自身的脆弱性（或称易损性）决定。经济系统脆弱性是指经济系统在外界灾害的扰动下，容易打破原有的经济平衡，使其从一种状态变成另一种状态，而又缺乏快速恢复到其初始状态的能力，反映了社会经济系统面对灾害时的承受能力和对灾害损失的敏感程度。经济系统的脆弱性随着社会经济系统的阶段演变而不断发生变化，这种演变包括社会经济结构、技术进步、收入水平、政策性因素和社会制度的演变与差异。从采猎时代到目前的工业时代，人类的灾害意识从崇尚自然到改造征服自然，同时伴随着越来越大范围的生态环境破坏，使社会的易损性也越来越强（张佳丹，2007）。经济的发展是以牺牲环境为代价而获得的，而这种破坏带来的环境压力，以及经济发展不注重公共利益和长远利益，只注重眼前利益，最终会使灾害发生频率越来越高，使灾害影响愈演愈烈。

从社会经济系统自身来说，市场资源配置扭曲、政府干预不当和传统国民经济核算体系的弊端是造成灾害经济损失的社会经济根源。而灾害损失具有不可避免性的同时，也具有可减性特征。

（2）灾害损失的不可避免性

灾害是客观存在的自然、社会现象，其在总体上具有不可避免性（郑功成，2010）。

各种灾害的发生是无法完全避免的。首先，自然灾害是大气圈、生物圈、岩石圈、水圈等变化的客观结果，自古以来就是危及人类安全和影响经济发展的负面因素，是不以人的主观意志为转移的客观自然现象。自然和社会的演化发展都有其不可抗拒的内在规律性（何爱平，2006）。灾害同其他自然现象和社会历史现象一样，具有发生发展的历史必然性，人类不能避免各种自然灾害，更不可能消灭自然灾害，因而也不存在人定胜天的客观必然性，人类社会发展的历史某种程度上也是与各种自然灾害斗争的发展史。而对科技灾害（或称人为灾害）来说，尽管从技术上不断改进和提高防范灾害的措施，但是如车祸仍是常见的人为事故，虽然这种人为事故有其局地性特点，但是人为事故对人身安全造成的威胁要大过自然灾害，只能防范其发生，而不能消灭这种灾害。其次，人类认识和改造自然的能力有限。由于人类认识水平的有限性，即使在科技发达的今天，人类依然不能非常准确地预测地震等某些自然灾害。因此，灾害损失是不可完全避免的，关键在于社会面对自然灾害时所采取的态度，不要由于人为的原因将灾害变成灾难。由于人类改造自然的能力远比认识自然的能力高，这种改造在某种程度上可能又增加了社会的易损性，但人类很难控制自身的这种行为，只能通过采取工程性或非工程性措施，减轻灾害造成的损失。

灾害损失和影响不可避免。随着人类活动的日益广泛和联系的日益紧密，社会财富不断积聚和膨胀，使灾害造成的损失也日益严重，并呈上升趋势。灾害是自然变异与人类活动相互作用的结果，人类不合理的生产和生活方式常是一些自然灾害和人为灾害发生的重要诱发因素。随着人类社会的发展，人类向自然索取的速度不断加强，其造成的损失是不可避免的。因此，经济发展中长期防灾减灾规划的实施对减轻灾害的危害是至关重要的。

（3）灾害损失的可减性

灾害损失不可避免，因此人类采取一定的措施来预防或减轻灾害的损失就变得尤为重要。灾害损失的可减性是指人们可以通过在灾害管理周期内减灾、防灾备灾、应急响应和恢复重建等各个阶段，采取抗灾工程等工程性防御措施和减灾方针、政策、法规、宣传教育、保险等非工程性防御措施（图 2.1），可以将灾害的影响尽量降到最低。

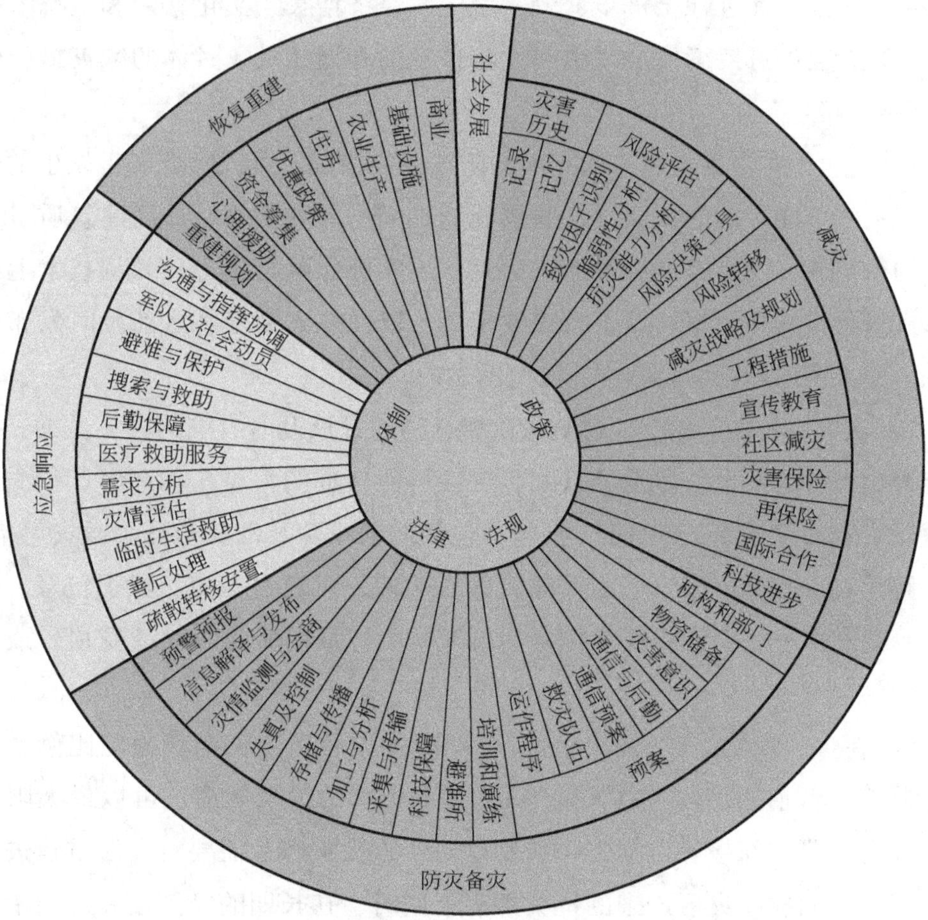

图 2.1　灾害管理的周期

资料来源：李宁和吴吉东，2011

灾害管理，即在灾前的备灾、灾害发生时的应急响应和救助、灾后的恢复重建和减灾等各个阶段，通过一系列技术方法和手段，改善有关灾害防御、减灾、备灾、预警、响应和恢复能力的一门应用科学，其主要目的是利用科学的方法和合理的手段来调度或整合协调社会资源，减轻社区或社会的脆弱性，增强应对灾害的能力，降低人类面临的灾害风险，最大限度地减轻灾害给人类造成的生命、财产和经济损失。灾害管理的目的可以概括为：采取最优决策减轻或者避免个人痛苦、社会损坏和国家经济损失，加速灾后恢复重建进程，并改进和加强社区或社会的抗灾能力、备灾能力及从危害或现实的自然灾害、恐怖主义袭击或其他人为灾害中恢复过来的能力，逐步提高社会规避风险的能力，降低灾害风险，促进社会进步、政治稳定、经济增长、文化繁荣和生态系统保护，实现社会的可持续发展，达到人与自然的和谐相处。具体的减灾措施包括以下主要内容。

1）灾害发生之前通过采取有限的防灾减灾措施，可以降低灾害发生的风险或减轻灾害可能造成的损失，这些措施如加固房屋和大坝、提高建筑质量等工程性防御措施，以及提高居民的灾害意识、实施保险措施等，并从技术上对自然事件进行检测和预报、储备救灾物资等，以便在灾害来临之前及时发布预警信息，使灾害的影响尽量在可控的范围之内。

2）从灾害发生开始的应急响应阶段，通过开展及时有效的灾害救助，虽然不能避免灾害的发生，但是可以减轻灾害可能造成的人员伤亡和财产损失，如地震发生后的“黄金 72 小时”营救，包括调动军队及动员全社会救灾等措施，尽早解救受灾人员；而当低温冰冻灾害发生时，可通过烟熏、树干包草、撒草木灰等提高果树、蔬菜和经济作物的抗寒能力，从而避免农业遭受损失或少受损失。

3）在灾后恢复重建阶段，通过合理配置灾后重建资金的分配比例及灾害保障制度（政府救助和灾害保险等），抑制灾害的波及效应，可以最大限度地减轻灾害造成的间接经济损失，特别是对于重大灾害，需要对灾后重建进行合理规划，从而提高灾区未来的抗灾能力；同时，在长期的经济发展规划中，注重灾害可能造成的影响，并进行适当的防灾投资，以利于灾区经济发展和社会稳定。

以上在灾害管理各个阶段采取的措施和行动都可以在防灾和减灾方面发挥积极作用。

2.2 自然灾害损失的分类现状

1987 年，Parker 等基于经济学中存量（stock）和流量（flow）的差异，较早对灾害损失的类型进行了较为详细的划分（Parker et al.，1987；吴吉东等，2009）。其认为，存量损失对应于灾害中的直接经济损失，流量损失对应于间接经济损失。存量是指一个时点上某一变量的量值，属于静态概念。流量则是指在一段时间内所累积变动的量，带有时间跨度。由于该定义对损失的界定清晰，对后续灾害损失细分产生了重要影响。

2.2.1 联合国国际减灾战略的定义和分类

联合国国际减灾战略（United Nations International Strategy for Disaster Reduction，UNISDR）《全球减少灾害风险评估报告》（UNISDR，2013）基于灾害对社会经济的影响过程或者说影响波及面幅度的大小，从四个维度定义灾害损失（图 2.2）：①直接损失。不动产和存货的全部或部分损坏，包括对厂房、设备、最终产品、半成品、生产原材料的破坏。②间接经济损失。间接经济损失是直接经济损失或企业供应链破坏造成的商业中断，对其他客户、合作伙伴和供应商造成的影响，最终使产出和收入下滑，影响盈利能力。③更广泛的影响。指市场份额丧失、竞争力下降、劳动力不足、声誉和形象受损。④宏观经济影响。由于灾害的上述三项损失或影响对一个国家或地区经济稳定和可持续发展产生的负面影

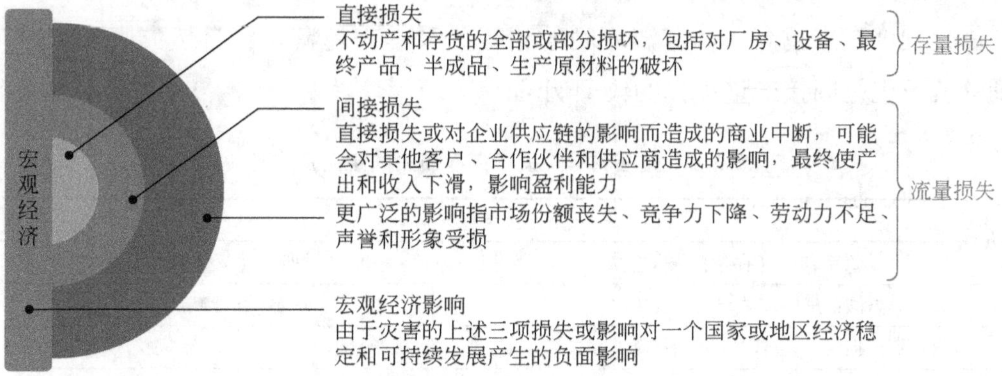

图 2.2　UNISDR《全球减少灾害风险评估报告》定义的不同维度的灾害损失

资料来源：UNISDR，2013

响。这四个维度的损失关系如下：直接经济损失属于存量损失；间接经济损失和更广泛的影响属于流量损失；而灾害带来的更广泛的影响持续时间较长，往往难以量化，但可能会超过灾害带来的直接经济损失和间接经济损失；灾害的宏观经济影响是上述三种影响的综合反映或者说是另一种表达形式，因而不能与前三者相累加。

间接经济损失中，商业中断损失可能是资产破坏直接导致的停减产，也可能是关键基础设施（如电站、港口、交通系统、供水系统）破坏或中断造成的——即使企业资产未遭受灾害直接经济损失，也可能因交通、能源和供水网络等关键基础设施服务的破坏而使企业生产中断，最终导致企业产出的下降。从汶川地震损失评估报告中可以看出，基础设施的直接经济损失占总直接经济损失的22%（国家减灾委员会-科学技术部抗震救灾专家组，2008），但是关键基础设施中断可能造成的间接经济损失相当大（Xie et al.，2014）。

2.2.2 美国科学院的定义与分类

美国科学院的经济损失分类（NRC，2012）包括存量损失（财产破坏带来的资产损失）（stock losses）和流量损失（商业中断带来的产量损失）（flow losses）。这两类损失都包含直接经济损失和间接经济损失（表2.1）。例如，地震导致的房屋倒塌、基础设施破坏是典型的资产损失中的直接经济损失；地震中火灾导致的房屋烧毁是资产损失中的间接经济损失；灾区企业临时关闭导致的停产减产属于产量损失中的直接产量损失；企业关闭给上游产业和下游产业的正常生产造成影响，这属于产量损失中的间接产量损失。又例如，全球经济一体化程度越来越高，产业链之间的相互关系越来越密切，自然灾害在全球范围的波及就是间接产量损失的典型例子。

表2.1 美国科学院关于灾害损失的定义及分类

<table>
<tr><td colspan="4">自然灾害损失</td></tr>
<tr><td colspan="2">资产损失（存量损失）</td><td colspan="2">产量损失（流量损失）</td></tr>
<tr><td colspan="2">举例：房屋、基础设施破坏</td><td colspan="2">举例：企业减产</td></tr>
<tr><td>直接资产损失</td><td>间接资产损失</td><td>直接产量损失</td><td>间接产量损失</td></tr>
<tr><td>举例：地震中房屋、基础设施的破坏</td><td>举例：地震引发的火灾、危险化学品泄漏</td><td>举例：单个企业因为厂房设备破坏减产</td><td>举例：产业链中断导致上下游产业减产</td></tr>
</table>

资料来源：NRC，2012

2.2.3 美国联邦应急管理署的定义与分类

早在20世纪90年代，美国联邦应急管理署开始开发灾情评估系统，并将其命名为Hazus系统。至今已经开发出地震、洪水、飓风三种灾害的灾情评估系统（表2.2），并不断更新，其中对于灾害损失的分类如下（FEMA，2001）。

1）实物型直接经济损失（direct physical damage）：一般包括自然灾害对住房、公共设施（医院、学校、应急救援中心、警察局、火警中心）、交通网络、市政设施（供水设施、污水处理设施、输油管道、输气管道、通信设施）、汽车、农业等所造成的损失。

2）实物型诱发灾害损失（induced physical damage）：火灾导致的损失、危险化学品泄漏导致的损失等。

3）价值型直接经济损失（direct economic loss）：把实物型直接经济损失转换成货币型损失。

4）价值型间接经济损失（indirect economic loss）：前向关联和后向关联导致的损失称为间接经济损失。

表2.2 美国联邦应急管理署灾害损失评估类别及构成

项目	地震 地动、地面断裂	洪水 频率、深度、流量、流速	飓风 风压、风向、降雨	备注
实物型直接经济损失				
普通建筑物	■	■	■	住宅和非住宅建筑物
必要基础设施	■	■	■	医院、警察局、学校等
高风险潜在损失设施	■	■	■	大坝、核电站
交通运输设施	■	■		公路、铁路、公汽、港口、机场等
生命线	■	■		石油、天然气、电力、通信、饮水等
实物型诱发灾害损失				
诱发火灾	■			
危险品场所	■	■	■	
废墟清理	■	■	■	

续表

项目	地震 地动、地面断裂	洪水 频率、深度、流量、流速	飓风 风压、风向、降雨	备注
		价值型直接经济损失		ATC * 13 和 ATC25
修理/重置	■	■	■	
收入损失	■	■		
农作物损失		■		
人员伤亡	■	常规处理		
避难所和恢复需求	■	■	■	
		价值型间接经济损失		IMPLAN * * 数据
供给短缺	■	■		
产品销售下滑	■	■		
机会成本	■	■		
经济损失	■	■		

* ATC 指 applied technology council； * * IMPLAN 指 impact analysis for planning。■表示 Hazus 包含的损失评估项。

2.2.4 欧盟第七框架组的定义与分类

欧盟第七框架组以风险管理成本核算为视角，从损失致因和损失是否有形两个维度对灾害损失类型进行了划分（表 2.3）（Kreibich et al.，2014）。首先，按损失致因分为直接经济损失、商业中断损失、间接经济损失；进而每种损失类型又区分为有形损失和无形损失。同时，灾害损失又可归类为灾害破坏损失和风险减缓成本两大类。

表 2.3 欧盟第七框架组自然灾害损失的分类及举例

		有形损失	无形损失
灾害破坏损失	直接经济损失	资产的物理破坏：建筑物、财产、基础设施	人员伤亡、健康影响、环境损失
	商业中断损失	机械设备损毁导致的生产中断	生态服务中断
	间接经济损失	产业关联效应引起的产出损失	灾后恢复困难 幸存者脆弱性增加
风险减缓成本	直接成本	减灾措施的设计和建设 运转和维护成本	环境破坏（由于减灾基础措施建设等引起）
	间接成本	减灾措施诱发的其他部门成本支出	

资料来源：Kreibich et al.，2014

欧盟第七框架组的灾害损失分类中包括以下主要内容：①直接经济损失，是指由于灾害对人类、经济资产等的直接物理破坏而造成的损害成本。例如，建筑物、室内财产和基础设施损坏或者生命丧失。②商业中断损失，发生在灾害直接影响的地区。例如，如果人们由于工作场所被摧毁而无法工作，造成业务中断的损失或者由于缺水引起的工业或农业产出减少。③间接经济损失，发生在灾区内部或外部，由于直接经济损失或业务中断继而诱发的产出损失，具有时间滞后性。例如，直接受灾害破坏企业的相关联供应商和客户的生产损失。④相对于建筑物破坏、产出减少等可以用货币度量的有形损失，无形损失是指不易在市场上交易，从而不能以货币衡量的对人、物品和服务的损害。例如，无形损失包括与环境影响、健康影响和文化遗产影响有关的损失。

风险减缓成本是自然灾害风险管理总成本的一部分，由于这些风险管理投资不是以促进经济增长为目的，而是为了保障国民财富安全而不得不增加的成本支出，因而被认为是损失的一个重要类型。其中：①直接有形损失具体指风险减缓措施实施过程中发生的研究设计，基础设施建设、运行和维护成本及其他措施的成本。②直接无形损失是指风险减缓措施的任何非市场健康或环境影响。例如，由于减灾措施而造成的环境破坏。③风险减缓措施的间接成本涉及对与防灾减灾设施投资没有直接关联的经济活动的二次成本（或称外部性）。

2.2.5 ECLAC 的定义与分类

ECLAC 于 1991 年发布《灾害的社会经济和环境影响评估手册》［2003 年进行更新］，将灾害损失分为直接经济损失、间接经济损失和宏观经济影响，并对灾害的间接经济损失进行了更加系统的界定。其中，可以用价值计量的间接经济损失包括：①物理基础设施和存货破坏造成的运营成本上升或产出和收入损失，如易腐烂商品不能及时销售或储存造成变质而不能售出造成的损失；②生产活动全部或部分瘫痪造成的产出或服务减少，如不能按时履行合约的违约成本；③恢复生产过程中的额外成本，如绕道和道路抢通增加的成本支出；④预算调整或重新分配导致的成本增加；⑤公共事业系统（电力和饮用水）不提供或部分提供服务而导致的收入减少，以及失业或被迫兼职而导致的个人收入减少；⑥应急救助支出；⑦应急过程中的额外支出，如预防流行病的支出；⑧产业关联损失，即由于供需不均衡造成的产业链前向关联和后向关联损失；⑨其他外部因素的损失或获益，包括未受灾害直接破坏地区的损失或获益，如环境污染成本、应急培训的好处等。需要指出的是：灾害间接经济损失评估要避免重复计算问题，如果从生产侧评估了间接经济损失，就不能再把收入损失累加进间接经济损失。灾害的宏观经济影响可以从国内生产总值增长、投资、国际收支、公共财政、价格和通货膨胀、就业的影响进行评估。同时，ECLAC 也提出自然资源直接经济损失价值的测量方法，如林木资源的破坏可以针对林木类型、林龄等参数采取重置成本法、收货现值法或市场价倒算法等进行测算。

值得说明的是：①ECLAC 对灾害损失进行了详细划分，并针对社会影响、基础设施、产业部门、环境、宏观经济、社会发展、金融等领域的各类灾害损失提供了损失调查评估方法，提高了损失评估的可操作性；②不仅评估灾害的负面影响，也评估灾害可能产生的获益影响。该种灾害损失分类先后被欧盟、世界银行等相关机构灾害损失调查手册编制所继承和借鉴，如世界银行开发的损失和需求评估手册及欧盟开发的《灾后需求评估手册》。

2.2.6　欧盟、联合国和世界银行《灾后需求评估手册》的定义和分类

在继承 ECLAC 灾害经济影响评估方法的基础上，2013 年，欧盟、联合国和世界银行联合发布了《灾后需求评估手册》（European Union et al.，2013）。如图 2.3 所示，《灾后需求评估手册》评估灾害影响的目的是服务于灾后恢复重建需求估计，包括灾害后果和灾害影响。其中，灾害后果指的是灾害直接造成的后果，包括灾害造成的有形资产损失（damage）和流量经济损失（losses）。灾害影响估包括灾害的短期、中期和长期的宏观和微观影响，以及对人类生活质量的长期影响，目的是为恢复重建策略制订提供依据，特别是减少灾害风险的考虑。最终，针对社会部门、基础设施、产业部门、人类和社会发展、宏观经济、金融、环境、职业生计、管理和降低灾害风险等进行了细分和评估，以服务于灾后恢复重建需求估计，并在不发达国家或地区得到广泛应用，如尼泊尔地震（The government of Nepal，2015）、菲律宾台风（World Bank，2011）和洪涝灾害（World Bank，2015）的灾后损失评估和需求评估中都得以应用。

- 灾害损失
  - 灾害后果（disaster effect）
    - 基础设施和有形资产受损(damage)：公共和私营部门毁坏资产的数量和货币价值
    - 经济损失(losses)：生产部门产出下降，以及商品和服务运转的成本增加
    - 商品和服务的中断：包括服务的质量和可以获得的数量，以及生活和生计需求
    - 管理的社会过程的中断：评估灾害对社会和管理过程的影响
    - 风险和脆弱性增加：评估由于灾害而增加的风险，以及如何增加了人口脆弱性
  - 灾害影响（disaster impact）
    - 灾害的宏观和微观经济影响
    - 人类发展的影响：灾害对短、中、长期人类生活质量的影响

图 2.3 《灾后需求评估手册》中灾情分类

2.2.7 IPCC 的 SREX 报告的定义与分类

IPCC 发布的《管理极端事件和灾害风险推进气候变化适应特别报告》（简称 SREX 报告）中关于灾害损失的分类如下（IPCC，2012）。

1）直接经济损失（direct damage costs or losses）：灾害造成的有形的、直接的影响。例如，灾害破坏的私人住宅、农业、厂房、设备、基础设施、公共设施、自然资源。

2）间接经济损失（indirect impact costs）：灾害造成商品和服务流中断，进而影响经济活动，也叫次生损失。例如，飓风导致输电线路中断，从而引起下游企业停产，导致工人失业，最终酿成社会安全问题。又如，长期干旱会造成灾区经济衰退、移民、饥荒、灌溉区消失和雨养农业难以维持生计等。

3）无形损失（intangible losses）：不可以用货币衡量、不能在市场交易的人类生命、文化遗产、生态服务的损失。

2.2.8 中国民政部、地震局、国家统计局的定义与分类

中国地震局组织编写的《地震现场工作　第 4 部分：灾害直接经济损失评估》国家标准给出的地震灾害直接经济损失是指：地震造成的人员伤亡，地震造成物质破坏的经济损失及救灾投入费用（中华人民共和国国家标准，GB/T 18208.4—2011）。地震直接经济损失是指：地震动能及地震地质灾害、地震次生灾害导致的房屋和其他工程结构、设施、设备、物品等物质破坏造成的经济损失。地震灾害间接经济损失指由于地震灾害间接导致正常的社会经济活动受到影响而产生的经济损失，包括企业停减产损失、产业关联损失、地价损失等。

民政部自然灾害统计规范中给出的直接经济损失定义：指受灾体遭受自然

灾害袭击后，自身价值降低或丧失所造成的损失。直接经济损失的基本计算方法是：重置受灾体所需费用、折旧率、损毁率（损毁程度）三者之积（民政部，2008；袁艺，2010）。

国家统计局公布的统计年鉴会公布每年自然灾害的直接经济损失，但是在指标解释中并未给出直接经济损失的定义和范围。

综上所述：①从指标体系的系统性和损失评估的可操作性来看，ECLAC 的灾害损失分类起步早、全面系统，且经过实践应用检验，其在灾害管理中的适用性较强；②美国科学院的灾害损失分类和界定更多的是从经济学视角关注灾害的经济损失；③欧盟第七框架组为从灾害风险管理出发透视灾害成本提供了新的视角，即将减轻灾害风险的成本纳入灾害损失的核算体系；④《灾后需求评估手册》为进行全面、系统的灾害损失调查评估和灾后需求评估提供了指引。

同时，也可以看出，直接经济损失和间接经济损失是上述损失分类中常见的两种常规类别，但是不同分类的区别集中在间接经济损失的内涵：①相同点在于，产业关联损失归为间接经济损失；②不同点在于间接经济损失是否包含商业中断损失，如欧盟第七框架组与 ECLAC 的界定差异，而从经济学视角来说，商业中断损失和产业关联损失都属于流量损失；③间接经济损失是否包含次生灾害造成的财产存量损失，如美国科学院存量损失中的间接经济损失指的是次生灾害导致的资本存量损失，而不是流量损失的概念。

灾害对社会经济系统的影响是多层次、多维度的，灾害损失分类的方法至少可以归纳为以下 10 种：损失发生过程、损失因果关系、损失空间特征、损失时间特征、损失是否可以定价、损失是否有形、影响维度、损失属性、是否包含减灾投入、可恢复性。总体来说，这些分类方法不是绝对的，可以根据具体的研究或损失评估目的，采取一种或综合多种方法进行细分。

2.3 自然灾害损失的分类与界定

重大自然灾害发生以后，媒体、保险公司甚至国际机构都会发布灾害损失及经济影响的各种各样的评估结果。由于采取的损失评估方法和对损失范围的界定不同，结果存在不同程度的差异。例如，2013 年 4 月 20 日四川省雅安市发生 7.0 级地震（简称“4・20 雅安地震”）后，各方地震损失评估结果纷至沓来：①4月24日据安邦咨询智库估计，雅安地震造成的直接经济损失大约为422.6亿元。②4月26日凌晨《21世纪经济报道》网站的文章《雅安地震评估进行时，上千亿经济损失数据何来?》提到[①]，截至25日，雅安3个重灾县已公布高达1693.58亿元的经济损失数值，该值至少是其上年GDP总和的21倍。芦山全县直接经济损失为851.71亿元。③美国地质勘探局全球地震灾害损失评估速报系统（PAGER）经过四版更新于5月6日以概率分布形式给出了此次地震的最大可能经济损失为10亿~100亿美元（合人民币61.93亿~619.32亿元）。而最终政府公布的地震直接经济损失为665.14亿元，也就是说媒体报道的直接经济损失值是最终损失评估结果的2.55倍。造成这种评估结果差异的原因：一是评估技术和实际操作方面的问题；二是由于灾害影响的多维性及造成的波及影响的复杂性。而对灾害损失范围的界定不同，损失评估的结果可能存在很大变化。事实上，灾害损失评估的目的很少详细说明，而不同损失评估目的对损失及其范围的界定也有所不同。

不只是在国内，国际上对灾害损失范围的界定也不统一。如表2.4所示，不同数据库统计的美国2010年气象灾害损失的统计差别就很大，尤其Munich Re统计的灾害损失正好是NCDC的两倍。造成这一差别的主要原因是各个数据库对灾害损失的概念和分类有差别。例如，Munich Re不但统计了被保险的财产损失，而且统计了被保险的营业中断损失；NCDC、SHEDUS只统计了上报的财产和农业损失；EM-DAT统计了估计的财产、农业损失和财政损失。这样的灾害损失统计不仅造成不同数据库之间可比性较差，而且使灾害风险管理中究竟需要投入多少防灾和救灾资金变得非常困难。

表2.4　不同数据库统计的美国2010年气象灾害损失

数据库	灾害损失（亿美元）	死亡人数
Munich Re[①]	136	197
NCDC Billion Dollor Events[②]	68	46
SHEDUS[③]	88	266
EM-DAT[④]	91.5	90

①www.munichre.com；②http://www.ncdc.noaa.gov/oa/reports/billionz.html#narrative；③SHEDUS指Spatial Hazard Events and Losses Database for the United States，http://www.sheldus.org；④http://www.emdat.be。

① http://view.news.qq.com/zt2013/yadz5/index.html。

从上述国内外权威机构对灾害损失的分类现状也可以看出，国内外对灾害损失分类研究仍存在以下主要问题：①灾害损失的分类和范围界定标准不统一，不同的灾害研究有多种用语描述灾害损失，如直接经济损失、财产损失、间接经济损失、产出损失、收入损失、无形损失和有形损失、市场损失和非市场损失等，使不同研究结果很难进行对比；②对灾害损失的经济学内涵理解有偏差，造成损失概念的混淆和重复计算；③灾害损失的统计和评估多集中在人员伤亡和直接经济损失指标，对于灾害造成的间接经济损失、自然资源损失等关注不够，不能更加全面、系统地评估灾害造成的总体影响，从而不利于灾害管理的科学化、有序化。

针对上述问题，本书在对灾害管理需求分析的基础上，基于灾害损失的特点，从经济学视角对灾害损失进行了分类和界定，并对灾害损失评估中的基本理论方法进行了探讨，从而为更系统地理解、认识自然灾害的社会经济影响，完善灾害损失评估的理论和方法提供思路。同时，从经济学视角探讨灾害损失对于灾害经济学学科的建立也具有重要意义。

2.3.1 灾害管理与损失评估需求

灾害管理周期一般分为备灾、应急响应、恢复重建和常规防灾减灾 4 个阶段（图 2.4），但是这 4 个阶段并不完全独立，只是活动强度和内容在时间上有所差异（李宁和吴吉东，2011）。对洪涝、台风、干旱等灾害管理职能部门来说，更多的是关注灾后的应急响应和恢复重建；而从未来人类社会可持续发展角度来说，国家和国际层面则更多关注未来气候变化的影响及防灾减灾应对——即灾害风险管理。

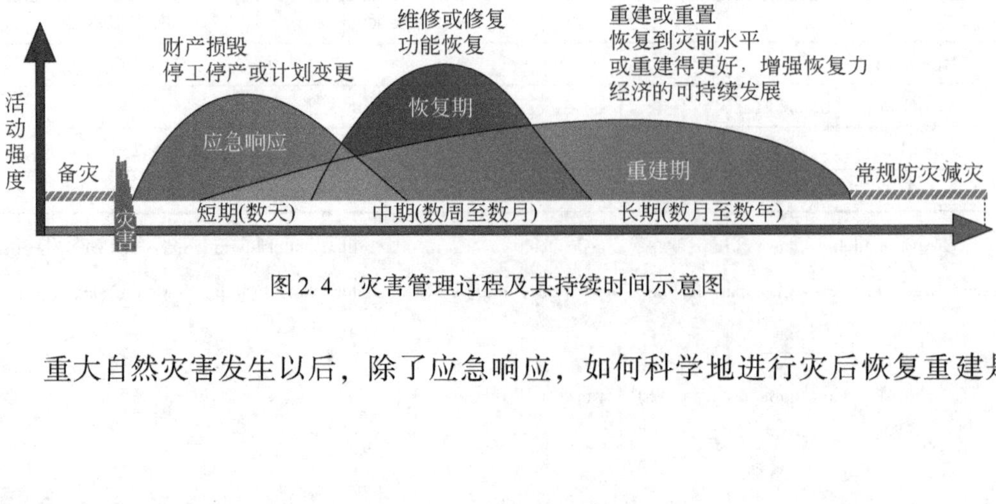

图 2.4　灾害管理过程及其持续时间示意图

重大自然灾害发生以后，除了应急响应，如何科学地进行灾后恢复重建是管理者面临的最为迫切的问题，也对灾害损失评估的及时性、系统性提出了要求。灾后恢复重建需求包括：①受损基础设施和实物资产的重建需求，这需要根据资产损失的价值进行确定，即重建需求等于资产损失价值加上额外成本，后者包括资产质量和技术更新换代、多年重建的通货膨胀而增加的成本；②社会经济活动及商品和服务流通功能的恢复需求，目的是满足个人、家庭和社会对商品与服务的基本数量及质量需求，如对就业、供水、健康、食品、学校、宗教和文化娱乐等的需求，既包括灾区公众获得商品和服务增加的额外成本，也包括灾害给服务提供者造成的额外成本；③管理和社会秩序的恢复，其目的是恢复和改善与公众生计、社区和文化生活相关的政府和非政府机构的服务能力，以加强当地恢复重建的领导和管理能力，其成本包括恢复过程中为提高技能与服务水平增加的人力资源成本、恢复社会治理和社会凝聚力的成本；④减灾和更好地重建，除了实物资产更好地恢复重建，还包括土地利用规划、增强恢复力的技术使用、提高未来灾害应对能力、降低脆弱性、提高个人和社区的抗灾能力等成本，具体成本包括解决当前风险的成本、升级各部门备灾措施的成本、为更好地重建进一步的研究评估和实施的成本、特殊减灾措施的成本。总之，灾害损失是灾害的必然后果，灾后恢复重建的目的是为了对灾区遭受的损失进行经济补偿，以保障社会再生产的继续进行，而灾害损失评估是确定恢复重建资金需求和重建日程的前提和基础。

如何确定灾害损失包含的范围，依赖于灾害损失评估的目的。一方面，政府管理者、保险公司、国际机构等所关注的灾害损失评估范围有所差异。例如，①保险公司更关注客户已投保的资产损失——主要是住房、工厂等可投保的资产损失，以及商业中断导致的短期产出损失。②对家庭来说，除了房屋及室内财产，可能更关注人身伤亡、健康影响和灾害对生活的影响。此外，除了财产损失，由于商业中断造成失业等引起的收入减少及消费支出的下降也是个人及家庭关注的重点。③对于整个社会来说，灾害的所有影响都值得关注。④对于受灾地政府除了要关注灾后恢复重建的直接经济损失及重建需求外，还关注灾害对经济发展、就业、税收、产业结构等各方面的影响。⑤对于某些国际机构，如联合国儿童基金会、联合国开发计划署等则关注灾害对儿童、妇女、贫困甚至文化遗迹等领域的影响。

另一方面，自然灾害既可以产生消极影响也可以产生积极影响。例如，

2008 年汶川地震后，由于建材价格的上涨，灾区建筑部门或者邻近地区可能由于重建需求刺激而受益（Wu et al.，2014）。对于不同的评估目的和决策的尺度，其关注点也有差异。通常来说，国家层面更关注灾害对灾区造成的损失，以保证在有限财政资金的前提下进行更合理有效的应对；同时，灾害对地区和国家造成的积极影响和消极影响的全面评估也是国家公共财政长期规划决策关心的问题。

2.3.2 自然灾害损失分类

灾害损失是相对于灾害的社会属性而言的，是灾害造成的人类社会各种既得利益或预期利益的丧失，既可以是物质财富和经济利益的丧失，也可以是社会利益、政治利益等的丧失，既可以是有形的经济损失，也可以是无形的精神痛苦或尊严的丧失等（郑功成，2010）。灾害损失是社会状态的函数（赵阿兴和马宗晋，1993），是灾害给人类生存和发展所造成的危害与破坏程度的度量（于庆东和沈荣芳，1996）。灾害损失是可以计量的，灾害问题的实质是经济问题（郑功成，2010）。可以用经济价值计量的那部分灾害损失称为经济损失。无法或很难用经济价值计量的灾害损失称为非经济损失。

（1）存量损失和流量损失

灾害损失首先可以分为存量损失和流量损失（图 2.5）。存量（stock）和流量（flow）是经济学分析中最基本的两种变量（图 2.6）。存量是指一个时点上某一变量的量值（如同图 2.6 中水槽中盛的水）。例如，劳动力、资产、存货、土地等，属静态概念。流量则是指在一段时间内所累积变动的量（如同图 2.6 中通过水槽的水流量的变化）。例如，固定资产投资是一个流量变量，它是指一定时期内（如 2016 年）新增固定资产的总和，以及国内生产总值、收入、产出、消费等指标，其大小有时间维度。总之，存量反映的是一种状态，没有时间量纲；流量反映的是一种过程，流量大小与时间长短有关。

因此，基于这两种变量的本质属性差异，可以把灾害损失分为（图 2.5）：存量损失、流量损失和其他损失。其中：①存量损失包括人力资本损失，建筑物、基础设施、生产性资本和存货损失，自然资源损失和其他动产损失。其他动产包括室内财产、汽车、牲畜等，具有有形的特征。②流量损失包括灾害破坏造成的企业停减产损失、产业关联损失、因灾增加的额外成本及宏观经济影

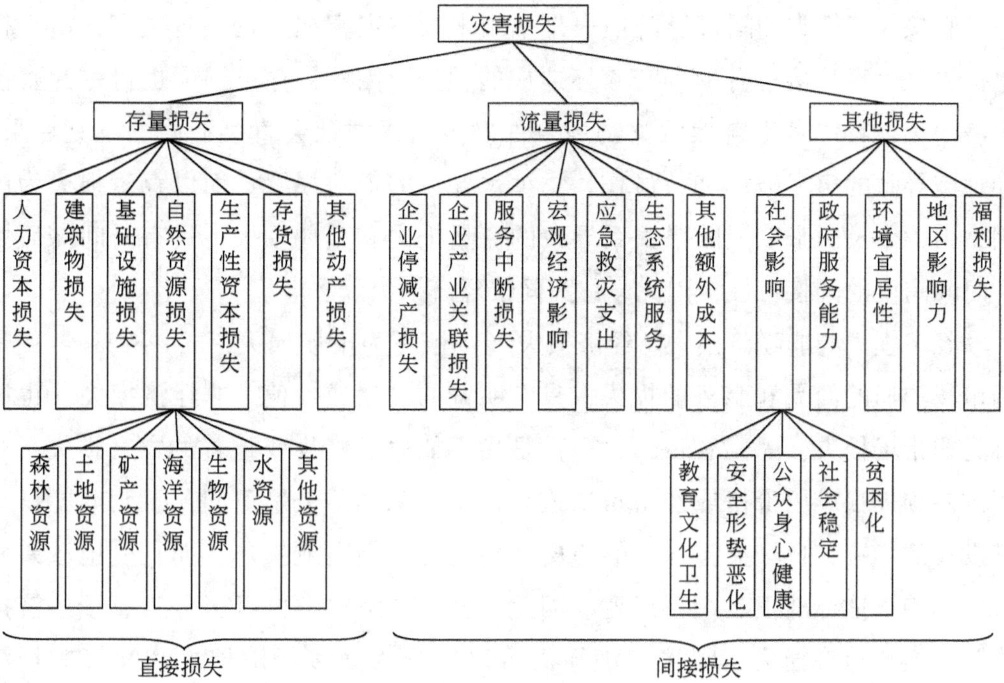

图 2.5　自然灾害损失分类

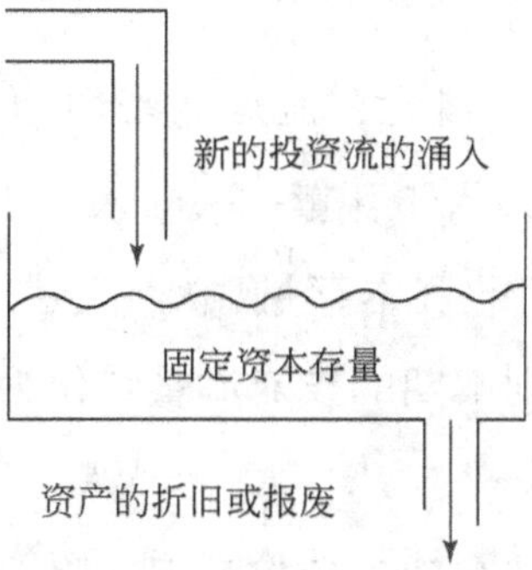

图 2.6　经济学中的流量与存量关系示意图

响。额外成本包括应急救灾支出、灾后恢复重建规划等成本。③其他损失是指很难界定到存量损失和流量损失范围内的损失，包括灾害对社会影响、政府服务能力、环境宜居性和地区影响力等产生广泛影响，社会影响包括灾害对公众身心健康、社会稳定、贫困化及教育文化卫生等条件的影响，是灾害造成的存量损失和流量损失进一步造成的更广泛的损失。

(2) 直接经济损失与间接经济损失

直接经济损失和间接经济损失是常用来描述灾害损失的两种类型，由于存量损失是灾害直接对有形资产破坏造成的损失，因此，存量损失也可称为直接经济损失，具体是指自然致灾物理事件发生对人类社会直接造成的不利后果，如地震导致的房屋破坏和人员伤亡，洪水导致的道路损毁。而以存量损失为诱因，由两个及两个以上因果关系导致的流量损失和其他损失，具有时间滞后性和时间跨度的间接特性，因此，称为间接经济损失。

经济损失与非经济损失。经济损失（也被称为市场损失，market losses）是指市场流通的商品和服务的损失，具有明确的价格或价值。非经济损失（也被称为非市场损失，non-market losses）是指不能通过修复或重置的灾害损失，对于这些损失很难用价格或经济价值进行衡量。例如，干旱引起儿童营养不良对其发育的影响，自然灾害导致的历史文化遗迹的损毁或损坏，而且受地域差异等影响使评估标准很难统一可比。因此，直接经济损失可以区分为直接经济损失和直接非经济损失，间接经济损失可以区分为间接经济损失和间接非经济损失。

2.3.3 存量损失与流量损失

存量与流量是两个不同的概念，但是又密切相关：流量来自于存量，如收入来自于财产存量；流量又归入于存量——收入又表现为财产的增加量。若以 I_t 表示 t 期的投资，K_t 表示 t 期的资本存量，K_{t-1} 表示（$t-1$）期的资本存量，ΔK_t 表示 t 期资本存量的增量，则本期的投资流量转化为下一期的资本存量为

$$I_t = K_t - K_{t-1} = \Delta K_t \tag{2-1}$$

从凯恩斯经济学的比较静态均衡理论来说，资产的价值等于其未来时期盈利之和的现值。例如，对房屋来说，其盈利等于租金收入——现金或估算的现金收入减去经营、维修、税金等成本；对生产性资本来说，其盈利则等于在其使用寿命期限内，资本生产的产品总量，即产出减去对其他生产要素的支付。从此种意义上说，灾害造成的资产年产出损失等于资产价值损失乘以贴现率——理论上指的是利息成本（或称回报率）。假设这种均衡始终存在，则自然灾害造成的产出损失等于资本存量损失的价值，如果将两者加和则会造成重复计算。

当然，上述资本存量损失等于产出损失的情况基于诸多前提假设：①灾害

损失评估中，资本存量损失指的是资产的重置价值，那么资产的重置价值要等于其市场价值；②资产的市场价值要等于资产未来时期盈利之和的现值。

实际上，受多重因素的影响，这两种假设不一定成立，也就是说资本存量损失和产出损失在现实中存在差异。首先，灾后现实经济并非处于最优状态，特别是对于受灾的住房市场来说，市场的扭曲可能导致资本收益和利率的巨大差异。例如，对于大城市的住房价格来说，其重置价格可能明显低于市场价格；而基础设施由于不能在市场上交换，也就没有市场价格，主要通过政府规划决策进行建设，因此资产重置价值与市场价值相等的前提是没有外部性情况存在；同时，对于基础设施、医疗和教育服务等公共产品来说，其对社会的价值要大于其预期的产出价值。例如，灾后医疗服务的缺乏会严重阻碍恢复重建。其次，重大灾害冲击对经济系统的扰动包括灾后产品价格的变化。例如，灾后建材、劳动力价格的上涨（Wu et al.，2012）；同时，利润的驱使，有利于吸引灾区周边地区的人力、设备加入到灾区的恢复重建中，加速恢复重建进度。另一方面，灾后建材价格的上涨会增加重建成本，政府往往会采取配给或限价政策，例如汶川地震后出台的《关于印发做好汶川地震灾后恢复重建建材生产供应和价格监督管理的指导意见的通知》，就提出了震后建材价格监督检查、干预措施，因此，实际的建材价格不能切实反映供需关系，也就是说灾后市场并非处于均衡状态。

2.3.4 直接经济损失和间接经济损失

（1）直接经济损失

对大多数自然灾害来说，直接经济损失为灾害导致的建筑物、基础设施（道路、桥梁等）、设备和产品等财产损失。这些损失可以通过其重置成本或修复成本对灾害的直接经济损失进行估计。对于市场上可以交易的商品，可以很容易获得其购置成本，而对于房屋、道路等的破坏，受资产折旧、物价膨胀等因素的影响，其修复成本往往难以确定，需要根据当地的实际情况充分调查获取相关参数。而对于干旱或热浪灾害来说，其导致的直接影响可能更多的是农作物产量的下降，而不是房屋等资产的受损。

（2）间接经济损失

灾害造成的产出损失不仅仅是资产损失，未受到灾害直接破坏的部门也可能遭受连锁影响——间接经济损失。特别是电力、交通、通信、供水、天然气等“生命线”基础设施的破坏，造成的间接经济损失尤其显著。Gordon 等(1998) 研究表明地震造成交通中断引发的损失占总损失的39%。另外，灾害破坏还会通过产业关联效应，产生前向和后向关联影响，即灾害供给和需求不均衡引起的产出损失。

间接经济损失包括：商业中断和产业关联损失。如图2.7所示，如果产业部门B因灾害遭到破坏，产业关联损失包括：①后向关联损失，为部门B提供投入的部门A可能会供大于求，造成产品积压，并不得不降低产量，反映了灾害的直接破坏对生产过程上一阶段的影响；②前向关联损失，部门B的破坏会导致下游部门C供给不足，同样会造成部门C产量下降，反映了灾害直接破坏对生产过程下一阶段的影响；③部门B遭到破坏后，灾区外未遭受破坏的同类部门可能会代替部门B，部门C可以通过区外调入或进口满足生产需求，当受破坏的设备或基础设施得到恢复重建后，考虑到运输成本，部门C可能重新选择本区域恢复生产以后的部门B做供货商。

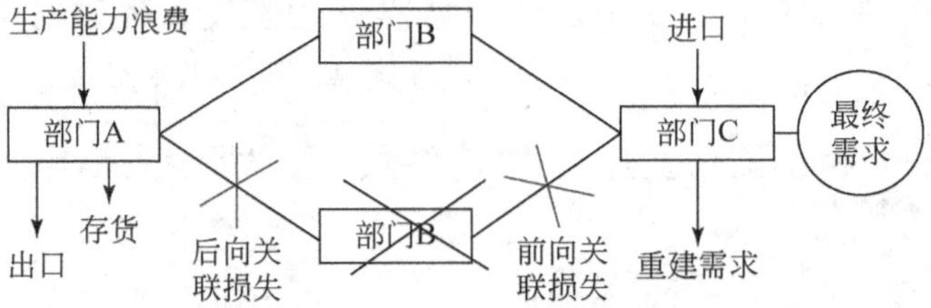

图2.7　灾害的产业关联经济影响

注：打“×”表示产业链中断

资料来源：吴东吉等，2009

相对于灾害直接经济损失，灾害间接经济损失要重要得多。灾害间接经济损失具有动态性、时间和空间差异性等特征。首先，灾害的间接经济损失具有后向延时效应，即灾害的间接经济损失从灾害对经济系统的破坏开始，到灾区基本恢复到灾前发展水平为止；其次，灾害破坏对经济系统扰动造成的波及效应影响是长期的，与直接经济损失相比，灾害对经济系统间接影响的深度和时间要更深远；最后，灾害对地区和国家尺度的间接经济影响是有区别的，地区可能由于灾后国家的救灾和重建投入，优化提升当地生产结构而受益，而对国家来说，灾害对整个国家的经济发展呈负效应关系。灾害间接经济损失的这些特征也使其不像直接经济损失那样显而易见，因此常常容易被忽略。

在发生重大灾害的情况下，上述产业关联效应造成的产出损失的大小取决于以下因素：经济系统自身的适应性和外部灵活性，也可以称为经济系统内在恢复力和外在恢复力，前者是指经济系统作为复杂巨系统，在“看不见的手”的指引下所具有的自我组织、适应能力；后者是指政府宏观决策引导等应对能力，包括人力、物力、财力、灾害补偿能力等。由于“生命线”基础设施对社会经济影响广泛，往往是灾害管理者优先考虑尽快恢复的部门，因此其影响周期比产业链波及效应的影响短。

(3) 灾害的积极影响

首先，对灾后更好地重建来说，新建房屋设防能力的提高、企业先进设备的购置及基础设施建设的优化等，这些更新相当于优化了灾区的产出能力。简言之，灾害造成的旧的资产破坏，通过恢复重建由新的先进的资产所替代，补偿了灾害造成的损失，从而有利于科技更新换代及生产力的提高，促进经济增长，对经济发展产生积极影响。我国历次重大地震灾后重建需求资金大于灾害直接经济损失，也证实了政府在更好地重建家园和可持续发展方面的决策与思路。

我国2008年以来发生的历次大地震主要分布在西部不发达或欠发达地区，不仅造成重大人员伤亡，还造成成百上千亿元的直接经济损失；同时，我国的巨灾风险保障体系尚未完全建立，无法通过保险手段分散巨灾风险。因此，灾区灾后救助和恢复重建基本靠中央政府与地方政府的财政补偿。例如，根据2008年《汶川地震灾后恢复重建总体规划》，中央财政按照恢复重建资金总需求30%左右的比例建立中央地震灾后恢复重建基金，其他资金需求则通过地方政府投入、对口支援、社会募集、国内外银行贷款、资本市场融资、企业和个人自筹资金等方式筹集，而保险赔付额不足地震直接经济损失的1%。

2008年以来我国历次大地震后的恢复重建规划显示（表2.5），我国重建资金需求普遍高于地震直接经济损失，重建资金需求是直接经济损失的1.17~1.4倍，其中有几方面原因：①由于地震多发生在西部不发达地区，房屋等的抗震设防能力偏低，在重建的同时，为了提高设防能力，使用新的建筑材料和技术等，必然增加重建成本；②大地震灾后重建往往需要几年时间，考虑到通货膨胀、建材价格上涨和人力资本成本等多种因素，重建成本也会上升。

表 2.5　我国 2008 年以后历次大地震灾害的直接经济损失与重建资金需求对比

地震事件	震级（Ms①）	直接经济损失（亿元）	重建资金需求估计（亿元）	恢复重建完成周期（年）	需求/损失比例
2008 年汶川地震	8.0	8 523.09	10 000.0	3	1.17
2010 年玉树地震	7.1	228.47	320.0	3	1.40
2013 年芦山地震	7.0	665.14	860.0	3	1.29
2014 年鲁甸地震	6.5	198.49	270.00	3	1.36
2017 年“8·8”九寨沟地震	7.0	—	118.0	3	—

注：重建资金需求和重建完成周期数据来源于中华人民共和国中央人民政府网站（http：//www.gov.cn）公布的历次地震灾后恢复重建总体规划文本，地震震级和直接经济损失统计数据来源于中国地震局公布的年度地震灾害年报（http：//www.cea.gov.cn/）。①Ms 指 surface wave magnitude，即面波震级。

其次，灾后恢复重建需求膨胀，在外部资金援助有保障的前提下，必然刺激当地经济的发展，特别是与建筑业相关的部门（Wu et al.，2014）。但是，即使没有灾害发生，灾后经济也可能出现这种积极影响。因此，将这种积极影响归因于灾害是否合理值得讨论，特别是从国家尺度来说，灾害造成了国民财富的损失。

总之，直接经济损失在灾害发生时后果就已确定，而间接经济损失涉及灾后长期的恢复重建过程，面对同一场灾害，有效的灾后恢复重建策略可以使灾区数月完成恢复重建，而低效地重建可能造成数年的恢复进程。灾害间接经济损失大小与灾害影响评估所针对的区域、灾前经济发展状况、灾后产品供给和消费市场容量、灾后管理水平、应急和恢复重建期长短等因素有关。灾害间接经济损失的时空差异特性也使其对灾后社会经济发展的影响存在很大的不确定性，同时也为通过灾后风险管理策略优化调整来减轻灾害间接经济损失、促进地区经济发展提供了机会，这也使灾害间接经济损失评估变得尤为重要，从而为政府风险管理决策优化提供参考。

2.3.5　产出损失与福利损失

2.3.4 节中灾害间接经济损失，包括灾害造成的停减产损失和产业关联损失，通常用产出损失来衡量。例如，产出损失用增加值或 GDP 指标进行表征，但是 GDP 指标存在其局限性：①GDP 核算体系框架无法对生态系统服务或自然资源损失进行量化；②灾害对收入和消费的影响，进而造成的福利损失在目前的评估中很少被关注。这种局限性表现在：重大灾害后重建投资刺激引起

GDP 的增长，如汶川地震后四川省 2009～2011 年 GDP 保持 14.5%～15% 的年增长率，高于灾前水平，而实际上灾害导致的福利损失很难从 GDP 指标反映出来。

从功利主义哲学层次而言，福利指的是全体社会成员个体在个人需求得到满足后的个人效用的总和，通常关注消费福利损失（郭伟和，2001）。但是灾害的产出损失不能直接反映灾害造成的福利损失。

福利损失的根源在于：①灾害造成资本存量下降导致间接经济损失（产出减少），家庭消费者的可支配收入和消费选择空间减少，其影响与灾害冲击大小密切相关（高俊，2011）；②灾害的风险偏好影响消费者决策，其影响取决于消费者对灾害的认知及损失应对能力（田玲和高俊，2012）。前者可以称为直接福利损失，后者称为间接福利损失。

灾害破坏及经济损失程度影响灾后政府应急救助和恢复重建资金的投放规模，在巨灾风险保障体系缺失的情况下，灾后救助及恢复重建支出不可避免地会增加税收负担、挤占其他方面的资源，进而对整个社会福利产生消极影响。从社会福利损失角度探讨政府最优救助规模对于提高资源利用效果、增进社会福利水平具有重要意义（田玲和高俊，2012）。

2.4 灾害损失评估原则与方法

灾害损失是多类型和多维度的，灾害管理中如何进行灾害损失应遵循一些基本的评估原则和计量方法。

2.4.1 灾害损失评估原则

从灾害管理角度来说，灾害损失评估应以评估目的——服务需求入手，并保证灾害损失评估结果的科学性，从而为恢复重建规划提供有效依据。因此，需求驱动和科学性是灾害损失评估的两大基本原则（图 2.8）。

需求驱动原则包括以下基本准则：①适用性，灾害损失的分类和具体评估指标设计要符合社会与政府的管理需要，能为有关部门所接受，实用性强；②可行性，灾害损失评估指标可通过调查统计等方法进行量化，应能与现有国家统计部门统计体系相衔接，可操作性强；③标准性，为便于国内外和不同时

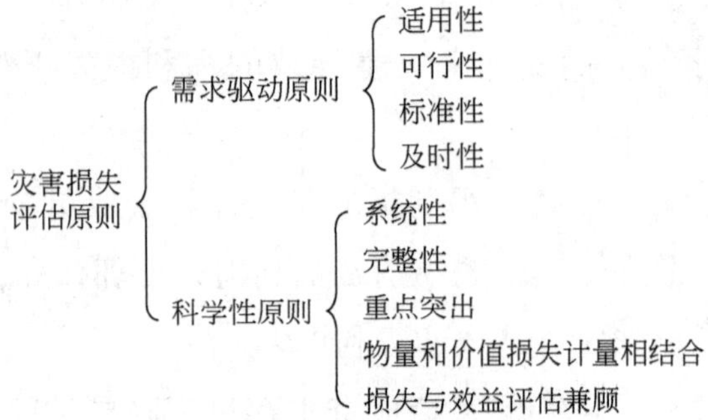

图 2.8　灾害损失评估的基本原则

间段的对比，灾害损失统计指标分类、内涵、范围和计算方法应统一，做到灾害损失统计指标的标准化，以便于损失数字的横向和纵向对比；④及时性，灾前、灾中和灾后的灾情动态评估是灾害管理决策优化的重要手段，而灾害损失评估要满足不同时期灾害管理决策的需要，如灾中灾害损失的应急评估对于应急响应预案的启动级别至关重要。

科学性原则包括以下基本准则：①系统性，为了从总体上反映灾害影响的全貌，灾害损失统计指标体系设计应分级，便于归类分组，在体现各种指标相互区别的同时，又能体现各指标之间的有机联系，避免重复和遗漏；②完整性，灾害损失统计指标体系包括的灾害影响范围力求全面，如灾害影响不仅仅是直接的物理财产损失，还应该评估灾害对社会、自然资源和经济系统短期、中期与长期的影响；③重点突出，不同灾害损失的特征各异，对地震灾害来说人员伤亡和财产损失是灾情的重点关注指标，而对于干旱灾害来说，农作物的减产是关注的重点；④物量与价值损失计量相结合，相对于价格和价值确定的难度，在保证损失物量统计的基础上，根据是否能够进行价值量化，评估灾害的经济损失，而对于非经济损失，物量损失仍可供决策参考；⑤损失与效益评估兼顾，指的是在灾害间接经济损失评估过程中，应考虑灾后恢复重建带来的积极影响，如设备技术的更新换代、产业结构的优化升级等对经济发展带来的益处，而这种效益评估也可以凸显灾后保险、政府救助等经济补偿措施在促进地区经济可持续发展中的重要性。

2.4.2　灾害损失计量的基本思路

灾害损失可以通过以下方式进行计量：①物量法，即针对不同的承灾体类型及量纲，采用数量的多少对损失进行计量，在此基础上分门别类统计灾情；

②价值法，对于灾害经济损失，根据重置价格或市场价格等对灾害损失进行计量，可以弥补物量法中不同量纲损失不能加和的问题；③属性表征法，承灾体的损失也可以用损坏程度的严重性进行属性界定，如对于房屋破坏的程度，可以用一般损坏、中等损坏和严重破坏进行表征。当然，损失的绝对值和相对值都是表征灾害损失程度的指标，如利用灾度指标对小灾、中灾、大灾、巨灾等的界定（赵阿兴和马宗晋，1993）。

总体来说，灾害损失评估需要获取以下参数：①存量损失实物量；②实物（或商品）和服务的价格与数量变化；③灾害扰动（或影响）的持续时间。

从灾后损失评估的具体实施来说，灾前实物资产、产出和服务水平基准（数量或价值）数据的获取是灾害损失评估的基础。对于灾害间接经济损失的评估，相对于使用灾前和灾后经济发展轨迹对比，使用有灾和无灾经济发展轨迹的对比进行损失评估更加合理（图 2.9）：①针对存量损失。对于台风、洪涝和地震等突发型灾害来说，由于灾害历时较短，灾前和无灾的状态基本一致，而对于干旱等缓发型灾害来说，这两种状态差异较大。②针对流量损失。由于灾区恢复及影响的持续时间较长，首先需要预测出无灾经济发展轨迹，才能与有灾经济发展轨迹进行对比，以评估由于灾害造成的产出损失，否则，可能造成灾害损失的低估（灾前经济增长趋势）或高估（灾前经济下滑趋势）。

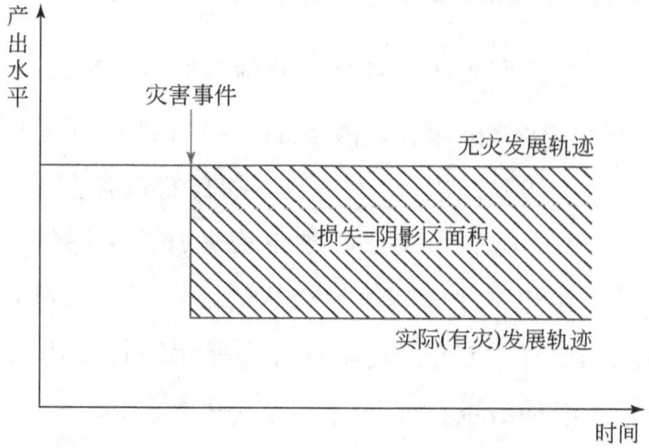

图 2.9　灾后经济产出水平随时间的变化与产出损失

灾害造成的建筑物、基础设施等经济资产直接经济损失，我国已有相应的灾情统计制度，即使用重置价格进行核算。重置价格是指采用与受损对象相同的材料、建筑或制造标准、设计、规格和技术等，以现时价格水平重新构建与受损对象相同的全新实物所需花费的材料和人工等成本价格（不考虑地价因素）(民政部，2008)，在此不再详述。以下重点阐述人员伤亡及健康影响、自然资源和生态系统服务等间接经济损失的价值评估方法。

2.4.3　人员伤亡及健康影响的经济损失评估方法

灾害造成的人员伤亡及健康影响损失评估方法包括（Viscusi and Aldy，2003)：①支付意愿法，是指人们为改善自己和他人的健康而愿意支付的货币金额，如对于人员死亡，美国不同机构采用支付意愿法统计的生命价值在100万美元（美国联邦航空管理局）至630万美元（美国国家环境保护局）（2000年价格)；②人力资本法，基于人力资源的经济价值创造力，依据劳动力的平均工资收入或社会劳动生产力进行计算；③疾病成本法，测算生病的医疗费用成本和误工的收入损失等。其中，支付意愿法可以反映被测人群的个人意愿和偏好，可以相对全面地反映灾害带来的经济损失和痛苦等负效用；人力资本法忽视了老人、小孩等非劳动力人群的健康影响；同时，人力资本法和疾病成本法无法反映健康损害造成的负效应和福利损失。上述方法已经在雾霾的健康影响评估中得到应用（黄德生和张世秋，2013)。

2.4.4　自然资源及生态系统服务的经济损失评估方法

土地是各种资产的重要载体，森林、草地等自然资源为人类提供各种环境功能和服务。资源与环境经济研究已经发展出各种计量资源和环境价值的方法（United Nations et al.，2003)。对于灾害造成的自然资源直接经济损失，以森林资源为例，可以采用成本法、市场法和收益法进行价值评估，并已经被用于保险产品开发中不同林龄和树种森林保险金额的确定（国家林业局，2015；叶涛等，2016)。而对于清新的空气、美好的环境等无法直接用市场价格衡量的损失，可以利用替代性市场法进行评估，即寻找可替代的市场价格来衡量，如旅行费用法用旅游者支付的门票价格、旅游者前往旅游地所需费用和旅途所用时间的机会成本，来衡量旅游景点的损失。

对于灾害直接破坏造成的生态系统服务功能下降的损失，可采用生态系统有机物质生产量、营养物质循环与储存、涵养水源、水土保持、释放氧气、生物多样性、气候调节、娱乐文化等服务价值进行损失价值的评估（何浩等，

2005；谢高地等，2003）。

对于灾害导致的环境污染及环境质量恶化可以通过恢复费用法——将受损环境恢复到灾前状态所需的成本或者机会成本法进行测算（李莲芳等，2006）。

2.4.5 间接经济损失评估方法

对于停减产损失，可采用分部门调查统计的方法进行评估。具体来说，以灾前各部门单位时间内的产出或服务能力为参数，通过实地调查或专家经验估计各部门产出和服务能力的下降程度，以及恢复所持续的时间，进而由产出或服务能力与持续时间的乘积作为停减产经济损失的评估值。

对于产业关联损失，则需要借助经济学模型进行估计，包括经济学中的投入产出模型、可计算一般均衡模型及专家经验法（吴吉东等，2009）。例如，美国联邦应急管理署的多灾种灾害损失管理平台利用投入产出模型进行灾害间接经济损失评估。专家经验法根据灾害直接经济损失程度大小，确定一个经验系数与直接经济损失相乘作为灾害间接经济损失的大小。需要指出的是，收入和产出是度量经济发展成果的两个方面，如果用产出来度量灾害的间接经济损失，就不能将其与用收入度量的间接经济损失进行累加，以避免重复计算问题。后续章节将详细介绍投入产出模型和可计算一般均衡模型在灾害间接经济损失评估中的改进和应用。

2.5 本章小结

灾后灾害损失的科学、系统评估是恢复重建规划编制的前提基础。我国著名经济学家于光远早在1988年就指出，灾害损失的消极作用与为了进行减少灾害损失而进行的守业投入的负向经济效益，最终目的是实现灾害损失的最小化，损失减小的部分是“正效益”——灾害经济学中的“负负得正”原理（于光远，1990）。灾害发生以后，灾害造成的直接经济损失已定，如何采取合理有效的恢复重建措施使灾害直接经济损失得以补偿，从而减轻灾害的间接经济损失，是“负负得正”原理实践的关键。

本章在综述国内外知名机构对灾害损失分类的基础上，阐述了当前全球灾害损失调查评估的发展趋势。笔者认为，仅用直接经济损失不能反映灾害的全面影响，且不利于自然灾害的认知和应对；灾害损失分类精细化、损失与影响并重将是未来灾情调查评估的基调；其中，灾害间接经济损失、灾害的社会和环境影响将逐步成为灾害领域的研究热门和前沿课题。同时，从经济学视角基于灾害损失发生过程的灾害损失分类更切合灾后需求评估和灾害过程管理的需要。针对我国灾害损失统计制度，进一步细化完善灾害损失统计指标体系，开展相关损失与影响评估方法和标准的研究，对于灾害管理的科学化具有重要意义。

首先，灾害损失的分类要与评估需求相结合。灾害损失分类的细化一方面是为了从不同维度、更加完整地了解灾害的总体影响，另一方面是为了满足灾后恢复重建规划的针对性或长期灾害风险管理的需求。因此，灾害损失评估首先要满足灾后需求评估的要求。灾害损失评估与需求评估密切相关但又有所区别：①评估目的不同，损失评估在灾害发生后即可进行，目的是了解灾害破坏及影响的范围、程度，如资本存量和产出的损失，以及宏观经济的影响；而需求评估通常用来估计灾后的恢复重建资金需求，以尽力满足灾区生产生活秩序的恢复和可持续发展。②评估包含的内容有差异，需求的成本计算所涵盖的范围更广，不仅包括受损建筑物、基础设施的修复或重置成本，还包括体制、政策实施成本，一般从国家或地方政府层面进行评估。③需求评估不一定反映灾害损失的实际情况，但是损失评估是需求评估的基础或前提，损失评估服务于需求评估，重建需求依赖于可获得的资源量、重建持续时间、政府的政策及保险覆盖情况。因此，重建需求可能高于或者低于实际的灾害损失。

其次，随着灾害损失评估的精细化和灾后管理的精准化，仅仅从直接经济损失评估灾害影响已不能满足灾害管理的实际需求，逐渐转向直接经济损失、间接经济损失并重，至综合评估灾害损失的方向发展。已有研究指出，灾害的间接经济损失会随着直接经济损失的扩大而非线性增加（Wu et al.，2012）。灾害间接经济损失的这种非线性特征有两方面原因：①经济越发达，灾害破坏造成的基础设施和产业链中断，波及企业与家庭的影响范围会越来越广，在此过程中造成受灾主体产出或收入损失；②重大灾害的恢复能力常常受财政能力和技术条件限制，灾后恢复持续数年，而灾害间接经济影响的持续时间也会随灾害冲击强度的增加而增大。因此，间接经济损失（取决于冲击的幅度和持续时间）将随着直接经济损失而增加。同时，需要注意的是灾害直接经济损失与灾后恢复重建的时间长短没有直接联系。例如，表2.5中重大地震灾害的恢复重建期为三年，但在此过程中造成的间接经济损失有所不同。同时，灾后恢复重建为产业结构调整、设防能力提高及新技术的使用提供了契机，灾害造成的财产损失通过恢复重建由更先进的设备、技术所替代，从而使灾区长期受益，可以认为是灾害积极影响的一面；但是，灾区即使不发生灾害，这种益处也可能获得。因此，灾害间接经济损失不仅依赖于灾害破坏的强度，还依赖于社会经济系统的应对能力。而仅仅用致灾因子强度及直接经济损失显然不能够反映灾害实际的经济损失，需要在直接经济损失评估的基础上，评估灾害可能造成的间接经济损失，为风险管理策略实施优化提供依据。

再次，从灾害损失分类方法来看，从经济学视角基于灾害损失发生过程的灾害损失分类方法被广泛采用，这种分类方法也更切合灾后需求评估和灾害过程管理的需要。而 Parker 等（1987）依据经济学中存量和流量的本质差异，对灾害直接经济损失和间接经济损失的清晰界定至今仍被沿用，可以视为灾害损失的经典界定。

最后，灾害损失是灾害的本质特征。灾害不仅造成房屋、基础设施、自然资源等有形资产的直接经济损失，还造成企业停减产、产业关联损失及生态服务能力下降等间接经济损失，以及更广泛的社会、经济、政治和环境影响。直接经济损失和间接经济损失是刻画灾害影响的两种维度，灾害直接经济损失评估是间接经济损失评估的重要依据。国内外已有研究和实践为灾害损失的综合评估提供了方法，灾害直接经济损失和间接经济损失的结合评估是灾害损失评估未来的发展趋势。从灾害管理决策来说，结合不同政策实施情景的灾害间接经济损失评估更有利于管理者直观审视政策实施在减轻灾害损失中的作用——灾后经济补偿的经济效益，其也将在后续章节中进一步讨论。因此，除了研究灾害的自然属性，灾害损失的社会属性研究对于推动灾害经济学学科的建立，以及提高我国灾害管理水平具有重要意义。

主要参考文献

高俊 . 2011. 基于福利损失的中国灾害风险应对能力研究 . 武汉：武汉大学博士学位论文 .

郭伟和 . 2001. 福利经济学 . 北京：经济管理出版社 .

国家减灾委员会–科学技术部抗震救灾专家组 . 2008. 汶川地震灾害综合分析与评估 . 北京：科学出版社 .

国家林业局 . 2015. 森林资源资产评估技术规范：LY/T2407–2015. 北京：中国标准出版社 .

何爱平. 2006. 区域灾害经济研究. 北京：中国社会科学出版社.

何浩，潘耀忠，朱文泉，等. 2005. 中国陆地生态系统服务价值测量. 应用生态学报，（6）：1122-1127.

黄德生，张世秋. 2013. 京津冀地区控制 $PM_{2.5}$ 污染的健康效益评估. 中国环境科学，33（1）：166-174.

李莲芳，曾希柏，李国学，等. 2006. 北京市水体污染的经济损失评估. 自然灾害学报，15（6）：247-253.

李宁，吴吉东. 2011. 自然灾害应急管理导论. 北京：北京大学出版社.

田玲，高俊. 2012. 灾害风险、福利损失与政府最优救助计划. 经济管理，34（1）：173-181.

吴吉东，李宁，温玉婷，等. 2009. 自然灾害的影响及间接经济损失评估方法. 地理科学进展，28（6）：877-885.

谢高地，鲁春霞，冷允法，等. 2003. 青藏高原生态资产的价值评估. 自然资源学报，18（2）：189-196.

徐怀礼. 2007. 灾害经济学研究. 长春：吉林大学博士学位论文.

叶涛，吴吉东，王尧，等. 2016. 多年期森林火灾保险产品设计研究——以浙江省丽水市为例. 保险研究，（2）：87-98.

于光远. 1990. 灾害经济学提出的根据和它的特点//马宇晋. 灾害与社会. 北京：地质出版社.

于庆东，沈荣芳. 1996. 灾害经济损失评估理论与方法探讨. 灾害学，11（2）：10-14.

袁艺. 2010. 自然灾害灾情评估研究与实践进展. 地球科学进展，（1）：22-32.

张佳丹. 2007. 灾害问题的经济学分析. 哈尔滨：黑龙江大学硕士学位论文.

赵阿兴，马宗晋. 1993. 自然灾害损失评估指标体系的研究. 自然灾害学报，2（3）：1-7.

郑功成. 2010. 灾害经济学. 北京：商务印书馆.

Chang S E，2010. Urban disaster recovery：A measurement framework and its application to the 1995 Kobe earthquake. Disasters，34（2）：303-327.

ECLAC（Economic Commission for Latin America and the Caribbean）. 2003. Handbook for Estimating the Socio-economic and Environmental Effects of Disaster. LC/MEX/G. 5. Mexico City：ECLAC.

European Union，UN Development Group，The World Bank. 2013. Post Disaster Needs Assessment Guidelines（PDNA）. http：//www. worldbank. org. ［2017-11-15］.

FEMA（Federal Emergency Management Agency）. 2001. HAZUS 99 Estimated Annualized Losses for the United States. Washington：Federal Emergency Management Agency.

Gordon P，Richardson HW，Davis B. 1998. Transport-related impacts of the Northridge earthquake. Journal of Transp ortation Statistics，1（2）：21-36.

IPCC. 2012. Managing the Risks of Extreme Events and Disasters To Advance Climate Change Adaptation. Cambridge：Cambridge University Press.

Kreibich H, van den Bergh J C J M, Bouwer L M. et al. 2014. Costing natural hazards. Nature Climate Change, 4 (5): 303-306.

NRC (National Research Council) . 2012. Disaster Resilience: A National Imperative. Washington: National Academies Press.

Parker D, Green C, Thompson C S. 1987. Urban Flood Protection Benefits: A Project Appraisal Guide. Aldershot: Gower Technical Press.

Rose A. 2004. Economic principles, issues, and research priorities in hazard loss estimation//Okuyama Y, Chang S. Modeling Spatial and Economic Impacts of Disasters. Berlin: Springer.

The Government of Nepal. 2015. Nepal Earthquake 2015: Post Disaster Needs Assessment. http://reliefweb. int/sites/reliefweb. int/files/resources/PDNA_Executive_Summary_new. pdf. [2017-07-20] .

The World Bank. 2011. Philippines-Typhoons Ondoy and Pepeng: Post-Disaster Needs Assessment-Main Report. Washington: The World Bank.

The World Bank. 2015. Myanmar-Post-Disaster Needs Assessment of Floods and Landslides: July-September 2015. Washington: The World Bank.

UNISDR (United Nations International Strategy for Disaster Reduction Secretariat) . 2013. Global Assessment Report on Disaster Risk Reduction 2013. Geneva: UNISDR.

United Nations, European Commission, International Monetary Fund, et al. 2003. Handbook of National Accounting: Integrated Environmental and Economic Accounting 2003. https://unstats. un. org/unsd/envaccounting/seea2003. pdf [2017-07-20] .

Viscusi W K, Aldy J E. 2003. The value of a statistical life: A critical review of market estimates throughout the world. Journal of Risk and Uncertainty, 27 (1): 5-76.

Wu J, Li N, Hallegatte S, et al. 2012. Regional indirect economic impact evaluation of the 2008 Wenchuan earthquake. Environmental Earth Sciences, 65 (1): 161-172.

Wu J, Li N, Xie W, et al. 2014. Post-disaster recovery and economic impact of the catastrophes in China. Earthquake Spectra, 30 (4): 1825-1846.

Xie W, Li N, Li C, et al. 2014. Quantifying cascading effects triggered by disrupted transportation due to the Great 2008 Chinese Ice Storm: Implications for disaster risk management . Natural Hazards, 70 (1): 337-352.

3 自然灾害与经济发展的关系

3.1 自然灾害对经济发展的影响

自然灾害伴随人类发展的历史，其对一个区域造成的影响也会对其他邻近区域产生严重的经济影响。自然灾害造成的影响极其复杂，自然灾害对经济发展的利害关系要从自然灾害影响的时间和空间尺度来考虑。对自然灾害影响机理的分析可以为损失评估模型框架和参数设置提供科学依据。

3.1.1 短期影响与长期影响

对自然灾害造成的宏观经济影响研究文献，大致可以分为短中期（1～5 年）和长期（5 年以上）研究，大部分文献集中于短期研究，而 GDP 是这些研究中的一个关键的分析指标。表 3.1 和表 3.2 分别列举了自然灾害对 GDP 增长短期和长期影响的研究文献，这些文献从开始的统计分析，到目前广泛使用的计量经济学模型，其研究方法大多通过分析自然灾害直接经济损失的决定因素，来研究自然灾害造成的宏观经济影响。宏观经济计量模型在年度预测及短期和中期政策分析上应用较好，但是难以模拟自然灾害等外部冲击或政策调整和分配效应的长期影响（李洪心，2008），因此对自然灾害长期影响的研究案例要少得多。

表 3.1 自然灾害对 GDP 增长短期影响的跨国案例研究

文献	国家及时间	方法	主要结论	估计的 GDP 影响*
Albala-Bertrand，1993b	拉丁美洲 26 个发展中国家，1960～1979 年	统计对比分析等	灾害对经济增长无影响或积极影响	平均值：0.4%
Raddatz，2007	世界上 40 个低收入国家，1965～1997 年	向量自回归模型	气候灾害事件降低了实际 GDP，地质灾害事件影响不大	气候：约-2% 人均 GDP 地质：不显著

续表

文献	国家及时间	方法	主要结论	估计的 GDP 影响*
Strobl，2008	美国，1948～2005 年	计量经济学模型	飓风对国家经济增长有负面影响，虽然灾后次年经济小复苏	当年影响：-0.8%的人均收入 次年影响：0.2%的人均收入
Loayza et al.，2009	世界上 94 个国家，1961～2005 年	索罗-斯旺模型	灾害对经济增长有不同的影响，对发展中国家造成的负面影响偏多	干旱：-0.606% GDP 洪水：0.996% GDP 地震和风暴：不显著
Noy，2009	越南，1953～2008 年	系统广义矩估计面板数据分析	当用财产损坏度量时灾害对经济增长有负面影响，但当用人口度量时并非如此。对发展中国家和小经济体影响大一些	OECD 国家：短期影响 1.33% GDP；累积影响 1.99% GDP。 发展中国家：短期影响 -9.7% GDP；累积影响-11.7% GDP
Rodriguez-Oreggia et al.，2009	墨西哥，2000 年，2005 年	指标分析	自然灾害对减少人类发展指数（human development programme，HDI）和增加贫困程度产生显著影响	HDI：倒退两年的发展水平 极度贫困：0.036% 能力制约性贫困：0.03% 资产贫困：0.015%
Leiter et al.，2009	法国、意大利、英国和西班牙，2000 年	倍差分析法	受洪水袭击地区的企业资产和就业增长速度比未受洪水袭击地区的企业快。无形资产量大的企业受到积极的影响	洪水对总资产的边际效应（无形资产份额的三四分位数）：2.6%；总资产洪水对就业的边际效应（无形资产份额的三四分位数）：4.7%就业
Mechler，2009	全球 99 个灾害案例，1971～2000 年	回归分析	自然灾害造成的损失并不能解释消费变化。然而，因灾害影响，灾后储蓄的变化解释了灾后消费的变化，特别是对低收入国家	不显著
Hochrainer，2009	全球 225 个大的灾害案例，1960～2005 年	多变量回归模型	自然灾害对 GDP 有负面影响	第一年 GDP 变化为-0.5%；5 年后变化为-4%

注：资料修改自 Cavallo 和 Noy（2009）的文献；*正值（或负值）代表因变量的上升（或下降），本列只列出了统计显著指标的估计值。

较早用经验描述研究灾害影响宏观动力学机制的是 Albala-Bertrand（1993a，1993b）对拉丁美洲和加勒比海地区 1960～1979 年灾害案例的研究，其研究结果显示：自然灾害常常引起 GDP 的短期下降，灾后 2 年经济出现高增长的国家大多在灾前 2 年经历过地震，而其他灾害事件的灾后经济多出现低速增长，从长期来看自然灾害对经济增长无影响或稍许的积极影响。Charvériat（2000）进一步对拉丁美洲和加勒比海地区 1980～1996 年的 35 个灾害案例研究显示，28 个灾害事件中经济的实际增长率在灾害年份下降并在接下来的 2 年又迅速上升。Aghion 和 Howitt（1998）发现对地震这样的灾害，与灾前相比，大多数国家灾后 2 年 GDP 高速增长，12 个国家中的 10 个因为其他类型灾害的影响而增长率较低，其研究结果和 Albala-Bertrand 相似。

表 3.1 列出了中不同学者利用不同的方法，从企业、地区和国家等不同尺度，利用致灾因子危险性和暴露性指标及经济系统的脆弱性指标，对自然灾害短期影响分析可以看出：由于自然灾害中断了部分经济活动及资本资产的损失，自然灾害会对 GDP 增长有一个短期的负面影响，而这种影响是暂时性的还是永久性的则需要更加深入的分析。

而大多数情况下，自然灾害也导致长期负面的经济影响（表 3.2），如经济的缓慢增长，高债务和更高的区域和收入不平衡问题。环境和社会成本更加难以用货币形式估算（Charvériat，2000）。灾后固定资产和其他资源由于自然灾害

表 3.2　自然灾害对 GDP 增长长期影响的跨国案例研究

文献	国家及时间	方法	主要结论	估计的影响*
Skidmore and Toya，2002	全球 89 个国家，1960～1990 年	相关分析	气候灾害事件对长期增长有积极作用，而地质灾害呈负面或中性影响	气候灾害：0.42% GDP 地质灾害：-0.32% GDP
Noy and Nualsri，2007	全球 98 个国家，1975～1999 年	面板数据分析	从灾害死亡率来看人均 GDP 增长率下降，而从直接经济损失变量来看，统计显示不出对经济长期增长有影响	估计系数——死亡人人数比例：-6.58% 人均 GDP 估计系数——损失占 GDP 比例：不显著
Cuaresma et al.，2008	全球 49 个发展中国家，1976～1990 年	引力模型及回归分析	自然灾害与发达国家和发展中国家之间的技术转移呈负相关	灾害频率系数：-0.69 灾害损失：-0.28% GDP

续表

文献	国家及时间	方法	主要结论	估计的影响*
Raddatz，2010	全球， 1950~2008年	向量自回归模型	气候灾害与人均GDP呈负相关，地质灾害不会产生重大影响，对小经济体来说，这种影响较大	气候灾害：-0.6%人均GDP 地质灾害：不显著

注：资料修改自Cavallo和Noy（2009）的文献。*正值（或负值）代表因变量的上升（或下降），本列只列出了统计显著指标的估计值。

遭到严重破坏，未受破坏的资产和劳动力由于产业关联、基础设施和市场的破坏，生产力下滑。Skidmore和Toya（2002）指出自然灾害对经济长期发展有积极作用；Cuaresma等（2008）则试图从国家间的技术转移来研究巨灾的这种“破窗理论”，结果显示，这种积极的效应可能只有在高收入国家才能实现，而对发展中国家来说，自然灾害的发生可能引起知识和技术引进的减少。Hallegatte和Dumas（2009）用内生增长理论模型对“破窗理论”假设进行了论证，结果显示自然灾害对经济发展来说从来就不是积极的事件，大的灾害超过了当地重建能力，实则导致贫困加深。

与自然灾害短期影响研究相比，自然灾害长期影响的文献相对较少，且研究结果存在不确定性，部分原因在于很难区分在无灾状况下的GDP增长轨道和有灾状况下的差异。

3.1.2 地区尺度与国家尺度

灾后恢复是外部援助与先前经济状态共同作用的结果。Cochrane（1997）利用合理的经济原理来刻画灾后经济可能影响的各个方面，对区域和国家尺度的间接经济损失做了对比概括（图3.1）。对所有损失，包括直接经济损失和间接经济损失，尺度缩放为0~1的值，缩放比例代表了损失值的比率。

图3.1（a）显示了自然灾害对一个地区所有的直接经济损失和间接经济损失。图3.1（a）上半部分显示了地区不受约束重建（其重建支出100%由外部保险和政府援助提供）的间接增益比。经济学家将这个最大的三角封闭区域乘以收入率简单作为灾后重建支出的需求量。极大值时，有充足且可供选择的生产者和消费市场且无任何生产瓶颈，这是灾区最期望的状况。随着筹措重建资金的负担加重，并被转移到灾区受害者身上，重建刺激经济增长的积极影响随

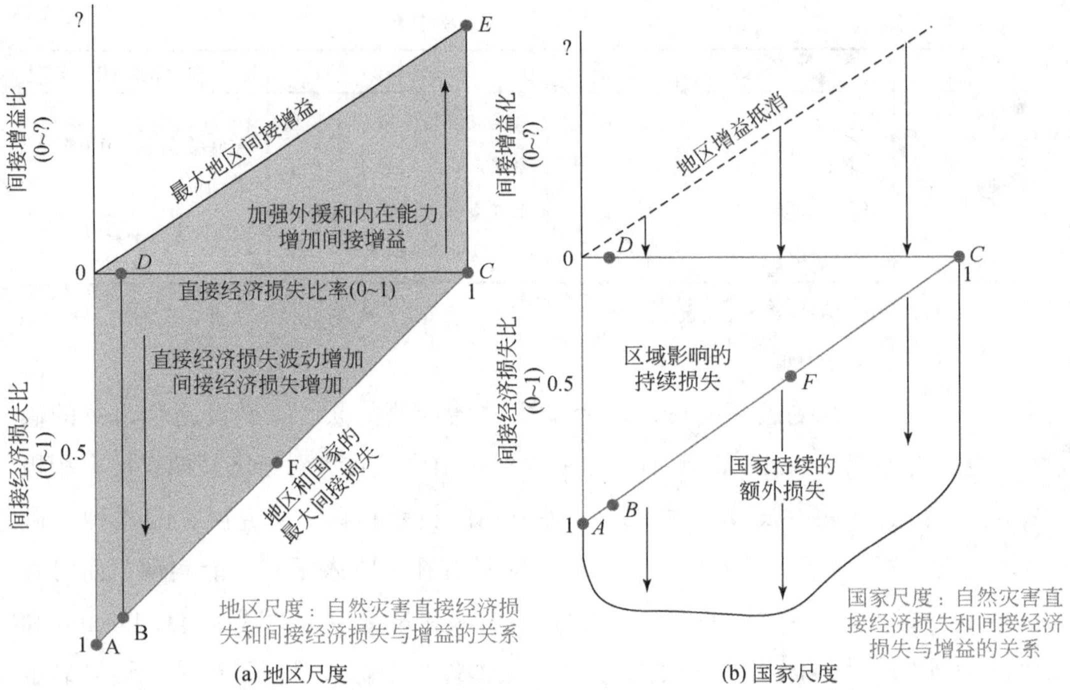

图 3.1　自然灾害对国家尺度和地区尺度的直接经济损失和间接经济损失对比

资料来源：Cochrane，1997

之降低，E 点逐渐下降，使间接增益率趋向于 0。极小值时，所有的重建支出由灾区内部解决，则重建的增益会被家庭因偿还灾害相关债务导致的消费水平下滑而抵消。

图 3.1（a）下半部分不太容易理解。它反映了经济发展受生产瓶颈的影响：间接经济损失比越接近 0，受到的瓶颈约束越少。与间接增益的解释相似，极大值时，线段 AC 描绘了损失闭合区的边线。点 B 为间接经济损失的最大化水平(即消极影响最大)，这种情况一般是由于一个小部门遭受灾害的最大打击，而又没有减轻供求短缺的途径时造成的。在这一点，经济崩溃的程度取决于制约产出的约束部门。间接经济损失在点 B 可能是直接经济损失的数倍。这种情况很可能在关键“生命线”基础设施，如电力、供水系统等丧失情况下发生。人们也可能把点 B 认为是恐怖主义最可能选择的目标，即以最小的直接破坏产生重大经济混乱的关键点。点 C 显示了当直接经济损失为 100% 情况下，间接经济损失不存在，即如果一切都丧失了，也就不可能有前向和后向的关联损失。线段 DB 显示了随着直接经济损失模式的不确定性增加和区域减轻供求短缺弹性能

力降低情况下间接经济损失的增加。线段 *DC* 反映了同一种灾害破坏模式下，经济增长随破坏比率变化而下降。这种情况发生在所有部门固定资本产出都成比例受到破坏情况下，前向和后向关联影响消失，不管直接经济损失有多大，经济仍保持平衡发展。

图 3.1（b）显示了在国家尺度下损失包络线的变化。首先，直接破坏和随后的间接经济损失由于改变了进出口贸易模式而波及其他地区。如果灾区生产有对区外关键的原材料投入产品，而现成的替代品又难以获得，则灾区的间接经济损失可能波及整个国家经济的发展。因此，自然灾害造成的直接经济损失可能超过灾区自身的直接经济损失。其次，国家对灾区重建资金的支持和援助可能使国家财政吃紧，导致灾区以外其他发展规划项目的减少或取消，结果，灾区的间接增益被抵消掉。所以，从国家整体层次来说，间接经济损失必定存在。间接增益只是一个幻想，只是受灾地区的一种副产品。

因此，从自然灾害影响的空间尺度来说，在国家尺度，损失必定存在，而在地区尺度，可能由于重建开支刺激经济增长，抵消由于产业部门间贸易模式破坏的经济损失，而对经济发展有利。

3.1.3 灾后经济发展模式

从宏观经济发展层面来说，自然灾害是否会对经济发展产生严重影响？灾后经济的发展模式受自然灾害损失大小、灾区灾后恢复能力、灾区灾前经济发展状况、灾后管理措施等影响。不同的学者对自然灾害是否对经济发展产生长远影响存在争议（Aghion and Howitt，1998；Benson and Clay，2004；Albala-Bertrand，1993a；Skidmore and Toya，2002；Dacy and Kunreuther，1969；王海滋和黄渝祥，1997）。对于这个问题，在已有文献中有两种不同的观点。一种观点认为，自然灾害会阻碍经济增长（Benson，2003；Otero and Marti，1995；Charveriat，2000；Hochrainer，2006；Noy，2009），虽然个人会主动规避自然灾害风险，但是政府决策应该建立在社会工程建设资源投资的机会成本和资本、产品与服务可能的损失量上，政府不应该对自然灾害熟视无睹（OAS，1991）。另一种观点认为，自然灾害对经济增长产生的影响微乎其微（Albala-Bertrand，1993a；Skidmore and Toya，2002）。

一般来说，一次自然灾害发生以后经济发展的轨道如图 3.2 所示，导致经济积极或消极影响或没有影响（Chhibbe and Laajaj，2008）。灾后区域经济发展可以归纳为3种典型情况。

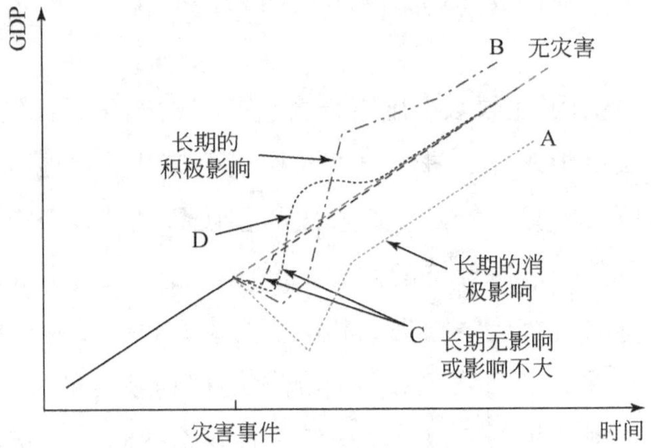

图3.2 灾后可能的GDP发展轨道

资料来源：Hochrainer，2006

第一种是“因灾得利”型（图3.2情景B）。灾后重建时资本和技术迅速涌入，生产力重新布局，产业部门比例得以调整，从而使各种资源得到更好的利用，灾后的重建往往刺激经济的发展和技术的变革，国民经济发展进度加快。Aghion和Howitt（1998）基于熊彼特（Schumpeter）的内生增长模型，认为由于灾后资产重置引起的技术革新促使了经济的增长，结果，灾害会对经济总体产生积极影响。

第二种与第一种相反，表现出另一种极端情况（图3.2情景A），即经济发展速度放慢，自然灾害所造成的影响作用比一般情况下预估的要大得多，自然灾害永久性地减少了生产资本，而新的经济发展均衡建立在一个较低GDP水平上。Benson（2003）对115个国家1960~1993年的灾害事件进行分析发现，经历灾害的国家经济发展速度会降低。

第三种情况认为，灾后恢复的快慢与灾前经济发展水平呈正相关，原来经济发展蓬勃，则恢复也快，相反则恢复缓慢，甚至一蹶不振（Haas et al.，1977）。例如，1998年10月大西洋五级飓风米奇（Mitch）袭击洪都拉斯，70%~80%的交通基础设施遭到破坏，包括几乎所有桥梁和二级公路，1/5的人口无家可归，农作物和动物损失导致食物短缺，而卫生条件不足导致疟疾、登革热和霍乱的爆发，以至于洪都拉斯总统C. Flores说由于这次灾害其国家的发展要倒退30~50年（U. S. National Climatic Center et al.，2004）。

一些学者则认为（Wright et al.，1979），自然灾害发生前后经济发展轨道变化不大（图3.2情景C、情景D），在情景C和情景D两种情景下，灾害没有对人均GDP长期增长轨道产生影响：灾害的冲击对GDP增长产生消极影响，然后由于重建经济发展迅速，随后在长时期内逐步恢复到灾前的均衡状态。长期来说，灾害对经济发展没有显著影响，Albala-Bertrand（1993b）基于1960~1976年世界上26个国家的28个灾害案例，利用构建的灾害宏观经济影响模型，证明了灾害对长期经济发展不会造成影响，这也印证了为什么灾后宏观经济指标发生变化，而后迅速恢复到正常水平的事实。Skidmore和Toya（2002）则提出气象灾害相对于地质灾害，往往对资本积累和经济长期增长有积极影响。Benson和Clay（2004）指出区分地质灾害和气象水文灾害的必要，地质灾害发生频率低，但是常引起巨大破坏，很可能引起Schumpeter“创造性破坏”的影响，从而刺激灾后经济发展；而气象水文灾害发生频率高，营造一种无常氛围，从而容易破坏投资氛围。

面对自然灾害对经济系统的冲击，自然灾害对发达国家与发展中国家及发展中国家之间的影响特征（或影响传递机制、曲线）是不同的，如发展中国家农业部门占GDP的比例较大，气象水文灾害对经济发展造成的影响与发达国家相比要大得多；同时，一个国家或地区灾害保险体系的完善与否也直接关系到灾后恢复重建和经济发展的速度。

情景B和情景D适合于描述地震这样的灾害，因为震后的重建往往刺激经济的发展和技术的变革。情景A和情景C适合于描述旱灾，因为这种灾害损失仅限于当年农作物产量损失和家庭生计问题，不可能引起更大的生产技术改进潜力，除非灾后对灌溉设施或者其他抗旱技术加大投入。对于不同类型的灾害，其对国民收入的影响可能不同。

综上，自然灾害反映在经济上是对经济系统的扰动，自然灾害对区域社会经济发展的影响受灾前经济发展水平、灾害损失大小、灾区经济恢复能力、灾种差异、灾后恢复重建策略、灾害管理水平和灾害保险体系完善程度等因素制约。

3.2 经济发展对自然灾害的影响

3.2.1 经济发展与脆弱性

灾害是一个发展问题。第一，发展中国家气象水文灾害、地震和火山等灾害对社会、经济、环境和政治的影响比发达国家要大得多，具体表现在灾害损失率的差异。第二，与经济低发展水平相关联的许多其他因素，恶化了灾害的影响，这些因素包括人口的快速增长和迁移、贫困、脆弱区人口的集聚（如河流下游洪泛区冲积平原）、基础设施和住房等设防水平低、自然资源的过度开采等引起的环境破坏、应急准备不足等。第三，在不发达国家，灾害对其长期发展影响更深远（ECLAC and IDB，2000）。

毫无疑问，灾害会引起一个国家或地区人员伤亡和经济损失，进而可能会影响到社会和政治体系。而且灾害的影响与社会经济发展水平密切相关。1998年，全球因灾死亡人口的95%来自发展中国家，灾害对其中一些国家的人民生活和经济发展造成了不可磨灭的影响，而对于发达国家，灾害对人民生活和经济活动总体呈边际效应影响（ECLAC and IDB，2000）。Kahn（2005）对比1980～1999年发生在印度和美国的地震指出，印度的14次地震造成12 137人死亡，而美国在此期间的9次地震只有137人死亡。而对于人均损失来说，发展中国家是工业发达国家的20多倍（Bendimerad，2000）。

经济系统的脆弱性：经济系统面对自然灾害的脆弱性由一系列复杂的动态影响因素决定，如经济结构、经济发展所处的阶段、当前的经济状况和政策环境等。经济系统的脆弱性会随着时间或在经济增长迅速或社会经济处于明显下滑的国家迅速变化。而这种脆弱性可以通过减灾投资、经济结构和经济发展环境的合理调整而消减（ODI，2005）。

Benson和Clay（1998），Kellenberg和Mobarak（2008）的研究显示，经济发展水平和灾害的影响呈库兹涅茨倒U形曲线关系（图3.3）。最不发达国家被认为是最脆弱的，遭受灾害破坏时，其直接经济损失占国家财富总量的比例最大。特别是对于那些贫困、自给自足的家庭，以前很少被关注，但是现在由于媒体的报道和人道主义响应，逐渐显现在人们面前（ODI，2005）。Kellenberg和Mobarak（2008）还发现洪水、滑坡和风暴潮展现出的非线性倒U形趋势比极端气温事件或地震灾害要强得多。这种差异可能是由于自然灾害的特征差异造成的。Albala-Bertrand（1993b）指出用灾害发生的规模、频率、持续时间、位置范围、空间分布格局、发生速度和规律性7个指标来描述自然灾害的这种特征。

经济越发达的国家，居民的收入越高，可以有更多的政府和私人资本用于救助和重建，而不是完全依靠国际援助，从而可以更快地应对灾害造成的破坏，

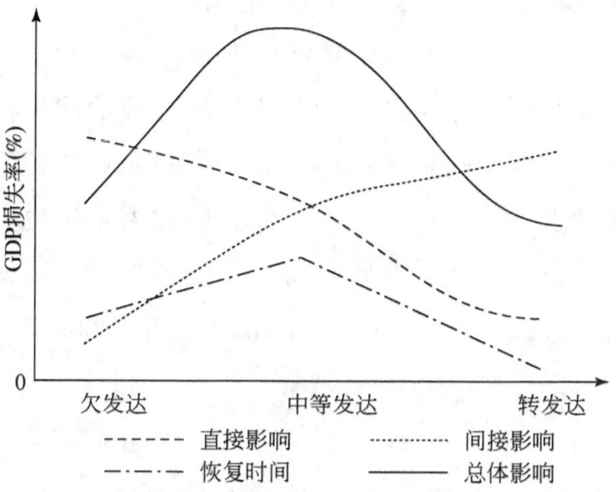

图 3.3　经济发展和灾害脆弱性的库兹涅茨倒 U 形曲线关系

资料来源：吴吉东和李宁，2012

吸纳或减轻灾害的影响。对许多中等发达水平国家来说，其经济体在部门和区域上集聚程度较高，因此更容易恶化波及效应的影响，会对特定部门或区域造成严重的负面影响，这种影响的滞后性，往往使灾后的重建进程缓慢（ODI，2005）。

对于经济发达国家来说，灾害造成的资本损失巨大（如 Kobe 地震和 Kattina 飓风），但是灾害影响占经济的比例明显减少。这反映了经济发达国家在减灾投资和备灾措施、环境管理等方面的改善，更容易获取资金及减少相应的机会成本，以及贫困人口比例下降引起的家庭脆弱性的降低等方面的进步；而私有部门则可通过灾害保险和全球保险市场分担风险。在这些综合因素的影响下，经济发展和灾害脆弱性呈库兹涅茨倒 U 形曲线关系。

Benson 和 Clay（2004）认为灾后重建资源的投入具有很高的机会成本，并列举了灾害影响经济增长和发展的一系列途径：基础设施的破坏和人力资源的破坏（移民和伤亡）可能导致当地生产能力的下降；灾后恢复重建支出可能导致财政赤字增加，进一步引起通货膨胀；重建资金的挪动会影响计划好的投资项目资金，也可能挪动原来的一些发展援助资金用于灾后修理和恢复；灾害的连续发生增加的不确定性会挫败潜在投资者的投资信心，同时也加强了灾后实施新技术的困难，如时间和资金能力的限制，以及灾害管理水平低下等都会对经济发展造成消极影响。而某些被破坏的资本可能根本不能修复，如地震对民族文化珍品的破坏及对重要历史文物古迹的破坏。

从长期来看，灾害及相关的风险可能促使地区经济发展不稳定且增加发展的不确定性。一次灾害的实际生命周期要比经济和政治响应活动期长得多。在某些情况下，灾害生命周期的损失可能引起十年甚至更长时间的影响。即使一次灾害对经济的长远发展不会产生影响，而灾害频繁发生也可能阻碍固定资产的重置或其他生产容量的恢复，导致经济发展的不稳定，从而脱离没有灾害发生时的经济增长轨道（图 3.4）（Chhibber and Laajaj，2008）。

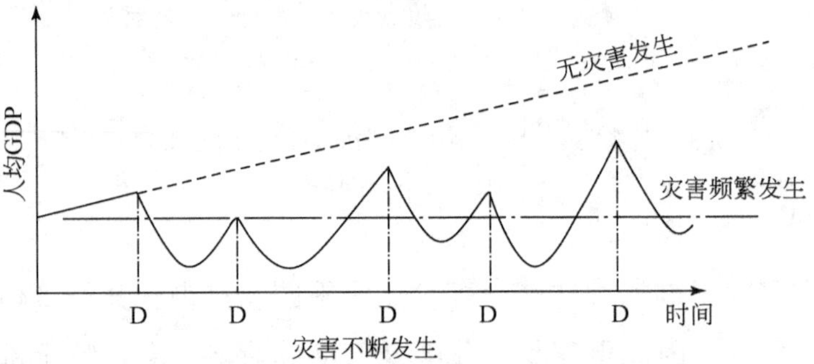

图 3.4　灾害持续发生可能对人均收入的长期影响

注：D 代表灾害事件

资料来源：Chhibber and Laajaj，2008

表 3.3 对比了灾害经济影响与经济系统脆弱性研究中的主要文献。自然灾害及灾害风险的影响主要依赖于以下因素：①灾害的类型；②灾害发生的地域和影响范围空间尺度；③经济结构；④国家所处的经济发展阶段；⑤灾害发生时国家的社会经济状况；⑥风险分担的机制。其中，前 2 个指标为致灾因子危险性和暴露性指标，后 4 个因素与经济系统的脆弱性有关。

表 3.3　自然灾害经济影响与经济系统脆弱性评估研究案例

文献	评估经济影响的变量	响应变量
Charveriat，2000	经济规模和多样化程度，非正式部门和农业部门规模	GDP
ECLAC and IDB，2000； Freeman et al.，2002； Mechler，2004；Hochrainer，2006	损失的再融资能力和向受灾人群提供救济的能力（金融脆弱性） 显性（保险）和隐性（援助）风险分担能力	GDP，财政变量
Burton et al.，1993；Kahn，2005	收入	灾害死亡人数

续表

文献	评估经济影响的变量	响应变量
Benson and Clay，2004	经济结构、经济规模 收入水平和经济发展阶段 当时的社会经济状况	GDP 年变化 农业 GDP 年变化 非农业 GDP 年变化
Toya and Skidmore，2007	15 岁及以上受教育人口 经济开放度：(出口+进口)/GDP 金融部门发展水平（M3/GDP）、政府消费 确定灾害死亡人口的附加变量（人口、土地面积和灾害类型）	灾害死亡人口 损失（GDP）
Noy，2009	识字率、制度质量、人均收入、贸易开放度、政府支出水平 外汇储备、国内信贷水平、资本账户开放程度	GDP
Raschky，2008	金融机构的风险分担机制	GDP

资料来源：Hochrainer，2009

大多数文献通过研究灾害直接经济损失的决定因素，运用以下模型估计灾害的宏观经济影响：

$$\mathrm{DIS}_{it} = \alpha + \beta X_{it} + \varepsilon_{it} \tag{3-1}$$

式中，DIS_{it}为度量灾害在区域 i 和时间 t 时影响的大小，这个度量指标通常用灾害死亡率或资本损失表示；X_{it}为控制变量，不同的学者所用的指标不一，通常 X_{it}包括灾害发生强度（如地震震级或台风的风速）和反映区域灾害脆弱性的指标（如经济发展水平等）；ε_{it}为误差项；α 和 β 为回归导数。而一些学者则利用灾害事件的时间序列进行面板数据分析，这些研究采用如下模型：

$$\overline{\mathrm{DIS}}_{it} = \alpha + \beta \bar{X}_{it} + \varepsilon_{it} \tag{3-2}$$

式中的变量用估计时间段内的平均值表示。

经济发展水平是影响灾害脆弱性的一个关键因素。Kahn（2005）研究结果指出，富裕的国家很少因出现较轻的自然灾害而造成人口死亡，其死亡人数相应也较低。1990 年，一个贫困的国家（人均 GDP 小于 2000 美元）每 100 万人有 9.4 人因灾死亡，而一个富裕的国家（人均 GDP 大于 14 000 美元）仅仅 1.8 人因灾死亡。这种差异很可能是由于富裕的国家有更多的资源可用于减灾行动，并加强减灾的法律政策（如建筑标准、土地利用规划和工程措施等），而不发达国家则很少实施这种政策（Freeman et al.，2003；Jaramillo，2009）。

尽管如此，Kellenberg 和 Mobarak（2008）建立了经济发展与自然灾害脆弱性之间更加细致的一种非线性关系：随着收入的增加，富裕的人通过改变生活习惯，如居住在海滨或洪泛区，也可能使其遭受灾害风险的程度增高。

国家大小是影响自然灾害脆弱性的另一个因素。经济体越大，经济发展越多元化，使其能够通过跨部门和跨区域作业减轻自然灾害造成的经济影响。此外，地理位置是决定某些国家容易遭受特定灾害类型袭击的关键因素。例如，加勒比海地区的小岛国家就是典型的例子（Heger et al.，2008）。相比之下，大的发达国家更能够吸纳国家特定地区自然灾害造成的产出冲击影响（Auffret，2003）。

其他的一些研究关注政治和体制因素对灾害的影响。其研究结果显示，体制越好（如具有稳定的民主制度或更安全的财产所有权）可以更好地减轻灾害的影响（Kahn，2005；Skidmore and Toya，2007）。Anbarci 等（2005）提出了防灾的政治经济学理论：不平等是防灾措施的关键决定因素，越是不平等的社会往往用于减灾措施的资源越少，他们无法实施防灾和减灾的一系列措施。

总之，灾害不仅仅是一种外部事件，更应将其视为经济问题，可以看到灾害影响不仅仅受灾害发生强度的影响，经济、社会和政治因素造成的脆弱性因素也是决定灾害影响的关键因素。而经济发展带来的社会经济系统脆弱性变化是灾害风险评估研究的重点。

3.2.2 经济发展与暴露性

伴随着人口膨胀、城市化和经济发展，暴露于自然致灾因子下的人口和财富存量越来越多。以我国地震灾害为例，15.4%的固定资产和14.1%的GDP分布在极易遭受地震灾害损失的地震带上，2010年其值分别达到15.9万亿元和6.2万亿元，年平均增长率分别为14.4%和11.3%（Wu et al.，2017）。在我国，华北地震带和青藏地震带是应重点关注的地区。毫无疑问，经济增长会带来人口和经济暴露性的增加，在此不再赘述。

3.3 本章小结

自然灾害与经济发展之间的关系极其复杂。一方面，自然灾害发生造成的财富损失及广泛的社会经济影响，会抑制经济的可持续发展；另一方面，经济发展在增加面向自然灾害时的财富暴露性的同时（图 3. 5），也使财富持有者及社会整体安全需求得以增加，进而促进新的防灾减灾措施的实施，从而降低社会脆弱性，促进经济的发展。值得指出的是，经济发展不一定能够促进社会脆弱性的降低，经济发展促进社会脆弱性降低的这种机制极其复杂，且依赖于政府及利益相关者的灾害风险管理策略等多种因素——即是否采取有效的工程性和非工程性措施降低社会脆弱性。

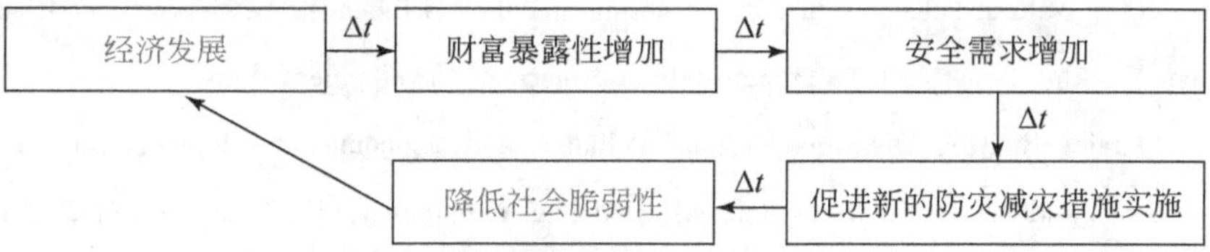

图 3. 5　灾害暴露性、脆弱性变化与经济发展的关系（Δt 表示时滞）

资料来源：Wu et al. ，2018

主要参考文献

李洪心 . 2008. 可计算的一般均衡模型：建模与仿真 . 北京：机械工业出版社 .

王海滋，黄渝祥 . 1997. 地震灾害间接经济损失的概念和分类 . 自然灾害学报，6（2）：11-16.

吴吉东，李宁 . 2012. 浅析灾害间接经济损失评估的重要性 . 自然灾害学报，21（3）：15-21.

Aghion P，Howitt P. 1998. Endogenous Growth Theory. Cambridge MA：MIT Press.

Albala-Bertrand J M. 1993a. Natural disaster situations and growth：A macroeconomic model for sudden disaster impacts. World Development，71（9）：1417-1434.

Albala-Bertrand J M. 1993b. The Political Economy of Large Natural Disasters with Special Reference to Developing Countries. Oxford：Clarendon.

Anbarci N，Escaleras M，Register C A. 2005. Earthquake fatalities：The interaction of nature and political economy. Journal of Public Economics，89（9）：1907-1933.

Auffret P. 2003. High Consumption Volatility：The Impact of Natural Disasters. Washington：The World Bank Policy Research Working Paper.

Bendimerad F. 2000. Megacities，Megarisk，the Disaster Management Facility. Washington：The World Bank.

Benson C，Clay E. 1998. The Impact of Drought on Sub-Saharan African Economies，Technical paper 401. Washington：The World Bank.

Benson C, Clay E. 2004. Understanding the Economic and Financial Impacts of Natural Disasters. Washington: The World Bank Disaster Risk Management Series No. 4.

Benson C. 2003. The Economy-wide Impact of Natural Disasters in Developing Countries. London: University of London.

Burton K, Kates R, White G. 1993. The Environment as Hazard, 2nd edition. New York: Guilford Press.

Cavallo E, Noy I. 2009. The Economics of Natural Disasters: A Survey. IDB Working Paper 124. Washington: Inter-American Development Bank.

Charvériat C. 2000. Natural Disasters in Latin America and the Caribbean: An Overview of Risk. Research Department Working Paper 434. Washingto: Inter-American Development Bank.

Chhibber A, Laajaj R. 2008. Disasters, climate change and economic development in Sub – Saharan Africa: Lessons and future directions. Journal of African Economies, 17 (Supplement 2): ii7-ii49.

Cochrane H C. 1997. Economic impacts of a midwestern earthquake. The Quarterly Publication of NCEER (National Center for Earthquake Engineering Research), 11 (1): 1-5.

Cuaresma J C, Hlouskova J, Obersteiner M. 2008. Natural disasters as creative destruction? evidence from developing countries. Economic Inquiry, 46 (2): 214-226.

Dacy D C, Kunreuther H. 1969. The Economics of Natural Disasters: Implications for Federal Policy. New York: The Free Press.

ECLAC, IDB (Inter-American Development Bank) . 2000. A Matter of Development: How to Reduce Vulnerability in the Face of Natural Disasters. Mexico: ECLAC-IDB.

Freeman P K, Keen M, Mani M. 2003. Dealing with Increased Risk of Natural Disasters: Challenges and Options. IMF Working Paper 03/197. Washington: International Monetary Fund.

Freeman P K, Martin L A, Mechler R, et al. 2002. Catastrophes and Development. Integrating Natural Catastrophes into Development Planning. Washington: The World Bank.

Hallegatte S, Dumas P. 2009. Can natural disasters have positive consequences? investigating the role of embodied technical change. Ecological Economics, 68 (3): 777-786.

Hass J E, Kates R W, Bowden M J. 1977. Reconstruction Following Disaster. Cambridge: The MIT Press.

Heger M, Julca A, Paddison O. 2008. Analysing the impact of natural hazards in small economies: The caribbean case. Wider Working Paper, 115 (6): 3592-3597.

Hochrainer S. 2006. Macroeconomic Risk Management Against Natural Disasters. Wiesbaden: German University Press.

Hochrainer S. 2009. Assessing the macroeconomic impacts of natural disasters: Are there any. Policy Research Working Paper, 24 (2): 280-302.

Jaramillo C R. 2009. Do Natural Disasters Have Long-Term Effects On Growth. Los Angeles：Universidad of Los Andes.

Kahn M E. 2005. The death toll from natural disasters：The role of income，geography，and institutions. Review of Economics and Statistics，87（2）：271-284.

Kellenberg D K，Mobarak A M. 2008. Does rising income increase or decrease damage risk from natural disasters? Journal of Urban Economics，63：788-802.

Leiter A M，Oberhofer H，Raschky P A. 2009. Creative disasters? Flooding effects on capital，labor and productivity within European firms. Environmental and Resource Economics，43（3）：333-350.

Loayza N，Olaberría E，Rigolini J，et al. 2009. Natural Disasters and Growth-Going Beyond the Averages. World Bank Policy Research Working Paper 4980. Washington：The World Bank.

Mechler R. 2004. Natural Disaster Risk Management and Financing Disaster Losses in Developing Countries. http：//www. openisbn. org/download/389952120X. pdf［2017-05-27］.

Mechler R. 2009. Disasters and Economic Welfare：Can National Savings Help Explain Post-disaster Changes in Consumption? World Bank Policy Research Working Paper 4988. Washington：The World Bank.

Noy I. 2009. The macroeconomic consequences of disasters. Journal of Development Economics，88（2）：221-231.

Noy I，Nualsri A. 2007. What do exogenous shocks tell us about growth theories? Washington：University of Hawaii Working Paper：7-28.

OAS. 1991. Primer on Natural Hazard Management in Integrated Regional Development Planning. Washington：Organization of American States.

ODI（Overseas Development Institute）. 2005. Aftershocks：natural disaster risk and economic development policy. http：//www. odi. org. uk/resources/download/1946. pdf［2015-10-30］

Otero R C，Marti R Z. 1995. The impacts of natural disasters on developing economies：Implications for the international development and disaster community. http：//cidbimena. desastres. hn/pdf/eng/doc6538/doc6538–a. pdf［2015-10-30］.

Raddatz C. 2007. Are external shocks responsible for the instability of output in low-income countries. Journal of Development Economics，84（1）：155-187.

Raddaze C E. 2010. The Wrath of God：Macroeconomic Costs of Natune Disaters. Policy Research Working Paper.

Raschky P. 2008. Institutions and the losses from natural disasters. Natural Hazards and Earth System Sciences，8（4）：627-634.

Rodriguez-Oreggia E，Moreno H，Mexico U. 2009. The Impact of Natural Disasters on Human Development and Poverty at the Municipal Level in Mexico. http：//pdfs. semanticscholar. org/6923/

c3ab75267145a876cc2f3f4fa0cf0e49aa84. pdf [2015-05-30].

Skidmore M, Toya H. 2002. Do natural disasters promote long-run growth. Economic Inquiry, 40 (4): 664-687.

Skidmore M, Toya H. 2007. Economic development and the impacts of natural disasters. Economic Letters, 94 (1): 20-25.

Strobl E. 2008. The Economic Growth Impact of Hurricanes: Evidence from U. S. Coastal Counties. Review of Economics and Statistics, 93 (2): 575–589.

Toya H, Skidmore M. 2007. Economic development and the impacts of natural disasters. Economics Letters, 94 (1): 20-25.

Wright J D, Rossi P, Wright S, et al. 1979. After the Clean-up: Long-Range Effects of Natural Disasters. Beverly Hills, CA: Sage.

Wu J, Wang C, He X, et al. 2017. Spatiotemporal changes in both asset value and GDP associated with seismic exposure in China in the context of rapid economic growth from 1990 to 2010. Environmental Research Letters, 12 (3): 034002.

Wu J, Han G, Zhou H, et al. 2018. Economic development and declining vulnerability to climate-related disasters in China. Environmental Research Letters, 13 (3): 034013.

4

面向灾害风险分析的资本存量价值评估

固定资本资产是指为生产产品、提供劳务、出租或者经营管理而持有的，使用时间超过12个月的，价值达到一定标准的非货币性资产，包括房屋、建筑物、机器、机械、运输工具以及其他与生产经营活动有关的设备、器具、工具等。在实际的国民经济核算中，固定资本资产存量（简称资本存量）是一定时点下安装在生产单位中的资产的价值，这些资产包括各种耐用品，在国民收入核算中包括对相应这些耐用品的资本形成。根据联合国国民收入核算体系的定义，这些耐用品应该是耐用的（1年以上寿命）、有形的（不包括专利和版权等）、固定的（不包括在制品，但包括可以动的设备）、可再生的（不包括自然资源）。

资本存量由历史固定资产投资累积形成，国民经济核算中固定资产形成指标反映了每年固定资产投资形成的固定资产价值，而历年固定资产投资形成的资产价值累积反映了一个地区总体的财产价值总量。国民账户主要从财富角度考虑资本，因此资本存量也称为财富资本存量（wealth capital stock，WKS）。本书中的资本存量指的是固定资本资产存量，不包括人力资本、自然资源等资本。资本存量的估计对于灾害损失评估具有重要意义：①固定资本资产是灾害直接经济损失计量的主要对象，资本存量可以被用于表征灾害的暴露性；②资本存量表征的是当地历史固定资产投资形成的财产价值累积量，可以作为灾害直接经济损失最大值的表征指标，结合受灾范围，可以快速知道灾区完全破坏的最大损失程度，同时也可以根据历史灾情构建的模型，快速估计出目前致灾强度等级下，灾害造成的最大期望损失。最终为科学定量化的评估灾害综合损失提供依据；③资本存量也是灾害间接经济损失评估中需要的关键数据输入，特别是分部门资本存量价值的估计，是估计部门产出能力下降的关键参数。

由于中国尚未开展全国范围的资产清查工作，国内外学者不得不采用历史经济统计数据估算国家或省级行政单元的资本存量。随着统计数据可用性的提高和资本存量估算方法的改进，使得进行地级市尺度的 WKS 估计成为可能。本书通过应用永续盘存法（perpetual inventory method，PIM）估算 1978 ~ 2012 年我国地级市 WKS，旨在说明产生 WKS 数据集的方法以及 WKS 作为经济暴露指标的有效性。估算结果显示，截至 2012 年，我国累计 WKS 达到 152 万亿元，并且自 1990 年以来保持 14% 的年均增长率。在空间分布上，WKS 分布极不均匀，约 47% 集中在我国东部经济区，我国 60% 的 WKS 分布在 22% 的地级市。在方法上，WKS 数据集可以很容易地用现有的经济统计数据扩展更新到最近的年份。此外，敏感性分析表明，经济折旧率是 WKS 估计最重要的参数。尽管本研究存在一定的局限性，本书的结论是：WKS 估计——特别是其更精细的空间分辨率，为快速灾害损失估计提供了有效的最大直接经济损失值参数。

4.1 资本存量评估的国内外进展

Kleist 等（2006）估计了德国的住宅建筑资产价值，以此作为风险评估的基础数据。Seifert 等（2010）估算了德国商业和工业资产的价值，以评估灾害风险。Te Linde 等（2011）也使用经济资产来估计莱茵河沿岸的洪水灾害风险。在 2013 年全球减少灾害风险评估报告中（Bono and Mora，2014；UNISDR，2013），资本存量（存量指标）已被用于替代国内生产总值（GDP，流量指标）表征灾害的经济暴露性。因为自然灾害可能造成的资产损害可能高于年度 GDP，如 2010 年海地地震（Bilham，2010）。因此，利用资本存量指标代表经济暴露性要优于 GDP 指标。

根据分析目的，资本存量计量可以分为财富方面（如 WKS）和生产方面（如生产资本存量）（OECD，2009）。WKS 用于衡量仍在使用的固定资产的价值，按现行重置成本计价，因此是当前价格的财富衡量指标。资本存量总额的变化随着时间的推移受到投资流量和资产贬值的影响，即固定资本消耗（SNZ，2013）。生产资本存量衡量的是生产性资本提供生产性服务（如产出）价值的累积值，同时考虑其置办以来资本服务的效率损失。虽然 WKS 和生产资本存量并不相互独立，但资产的年龄-价格函数和年龄-效率函数（即资产在其服务寿命期间生产商品和提供服务的能力）紧密联系（OECD，2009）。资产的年龄-效率函数与资本服务的物量指数有关，资产的年龄-价格函数与资本存量净额和固定资本消耗有关，资产生产效率下降的同时，也经历了一个物理贬值的过程。由于所有资产都遭受磨损，与新的资产相比，较老的资产创造收入的机会较小。本章针对灾害经济损失或暴露性估算的需求，着重研究 WKS 的估计。

资本存量在经济增长和政策分析中占据重要地位，如研究生产率变化、技术进步等，我国没有官方公布的资本存量数据。因此，许多学者使用永续盘存法进行估算（表 4.1）。

表 4.1　采用永续盘存法评估中国资本存量的代表性论文

文献来源	投资指标	价格指数	初始资本存量估算方法	经济折旧率参数	时空尺度
Chen et al. ,1988	OFA	工业投资隐含价格平减指数	无	随时间变化，3.6% ~4.6%	1952 ~ 1985 年，中国
Perkins，1988	AFA	工业物价指数	资本产出比方法	5%	1953 ~ 1985 年，中国
Zhang，1991	AFA	资本累积指数	资本产出比方法	无	1952 ~ 1990 年，中国
He，1992	AFA	资本累积指数	依赖于“固定资产累计”的作者估计	无	1952 ~ 1990 年，中国
Chow，1993	AFA	无	依赖于“固定资产累计”的作者估计	无	1953 ~ 1985 年，中国
Jefferson et al. ，1996	OFA	建筑安装工程和设备仪器的平均价格平减指数	基于 1979 年基年的评估值	无	1980 ~ 1992 年，中国
Hu and Khan，1997	TIFA	建材价格指数和固定资产原值价格指数	参考 Chow（1993）	3.6%	1952 ~ 1994 年，中国
Hall and Jones，1999	TIFA	无	增长率法	6%	1988 年，127 个国家
Wang and Fan，2000	TIFA	固定资产投资价格指数	作者计算的 1952 年值	5%	1952 ~ 1999 年，中国
Chow and Li，2002	AFA	无	参考 Chow（1993）	1978 ~1992 年，4%；1993 ~ 1998 年，5.4%	1978 ~ 1998 年，中国
Huang and Ren，2002	TIFA	零售业价格指数	无	设备为 17%，建筑物为 8%	1978 ~ 1995 年，中国

续表

文献来源	投资指标	价格指数	初始资本存量估算方法	经济折旧率参数	时空尺度
He et al. , 2003	GFCF	IdFCF 和 OFAI	资本产出比方法	无	1952～2001年，中国
Li and Tang,2003	GFCF	上海市固定资产形成价格指数	参考 Chow（1993）1978 的估计值	无	1978～2000年，中国
Song et al. , 2003	TIFA	建材价格指数	参考 Hu 和 Khan（1997）对 1958 年的估算值	3.6% 加上 GDP 增长速率	1983～1995年，省级
Wang and Yao, 2003	GFCF	IdFCF 和 OFAI	参考 Chow（1993）	5%	1952～1999年，中国
Young, 2003	GFCF	IdFCF 和 OFAI	增长率法	6%	1978～1998年，中国
Zhang and Zhang, 2003	AFA 和 TIFA	上海市固定资产投资价格指数	基于资产累积值的计算	无	1952～2001年，中国
Gong and Xie, 2004	GFCF	IdFCF 和 OFAI	无	10%	1970～1999年，省级
Wu, 2004	GFCF	基于收入价格指数自行计算	假设 1900 年为零的基础上估计出 1952 年初始年份的资本存量	7%	1952～2000年，省级
Holz, 2006	NIFA	IdFCF 和 OFAI	无	随时间变化，3.7%～5.9%	1953～2003年，中国
Islam et al. ,2006	TIFA	GDP 平减指数	增长率法	1952～1978 年，3%；1979～1992 年，4%；1993 年以来：5%	1952～2002年，中国
Wu, 2007	GFCF	参考 Wu（2004）	参考 Wu（2004）	随区域变化，2.2%～6.9%	1952～2005年，省级
Shan, 2008	GFCF	IdFCF 和 OFAI	增长率法	10.96%	1952～2006年，省级
Zhang, 2008	GFCF	IdFCF 和 OFAI	固定资产投资增速	9.6%	1952～2004年，省级
Lei, 2009	GFCF	IdFCF 和 OFAI	参考 Zhang 和 Zhang, 2003	9.732%	1952～2007年，中国
Ye, 2010	GFCF	IdFCF 和 OFAI	作者自己估计	随时间变化，8.82%～11.16%	1952～2008年，中国

续表

文献来源	投资指标	价格指数	初始资本存量估算方法	经济折旧率参数	时空尺度
Wang and Szirmai, 2012	TIFA 和 NIFA	国家尺度的价格指数	资本产出比方法	无	1953～2007年，中国；1978～2007年，省级
Fan, 2012	GFCF	GDP 平减指数	增长率法	11.28%	1952～2009年，中国

注：固定资产原值（original value of fixed assets，OFA），固定资产积累值（accumulation of fixed assets，AFA），固定资本形成总额（gross fixed capital formation，GFCF），固定资产投资总额（total investment in fixed assets，TIFA），新增固定资产（newly increased fixed assets，NIFA），固定资本形成隐含平减指数（implicit deflator for fixed capital formation，IdFCF），官方固定资产投资指数（official fixed asset investment index，OFAI）。增长率法：使用投资增长率和折旧率估算。

多年来，我国资本存量的估算研究取得了相当大的进展。1990 年以前，由于统计数据的制约，固定资产原始价值（Chen et al.，1988；Jefferson et al.，1996）或固定资产累积值（Chow，1993；He，1992；Perkins，1998；Zhang，1991）被用作年度投资流量来估计我国的资本存量。当时我国采用的是苏联的《物质产品平衡表体系》（*System of Material Product Balance*，MPS）进行国民经济核算。最广为人知的研究是由 Chow（1993）估计出我国 1952 年总资本存量为 1750 亿元（按 1952 年价格计算）。这个估计值被很多后续研究所采用（如 Hu and Khan，1997；Wang and Yao，2003）。Chow（1993）也提出了构建隐含的资本累积平减指数的方法，后来被广泛应用于构建固定资本形成隐含平减指数（He et al.，2003；Young，2003；Zhang，2008）。零售价格指数、建材价格指数和 GDP 平减指数广泛被用于固定资产投资总额价格平减的代用指标（Hall and Jones，1999；Huang and Ren，2002；Islam et al.，2006）。

随着《中国国内生产总值核算历史资料》的出版，研究人员能够根据我国省级 GFCF 及其在 GDP 构成下的增长率序列（Gong and Xie，2004；He et al.，2003；Wang and Yao，2003）构建 IdFCF 系列，在多年间对 GFCF 进行平减（Holz，2006；Lei，2009；Shan，2008；Ye，2010）。值得一提的是，早期的研究表明，固定资产的折旧率较低，如官方公布 1952～1991 年国有企业的折旧率为 5%（Wang and Yao，2003）。由于该折旧率数据是一个估计值，Zhang（2008）表示，较低的折旧率可能高估了资本存量。Huang 和 Ren（2002）开始考虑不同资本品的资本服务年限，理论上假定资本品的相对效率呈几何水平下降，则根据固定资产的投资结构可以得到资产的平均折旧率。基于这个想法，

Zhang（2008）估计 1952 ~ 2004 年我国经济总体折旧率为 9.6%，Fan（2012）估计我国 1952 ~ 2009 年的经济折旧率为 11.28%，Ye（2010）对我国 1952 ~ 2008 年的折旧率估计值为 8.82% ~ 11.16%。Holz（2006）对我国资本存量估算的关键问题进行了全面回顾，如每个投资流量指标的含义及其适用性。Wang 和 Szirmai（2012）明确区分了生产性资本存量和财富资本存量的差异。

如上所述，虽然对我国资本存量估计取得了诸多进展，但迄今为止，估算几乎完全在国家或省级尺度。这种较粗空间分辨率的资本存量估算是限制其在灾害经济损失评估中应用的主要障碍。例如，2008 年汶川地震的直接经济损失中有近 40% 发生在四川省 183 个县中的 10 个（Wu et al.，2013），80% 以上的直接经济损失发生在重灾区的地级市（NCDR and MOST，2008）。在这种情况下，以更精细的空间分辨率进行资本存量估算对于灾害损失评估来说是非常有用的。

为了弥补上述差距，本章旨在使用 PIM 来估算我国 344 个地级市财富资本存量，希望为灾害风险分析和灾害损失评估（如损坏的建筑或基础设施的成本）提供最大损失的“基准”值。此外，资本存量的估算对于将 WKS 进一步空间化到栅格单元，实现致灾因子范围与经济暴露性的精确匹配也是有益的。

4.2 我国地级市资本存量的评估

4.2.1 资本存量的评估方法

直接调查法和 PIM 是资本存量数据获得的两种常用方法。由于没有官方公布的我国资本存量数据，本书研究采用 OECD（2009）及其他研究人员（Kamps，2006；SNZ，2013）广泛应用于资本存量估计的 PIM 法（Goldsmith，1951），通过对各地级市资产的购置和处置情况对地级市 WKS 进行估算。

PIM 需要 4 项数据输入：固定资产年度投资流量、固定资产价格平减指数、初始资本存量和固定资产折旧。对于传统的 PIM，第 t 年的资本存量 K_t 可以表示为前一年（$t-1$）的资本存量（K_{t-1}）。第 t 年的固定资本形成额（GFCF，I_t）和资本消耗（CFC，D_t）的函数如下：

$$K_t = K_{t-1} + I_t - D_t + X_t \tag{4-1}$$

式中，X_t为资本的其他变化，包括极少发生的战争或重大自然灾害破坏造成的固定资本损失值，这些不包括在 CFC 中，本书中暂不考虑这种影响。

CFC 通常使用折旧函数（如直线或几何）获得。基于资本相对效率呈几何递减模型（即固定资本消耗率为常数——经济折旧率 δ 或者称为重置率），那么式（4-1）可以被重写为

$$K_t = K_{t-1}(1-\delta) + I_t \tag{4-2}$$

历史固定资产投资数据序列长度有限，因此，假设初始年份资本存量为 K_0，则式（4-2）可以进一步表达为

$$K_t = (1-\delta)^t K_0 + \sum_{i=0}^{t-1}(1-\delta)^t I_{t-i} \tag{4-3}$$

利用式（4-3），则基于 PIM 的资本存量评估需要的数据输入包括：①初始年份资本存量，本书将 1978 年作为初始年份，因为 1978 年以后地市级的投资流量数据可以获取；②年度投资流量指标的选取，即选择现行价格的 GFCF 数据序列；③构建 IdFCF 指标用于对不同年份的 GFCF 进行不变价格和当前价格之间的平减；④在几何效率递减的假设下，所有地级市都采用资本经济折旧率。具体计算流程如图 4.1 所示。

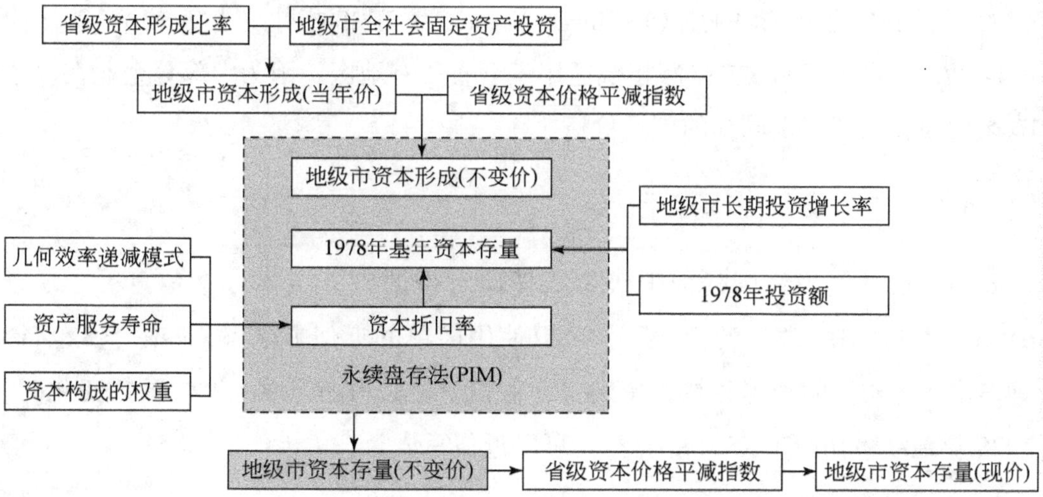

图 4.1　我国分地级市资本存量评估流程

4.2.1.1　固定资本形成总额

对于年度总投资流量时间序列，本书依托 GFCF。实际上，对于地级市尺

度，我国统计年鉴数据库只有 TIFA 的序列。为了基于 TIFA 获得地级市的 GFCF 序列，这里引入省级 GFCF 占 TIFA 的比率（r_t），将地级市 TIFA（$Invest_t$）转换为固定资本形成总额（即新的投资流 I_t）：

$$I_t = Invest_t \times r_t (t = 1978, 1979, \cdots, n) \tag{4-4}$$

式中，r_t为省级固定资本形成总额与省级固定资产投资的比值，由于地级市 GFCF 数据缺乏，这里假设省域内各地级市 r_t值一致。

4.2.1.2 固定资本形成的隐含价格平减指数

我国省级尺度的 TIFA 价格指数在 1991 年之前没有统计，因此，大多数研究寻求价格指数的代用指数。在本书的分析中，采用 Zhang（2008）等提出的方法（Young，2003；Wang and Yao，2003；He et al.，2003；Gong and Xie，2004）构建固定资本形成隐含价格平减指数。我国官方统计的《中国国内生产总值核算历史资料：1952–1995》，提供了省级 GFCF 及其增长指数的时间序列，则省级 IdFCF 指数（上年=1）——$Ideflator_t$，可以通过式（4-5）计算

$$Ideflator_t = \frac{InvestF_t}{InvestF_{t-1} \times Invest\ Findex_t} \ (t=1978, 1979, \cdots, n) \tag{4-5}$$

式中，$InvestF_t$为第 t 年的 GFCF；$Invest\ Findex_t$为 GFCF 指数（上年=1）。为了简单起见，假设省级 GFCF 平减指数适用于全省所有地区，因为大部分企业在一个省区内面临的一般是同样的市场价格。

4.2.1.3 初始资本存量

由于没有关于我国任何地级市或任何省份的官方资本存量信息，在缺乏 TIFA 或历史 GDP 数据的情况下，可以使用简单的近似方法（Kohli，1982）构建基准年 t_0初期的资本存量；特别是在假设资本以几何年龄–价格函数变化时，1978 年地级市初始 WKS（$K_{prefecture}$）可以近似写成：

$$K_{prefecture} = InvestF_{t_0} / (\delta + \theta) \tag{4-6}$$

式中，$InvestF_{t_0}$为 1978 年的地级市投资支出；δ 为折旧率；θ 为长期投资增长率（即不变价格的 GFCF）。显然，这个初始资本存量是一个粗略的近似值，但是资本存量的估计误差会随着时间的推移而减少，而对于最近年份的估计来说其影响则要小得多。

4.2.1.4 折旧率

本书中的折旧是指经济折旧，即与老化相关的资产价值（或资产价格）的下降（Fraumeni，1997）。与其他许多研究一样（Matheson，1910；Zhang，2008），本书也采用几何效率函数来计算折旧率：

$$d_T = (1 - \delta)^T \tag{4-7}$$

式中，d_T为一组资产的相对效率；δ为几何折旧率；T为一组资产的平均使用寿命。

4.2.2 数据来源

4.2.2.1 历年固定资产投资数据

如前所述，我国没有地级市年度固定资本形成总额统计数据，但是在省级尺度上，有TIFA和GFCF（支出法GDP核算中）统计数据序列。使用上述公式可计算省级GFCF形成率。计算得到GFCF形成率，进而将地级市TIFA统计值序列转化为地级市GFCF序列。本章所有数据均来自中国统计年鉴数据库(data.cnki.net)，其中收集了几乎所有国家、省级和地级市统计年鉴。该数据库提供了一个地区长时间序列的宏观经济统计面板数据，包括GDP、省级GDP指数、省级GFCF指数和省级固定资产投资价格指数（自1991年以来）。

在地级市层面，中国统计年鉴数据库有大部分地级市1978~2012年的TIFA系列，但都不完整。对于缺失的数据，必须采用一些插值的方法来补充数据序列，特别是集中在1978~1989年的9个省份：安徽、湖北、广西、四川、重庆、云南、西藏、宁夏和新疆。鉴于省级TIFA系列完整，采用投资比率方法将省级TIFA数据分配到地级市以填补地级市TIFA数据的空白。一些县级统计数据也被用来汇总以获取地级市统计值，如1997年以前的重庆。

投资数据序列以当年价格表示，因此采用省级固定资产投资价格指数平减年际投资数据。虽然1991年以前没有省级固定资产投资价格指数，但根据《中国国内生产总值核算历史资料：1952-1995》的数据计算得到省级GFCF隐含价格平减指数，其可代替1978~1990年的GFCF价格指数，自1991年以来利用现有的省级固定资产投资价格指数统计序列。

在省级尺度，包括天津（1978～1988年）、海南（1978～1990年）、重庆（1978～1996年）和西藏（1978～2012年）在内的省级固定资产投资价格指数序列仍不完整。因此，不得不采取一些替代指标来弥补：①对天津而言，利用中国的IdFCF价格指数来代替天津确实的IdFCF数据。②对海南而言，基于地理位置的邻近性，使用广东的1978～1990年的固定资产投资价格数据进行替代。③对重庆而言，直接利用四川省固定资产投资价格数据进行替代，因为重庆在1997年以前属于四川。④对西藏而言，没有历年固定资产投资价格指数统计，利用新疆和青海（均邻接西藏）的平均值进行替代。最后，可以得到自1978年以来我国31个省份的固定资本形成价格指数的序列。

由于我国采取分级统计体系，地级市TIFA合计数据并不总是与省级TIFA统计值一致，且各省之间差异也不尽相同：前者通常低于后者。特别是1990年以前，部分省份（如广西、贵州、江苏、陕西等）甚至有些年份地级市TIFA数据加和比省级TIFA数据统计值低30%。造成这种差异的主要原因是，TIFA的地级市统计数据，尤其是1990年以前的统计数据，并没有包括中央政府和省级项目投资额（如铁路建设等）。这种差异意味着，如果利用未经调整的地级市TIFA数据，WKS将被低估。为了减少WKS被低估的可能性，本书按相应的GDP份额把这些“跨区域”的投资重新分配给各地级市，以确保WKS估计在省级尺度的有效性。另外，对于2000年以后的数据，在某些省份有些年份（如江苏，2002～2010年），地级市TIFA总值大于省级TIFA；但是，差距小于15%。鉴于这种情况的差异主要是由于采用的数据来源和计算方法不同，因此本书没有对这些年份的地级市TIFA数据进行修正。

4.2.2.2 折旧率数据

折旧率的测算是一个有争议的问题，因为在使用永续盘存法估计资本存量时，经济折旧率等同于实际的资本重置率（Jorgenson，1996）。由于我国官方公布的国有固定资产残值率为3%～5%，本书则采用4%表征资产的重置率，也就是说折旧资本的相对效率只有新资本的4%。然而，国家统计局的固定资产投资统计包含3个组成部分：建设和安装、设备购买和其他不包括在前两组中的投资（OECD，2000）。为了获得固定资本形成的折旧率，需要3个组成部分的使用寿命及其GFCF份额来计算资产的平均经济折旧率。

对于资产使用寿命来说，我国财政部在1994年对不同部门资产类型的资产使用寿命进行了规定，即城市住宅为40年，非住宅建筑为30~50年，设备为8~20年，其他固定资产为20年。由于这些服务寿命规定采取比较审慎的原则，往往低估了资产真正的经济服务寿命。因此，本书假设建筑安装、设备购置及其他投资的平均服务年限分别为45年、20年和25年，则由式4-7可知，三类资本折旧率分别为6.9%、14.9%和12.1%。

对于构成GFCF的3个组成部分的相对份额，Zhang（2008）假设省级水平相同，然后计算每个省份的折旧率为9.6%。幸运的是，最近出版的省级统计年鉴公布了更多的关于TIFA构成的历史数据，从而可以计算1983~2012年TIFA各个组成部分的相对份额，然后可以计算每个省份的GFCF构成的平均权重。反过来，假设资本品的相对效率呈现几何递减模式（如上所述），则可以计算省级经济折旧率（表4.2）。对于广西而言，TIFA 3个组成部分的份额只有间歇统计数据，因此本书使用中国的相应值代替，因为它们与已有的年度份额统计数据相似。

表4.2　中国31省份多年平均资本经济折旧率

省份	折旧率（%）	省份	折旧率（%）
北京	9.76（9.12，10.58）	湖北	9.58（8.95，10.38）
天津	9.56（8.93，10.36）	湖南	9.20（8.60，9.98）
河北	9.83（9.18，10.65）	广东	9.35（8.74，10.14）
山西	9.53（8.91，10.33）	广西	9.44（8.82，10.24）
内蒙古	9.22（8.62，10.00）	海南	9.35（8.74，10.14）
辽宁	9.49（8.86，10.28）	重庆	9.21（8.61，9.99）
吉林	9.43（8.81，10.23）	四川	9.27（8.66，10.05）
黑龙江	9.28（8.67，10.06）	贵州	9.35（8.73，10.13）
上海	10.05（9.39，10.89）	云南	9.03（8.44，9.79）
江苏	9.62（8.98，10.42）	西藏	7.95（7.42，8.63）
浙江	9.53（8.90，10.33）	陕西	9.87（9.22，10.70）
安徽	9.75（9.11，10.57）	甘肃	9.30（8.69，10.08）
福建	9.44（8.82，10.24）	青海	8.74（8.17，9.48）
江西	9.68（9.04，10.49）	宁夏	9.32（8.71，10.11）
山东	9.49（8.87，10.29）	新疆	9.84（8.48，9.84）
河南	9.45（8.83，10.24）		

注：括号内的值表示采取3%和5%的资本相对效率时计算的资本折旧率值。

总之，对于PIM的应用，本书提出了3个重要的假设。首先，选择1978年作为初始资本存量年。本书采用增长率法，即利用初始阶段（即1978年）的投资支出水平，结合长期投资增长率和折旧率的参数估计初始资本存量。其次，就经济折旧率水平而言，本书假定一个省份内的地级市折旧率是相同的。最后，对于折旧方法，本书采用几何递减折旧法。本书中，估算的财富资本存量不包括现金、银行存款和存货，自然资本（如农地、矿产和森林）和无形资产（如人力资本和社会资本）也被排除在WKS之外，即WKS是对有形固定资产价值的估计。

4.2.3 地级市财富资本存量评估结果

经过漫长的数据调查、收集和整理（包括寻找替代缺失数据），估计出的我国地级市财富资本存量系如图4.2所示。

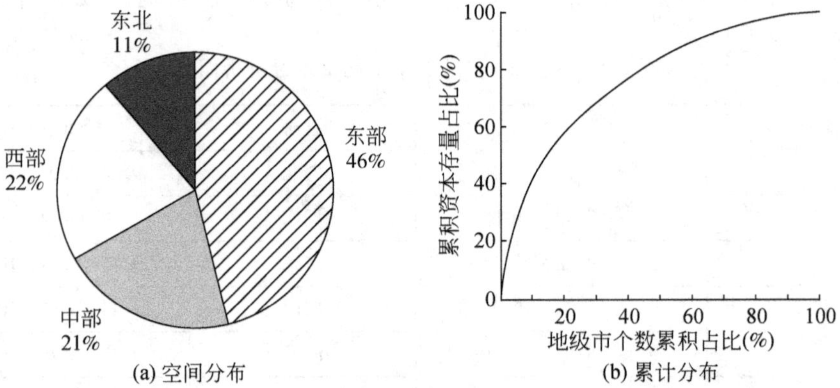

图4.2 我国2012年地级市资本存量的空间分布和累计分布

我国31个省份2012年累计财富WKS达152.0万亿元（按2012年价格水平计算）。其中，60%的WKS分布在近22%的地区，约有40%的WKS分布在10%的地区（图4.2）。总体而言，我国东部经济区占WKS总数的46%，我国西部和中部经济区分别占22%和21%，而东北经济区占11%的资本存量。从空间分布来说，我国沿海地区特别是京津冀地区、山东半岛、长江三角洲地区的资本存量相对较高。如预期的那样，我国的4个直辖市，即上海、天津、北京和重庆在2012年拥有最高的财富资本存量，其次是广州、苏州、成都、武汉、南京和沈阳，然后是青岛、大连、杭州、无锡、长沙、郑州等，2012年这些地区的WKS超过1.6万亿元。

2012 年与 1990 年相比，我国 344 个地级市财富资本存量总额增长近 20 倍，由 1990 年的 7.3 万亿元增长到 2012 年的 141.8 万亿元（按 2010 年价格水平），年均增长率达 14%（表 4.3）。同时，WKS 总量的标准差也从 1990 年的 292 亿元大幅增加到 2012 年的 5226 亿元。

表 4.3　我国 344 个地级市 2012 年资本存量价值估计值　　（单位：亿元）

地区	2012 年	地区	2012 年	地区	2012 年	地区	2012 年
北京市	38 492	杭州市	16 871	宜昌市	5 610	甘孜藏族自治州	903
天津市	38 836	宁波市	13 578	襄阳市	4 300	凉山彝族自治州	2 343
石家庄市	13 514	温州市	8 483	鄂州市	1 415	贵阳市	6 128
唐山市	10 764	嘉兴市	4 456	荆门市	2 336	六盘水市	2 178
秦皇岛市	2 627	湖州市	8 033	孝感市	2 925	遵义市	3 189
邯郸市	8 158	绍兴市	2 511	荆州市	3 141	安顺市	921
邢台市	4 760	金华市	7 793	黄冈市	3 544	毕节地区	2 560
保定市	7 165	衢州市	5 238	咸宁市	2 163	铜仁地区	1 449
张家口市	3 665	舟山市	2 806	随州市	1 448	黔西南布依族苗族自治州	1 078
承德市	3 267	台州市	6 104	恩施土家族苗族自治州	1 361	黔东南苗族侗族自治州	1 683
沧州市	6 276	丽水市	2 108	仙桃市	855	黔南布依族苗族自治州	1 601
廊坊市	5 386	合肥市	9 378	潜江市	822	昆明市	10 932
衡水市	2 638	芜湖市	3 649	天门市	769	曲靖市	3 749
太原市	5 933	蚌埠市	1 885	神农架林区	72	玉溪市	1 769
大同市	3 077	淮南市	1 614	长沙市	16 044	保山市	1 082
阳泉市	1 615	马鞍山市	2 716	株洲市	3 892	昭通市	2 007
长治市	3 214	淮北市	1 348	湘潭市	3 196	丽江市	1 106
晋城市	2 586	铜陵市	1 222	衡阳市	3 569	普洱市	1 307
朔州市	2 090	安庆市	2 582	邵阳市	2 919	临沧市	1 387
晋中市	2 907	黄山市	1 345	岳阳市	4 190	楚雄彝族自治州	1 450
运城市	3 317	滁州市	2 121	常德市	3 289	红河哈尼族彝族自治州	2 677
忻州市	2 195	阜阳市	1 402	张家界市	767	文山壮族苗族自治州	1 359
临汾市	3 035	宿州市	1 409	益阳市	2 290	西双版纳傣族自治州	676
吕梁市	2 731	巢湖市	1 902	郴州市	3 783	大理白族自治州	1 596
呼和浩特市	5 955	六安市	1 741	永州市	3 110	德宏傣族景颇族自治州	684
包头市	10 648	亳州市	1 105	怀化市	2 063	怒江傈僳族自治州	301
乌海市	1 401	池州市	1 001	娄底市	2 078	迪庆藏族自治州	644
赤峰市	5 244	宣城市	2 142	湘西土家族苗族自治州	1 025	拉萨市	1 267
通辽市	4 738	福州市	12 284	广州市	22 668	昌都地区	431

续表

地区	2012年	地区	2012年	地区	2012年	地区	2012年
鄂尔多斯市	10 615	厦门市	6 675	韶关市	2 794	山南地区	395
呼伦贝尔市	3 825	莆田市	2 917	深圳市	14 908	日喀则地区	489
巴彦淖尔市	3 264	三明市	4 238	珠海市	3 806	那曲地区	271
乌兰察布市	2 447	泉州市	7 641	汕头市	2 891	阿里地区	142
兴安盟	1 493	漳州市	4 747	佛山市	11 655	林芝地区	375
锡林郭勒盟	3 206	南平市	3 351	江门市	4 257	西安市	15 467
阿拉善盟	1 039	龙岩市	3 214	湛江市	3 005	铜川市	654
沈阳市	18 716	宁德市	2 236	茂名市	1 978	宝鸡市	4 158
大连市	17 476	南昌市	6 953	肇庆市	3 906	咸阳市	5 300
鞍山市	5 195	景德镇市	1 359	惠州市	5 822	渭南市	3 479
抚顺市	2 879	萍乡市	2 030	梅州市	1 466	延安市	3 501
本溪市	2 099	九江市	3 210	汕尾市	2 039	汉中市	1 693
丹东市	2 583	新余市	1 964	河源市	1 650	榆林市	5 406
锦州市	2 198	鹰潭市	886	阳江市	2 046	安康市	1 534
营口市	3 678	赣州市	2 845	清远市	2 907	商洛市	1 339
阜新市	1 382	吉安市	2 466	东莞市	7 547	兰州市	3 692
辽阳市	1 889	宜春市	2 554	中山市	4 728	嘉峪关市	384
盘锦市	3 122	抚州市	2 012	潮州市	1 292	金昌市	549
铁岭市	3 044	上饶市	3 038	揭阳市	3 186	白银市	937
朝阳市	2 196	济南市	11 086	云浮市	2 005	天水市	1 122
葫芦岛市	1 746	青岛市	17 470	南宁市	9 339	武威市	1 015
长春市	14 755	淄博市	7 152	柳州市	4 608	张掖市	655
吉林市	9 553	枣庄市	4 296	桂林市	5 610	平凉市	1 059
四平市	2 634	东营市	8 027	梧州市	2 683	酒泉市	1 716
辽源市	2 308	烟台市	15 358	北海市	2 679	庆阳市	1 868
通化市	3 417	潍坊市	12 855	防城港市	2 047	定西市	826
白山市	2 440	济宁市	7 673	钦州市	2 572	陇南市	930
松原市	4 607	泰安市	6 961	贵港市	2 249	临夏回族自治州	455
白城市	2 157	威海市	7 297	玉林市	3 687	甘南藏族自治州	394
延边朝鲜族自治州	3 292	日照市	3 978	百色市	3 913	西宁市	2 621
哈尔滨市	13 336	莱芜市	1 814	贺州市	2 086	海东地区	837
齐齐哈尔市	2 270	临沂市	8 094	河池市	2 114	海北藏族自治州	271
鸡西市	905	德州市	6 291	来宾市	1 901	黄南藏族自治州	196
鹤岗市	719	聊城市	4 818	崇左市	1 899	海南藏族自治州	389

续表

地区	2012 年	地区	2012 年	地区	2012 年	地区	2012 年
双鸭山市	1 319	滨州市	4 988	海口市	2 345	果洛藏族自治州	116
大庆市	5 696	菏泽市	3 587	三亚市	1 528	玉树藏族自治州	401
伊春市	711	郑州市	15 984	海南	3 986	海西蒙古族藏族自治州	1 430
佳木斯市	1 239	开封市	2 960	重庆市	29 813	银川市	3 881
七台河市	765	洛阳市	9 803	成都市	20 707	石嘴山市	1 582
牡丹江市	2 399	平顶山市	4 164	自贡市	1 284	吴忠市	1 389
黑河市	711	安阳市	4 864	攀枝花市	1 427	固原市	704
绥化市	1 597	鹤壁市	1 818	泸州市	1 946	中卫市	978
大兴安岭地区	280	新乡市	6 345	德阳市	2 376	乌鲁木齐市	4 229
上海市	45 682	焦作市	5 206	绵阳市	3 173	克拉玛依市	1 917
南京市	18 430	濮阳市	3 231	广元市	1 583	吐鲁番地区	785
无锡市	15 524	许昌市	4 737	遂宁市	1 922	哈密地区	1 140
徐州市	10 173	漯河市	2 308	内江市	1 417	昌吉回族自治州	2 349
常州市	10 421	三门峡市	3 792	乐山市	2 092	博尔塔拉蒙古自治州	446
苏州市	21 766	南阳市	7 900	南充市	2 581	巴音郭楞蒙古自治州	2 625
南通市	10 936	商丘市	4 699	眉山市	1 920	阿克苏地区	1 533
连云港市	5 374	信阳市	5 635	宜宾市	2 305	克孜勒苏柯尔克孜自治州	315
淮安市	5 291	周口市	4 594	广安市	1 697	喀什地区	1 622
盐城市	7 460	驻马店市	3 756	达州市	2 668	和田地区	564
扬州市	6 630	济源市	1 227	雅安市	1 362	伊犁哈萨克自治州	1 940
镇江市	5 698	武汉市	19 219	巴中市	1 081	塔城地区	957
泰州市	5 706	黄石市	2 355	资阳市	1 575	阿勒泰地区	650
宿迁市	3 879	十堰市	2 069	阿坝藏族羌族自治州	1 314	石河子市	824

资料来源：Wu et al.，2014

注：北京市、上海市、天津市等直辖市受数据所限，未进行拆分。

综上，本书的主要目的是利用永续盘存法，从财富衡量角度估计我国地市资本存量。据估计，2012 年我国财富资本存量总额达 152 万亿元（按现价计算），1990～2012 年的平均年增长率为 14%。资本存量在空间上的分布不均衡，东部经济区占近一半（46%），我国约 60% 的财富资本存量分布在 22% 的地级市。

4.3 基于资本存量的地震直接经济损失评估模型及应用

与省级 WKS 估算相比，地级市 WKS 的估算数据空间分辨率更高，可以为灾害的经济损失评估提供更多的信息。特别是灾害发生时的快速评估，通常可以根据灾害造成的财富资本存量损失或损害的程度，作为决定是否需要外部援助和在何种程度上需要外部援助的指标。下面以2008年汶川地震和2013年芦山地震为例，说明资本存量在地震快速经济损失评估中的应用。

假定受灾地区的直接经济损失（Dloss）可以表示为财富资本存量暴露性（W）与资产损失率（a）的乘积，其公式如下：

$$\text{Dloss} = W \times a$$

式中，参数a表示不同地震（如烈度）强度下的资本损失率，根据灾区的物理结构脆弱性，可以针对特定区域估计不同致灾强度下的比率a，也可以基于该地区的历史灾情数据建立经验模型。因此，在已知暴露于致灾强度下的资本存量时，若提供有不同致灾强度下的损失率参数（即地震烈度），就可以快速估计出直接经济损失。虽然这种估计很粗略，但在灾害应急的早期阶段仍然具有很大的价值，随着更多的实地调查数据的出现，估算结果可以逐步修改和完善。

表4.4给出了2008年汶川地震极重灾区资本存量暴露性与直接经济损失的关系。根据本书估算的地市级WKS资料，极重灾区（广元、绵阳、德阳、成都、阿坝、雅安、陇南、汉中等地震烈度大于7的地区）WKS价值约1.5万亿元，汶川地震正式公布的直接经济损失为8451亿元，其中非固定资产损失为416亿元（如天然气损失、资源和文化遗产），极重灾区直接经济损失占84.2%（NCDR and MOST，2008），即直接经济损失达到6765亿元。因此，对于给定的地震强度大于7的相似地区，我们得到汶川地震极重灾区的a值为0.46。

表4.4 财富资本存量与地震直接经济损失的关系 （单位：亿元，当年价）

项目	极重灾区资本存量*	极重灾区GDP	官方公布的直接经济损失**	本书估计的直接经济损失
汶川地震（Ms 8.0）	14 553	5 582	6 765	—
芦山地震（Ms 7.0）	1 516	398	665	697

*本书估算的灾前的财富资本存量价值；**汶川地震正式公布损失为8451亿元，其中84.2%的损失来自于极重灾区（NCDR and MOST，2008），极重灾区直接经济损失为6765亿元。而对于芦山地震来说，最终公布的芦山地震直接经济损失为688亿元（CEA，2014）。

2013年芦山地震后，极重灾区雅安的财富资本存量为1516亿元。根据受灾地区（即同一省份欠发达山区）地震固定资产脆弱性的相似性，应用汶川地震

的 α 值对芦山地区直接经济损失进行快速评估值为 697 亿元。虽然初步快速评估结果比综合评估后最终报告的直接经济损失总额（665 亿元）稍高，但初步的快速评估对于紧急救援策略的制定可以提供强有力的支持。

此外，值得注意的是，与使用 GDP 作为经济暴露性指标相比，使用 WKS 的优势在于它为给定区域的最大直接经济损失提供了“基准”参数。就汶川地震和芦山地震灾害而言，受灾最严重的汶川地震和芦山地震的极重灾区直接经济损失都超过了灾前 GDP（表 4.4）。因此，相对于 GDP 指标，WKS 指标可以更好地为灾害损失评估提供更有价值的参考依据。

综上，以更精细的空间分辨率，所得到的我国 344 个地级市的财富资本存量数据库可以用来评估自然灾害风险分析中的经济暴露性，以及灾害应急响应中灾后直接经济损失的快速评估。但是，这里的案例只是证明了资本存量估计在灾害风险分析中的潜力，还需要更多的案例研究以进一步验证。

4.4 北京市分部门资本存量评估

在以往的研究中，国内外很多学者对我国全国及分省份的资本存量进行了评估；但是，对于部门和行业资本存量的评估却很少。对灾害的经济损失评估而言，需要部门资本存量的数据作为输入，特别是灾害间接经济损失评估中灾后部门生产能力下降参数的估计。所以本节在以往学者资本存量评估的基础上，对北京市分部门的资本存量进行了评估，以期为自然灾害经济损失评估提供基础性的资料。

4.4.1 数据与方法

（1）数据范围的选取及行业部门的分解与合并

我国的《国民经济行业分类》国家标准于 1984 年首次发布，分别于 1994 年、2002 年、2011 年和 2017 年进行了修订。《北京统计年鉴》中的分行业数据也依照此标准进行了行业分类。1994 之前的行业分类方法与之后的差别较大，所以本书选择《北京统计年鉴》中 1993 ~ 2012 年的数据，并且参照以往研究中的分类方法按照行业的相似度将《国民经济行业分类》2011 年国家标准中的各个行业分解或合并为 17 个部门。行业与部门的对应关系见表 4.5。

表 4.5 国民经济 17 部门与对应行业

ID	分类后部门	原部门
1	农业	农、林、牧、渔业
2	采选业	采矿业
3	食品制造及烟草加工业	农副食品加工业；食品制造业；饮料制造业；烟草制造业
4	纺织服装业	纺织业；纺织服装、鞋、帽制造业；皮革、毛皮、羽毛；(绒）制造业
5	木材加工及家具业	木材加工及木、竹藤、棕、草制品；家具制造业；造纸及纸制品业；印刷业和记录媒介的复制；文教体育用品制造业
6	煤焦煤气及石油加工业	石油加工、炼焦及核燃料加工业
7	化学工业	化学原料及化学制品制造业；医药制造业；化学纤维制造业；橡胶制品业；塑料制品业
8	建材及其他非金属矿物制造业	非金属矿物制品业
9	金属产品制造业	黑色金属冶炼及压延加工业；有色金属冶炼及压延加工业；金属制品业
10	机械设备制造业	通用设备制造业；专用设备制造业；交通运输设备制造业；电气机械及器材制造业；通信设备、计算机及其他电子设备制造业；仪器仪表及文化、办公用机械制造业；工艺品及其他制造业；废弃资源和废旧材料回收加工业
11	电力、热力、燃气和水的生产与供应业	电力、燃气及水的生产和供应业
12	建筑业	建筑业
13	运输邮电业	交通运输、仓储和邮政业；信息传输、计算机服务和软件业
14	商业饮食业	批发与零售业；住宿和餐饮业
15	金融保险房地产、商务和旅游业	金融业；房地产业；租赁和商务服务业；旅行业
16	专业服务管理业	科学研究、技术服务于地质勘查业；水利、环境和公共设施管理业
17	其他服务业	其他

(2）存量的估计方法

分部门的资本存量估计方法与上述分地级市资本存量估计方法一致，即采用永续盘存法。

1）基年资本存量的选择。北京市早期的资本存量数据在现有的统计年鉴里并没有公布，所以需要通过计算得出。不同的学者在计算基年资本存量时采用的方法各有不同，且计算结果差异很大。折旧–贴现法是估计基年资本存量常用的方法，如孙辉等（2010）选取1952年为基年，以1952年的投资除以1952～1957年各省份的投资几何增长率与折旧率之和，得到1952年的资本存量，进而运用永续盘存法计算出了全国分省份1952～2008年的资本存量数据。本书选取孙辉等（2010）所计算出的北京市1993年资本存量数据，按照北京市1993年的固定资产投资比例折算至各个部门，作为各部门1993年的基年存量数据。

2）折旧率指标的选取。统计年鉴中，对于固定资产折旧定义为一定时期内为弥补固定资产损耗，按照核定的固定资产折旧率提取的固定资产折旧或按国民经济核算统一规定的折旧率虚拟计算的固定资产折旧。它反映了固定资产在当期生产中转移的价值。在资本存量的计算中，折旧率的选取对计算的结果影响较大，就目前的研究而言，不同的学者在折旧率的选取上存在很大的差异。例如，张军等（2004）在计算省际资本存量时，将折旧率设为4%，也有研究将其设置为6%或10%。孙辉等（2010）在估算中国工业企业折旧率的基础上，对算得的折旧率进行平均，选取6%作为固定资产折旧率。综合比较各个学者的选取方法，本书采用较合理的6%作为折旧率指标进行分部门资本存量计算。

3）当年实际投资流量数据的获取。当年投资指标的选取一般有四种方法：一是采用全社会固定资产投资，二是采用“积累”的概念及其相应的统计口径，三是固定资本形成总额，四是新增固定资产。在近年来的研究中，大部分学者采用的是固定资本形成总额来作为当年投资的数据。但是在计算各行业资本的时候，固定资本形成总额数据无法获取。全社会固定资产投资是一个一直在沿用的官方统计指标，其投资序列长，在以往的大量研究中，也有许多学者运用这个序列进行资本存量的估算。而且，就固定资本形成总额数据的计算方法来看，它是国家统计局从固定资产投资数据中减去土地使用权费、旧机器和房屋的购买价值，然后加上未统计进去的一些投资项目所得。因此，固定资本形成总额数据的编制是以全社会固定资产投资额为基础，通过一定的调整计算而得到的，其数额大小与全社会固定资产投资相差并不是很大，所以本书采用全社会固定资产投资来作为当年投资的指标。

4）固定资产投资价格指数的计算。由于价格因素的影响，不同年份的经济数据不能直接进行运算。所以在运用永续盘存法时，必须将当年价格表示的投资用固定资产投资价格指数进行平减，折算为基年不变价的投资数据。北京市现有的统计年鉴中，固定资产投资价格指数只有1991年以后的，对于缺失的价格指数数据，研究者在计算时大多做出了一定的假设。这里采用上述固定资本形成的隐含价格平减指数对投资流量数据进行平减。

4.4.2 北京市主要年份的部门资本存量

通过以上方法计算得出了北京市 1993 ~ 2012 年 17 个部门的资本存量数据（各主要年份资本存量数据见表 4.6）。从数据结果来看，北京市资本存量总额逐年上涨，2012 年的资本存量总额大约是 1993 年的 12 倍。从部门来看，各部门增长差异明显，金融保险房地产、商务和旅游业的增长幅度最大，2012 年其部门资本存量总额约是 1995 年的 37 倍；农业的增长速度次之，2012 年的资本存量约为 1995 年的 12 倍，均快于北京市整体资本存量的增长速度。

表 4.6 北京市 17 部门资本存量（1978 年价格） （单位：亿元）

部门	1995 年	2000 年	2008 年	2010 年	2012 年
农业	11.10	14.03	31.13	67.18	129.82
采选业	26.12	25.02	41.08	49.74	49.73
食品制造及烟草加工业	18.40	24.55	51.83	65.34	79.33
纺织服装业	20.94	20.75	22.75	23.76	24.20
木材加工及家具业	14.78	22.91	38.81	46.08	48.65
煤焦煤气及石油加工业	39.38	59.06	56.23	56.28	55.93
化学工业	116.61	131.84	131.16	148.38	187.85
建材及其他非金属矿物制造业	25.21	29.94	33.55	39.20	45.26
金属产品制造业	82.42	76.91	95.36	91.50	90.31
机械设备制造业	133.45	179.22	421.16	522.41	750.27
电力、热力、燃气和水的生产与供应业	114.67	259.74	462.55	544.18	638.31
建筑业	58.24	64.91	57.37	55.28	57.54
运输邮电业	256.75	437.51	1485.71	2044.10	2473.27
商业饮食业	90.09	127.48	195.09	225.82	260.34
金融保险房地产、商务和旅游业	175.34	164.87	1973.14	4233.29	6439.05
专业服务管理业	83.15	158.27	699.53	989.08	1316.82
其他服务业	351.07	822.90	1186.31	1312.00	1463.95

极端灾害事件影响的严重性，不仅取决于极端事件本身，而且还取决于承灾体的暴露性和脆弱性，两者是灾害风险的主要决定因素。因而，管理灾害风险和适应气候变化主要是减少暴露性和脆弱性，并提高对各种潜在极端气候不

利影响的应变能力。从本书的角度来看，如果设防水平一定，高的资本存量即高的暴露性就意味着高的经济损失可能性。

需要指出的是：各行业的资产使用寿命和折旧率有所不同，这里以统一的折旧率进行分行业的资本存量计算存在一定的不足；同时，分行业的资本存量评估为灾害损失和经济影响评估提供了基础数据输入，其评估准确性也需要未来逐步细化。

4.5 本章小结

衡量经济暴露于自然灾害的 WKS 对灾害风险管理至关重要，包括应急响应中的快速损失估计和灾后恢复重建规划。统计数据可用性的提高和资本存量估算方法的发展，使可以在地级市尺度生成 WKS 数据集。通过应用永续盘存法估算 1978 ~ 2012 年我国地级市 WKS，旨在说明生成 WKS 数据集的方法及 WKS 作为潜在经济暴露指标的有效性。估计结果表明：到 2012 年，我国累计 WKS 已达到 152 万亿元，1990 年以来年均增长率达 14%，但资产价值空间分布不均匀，47% 集中在东部经济区，约 60% 集中在 22% 的地级市。在方法上，数据集可以很容易地用现有的数据扩展到更近的年份（Wu et al.，2018）。此外，一个系统的敏感性分析表明，折旧率是 WKS 估计最重要的参数。尽管 WKS 估计仍有一定的局限性，但是这种 WKS 估计，特别是其更精细的空间分辨率，为快速灾害损失估计提供了有效的基准参数。

总之，资本存量损失是灾害损失的关键组成部分，资本存量价值的估算及空间分布和对于灾害损失快速评估、灾害风险分析中的暴露性分析，以及灾害间接经济损失评估都具有重要的应用价值。

主要参考文献

孙辉，支大林，李宏瑾．2010. 对中国各省资本存量的估计及典型性事实：1978 ~ 2008. 广东金融学院学报，25（3）：103-116.

张军，吴桂英，张吉鹏．2004. 中国省际物质资本存量估算：1952–2000. 经济研究，10：35-44.

Bilham R. 2010. Lessons from the Haiti earthquake. Nature，463（7283）：878-879.

Bono A D，Mora M G. 2014. A global exposure model for disaster risk assessment. International Journal of Disaster Risk Reduction，10：442-451.

CEA（China Earthquake Administration）. 2014. Annual earthquake disasters review of 2013 in China. http：//www. cea. gov. cn/publish/dizhenj/464/756/100680/100684/20140116103349546603188/index. html［2015-10-30］.

Chen K，Jefferson G H，Rawski T G，et al. 1988. New estimates of fixed investment and capital stock for Chinese state industry. The China Quarterly，114：243-266.

Chow G C，Li K W. 2002. China's economic growth：1952-2010. Economic Development and Cultural Change，15（1）：247-256.

Chow G C. 1993. Capital formation and economic growth in China. Quarterly Journal of Economics，108（3）：809-842.

Fan Q. 2012. Details of perpetual inventory method and capital stock estimation of China from 1952 to 2009. Journal of Yunnan University of Finance and Economics，28（3）：42-50.

Fraumeni B M. 1997. The measurement of depreciation in the US national income and product accounts. Survey of Current Business，77（7）：7-23.

Goldsmith R W. 1951. A perpetual inventory of national wealth. Studies in Income and Wealth，14：5-61.

Gong L，Xie D. 2004. Analysis of factors mobility and variation of marginal productivity in China. Journal of Economic Research，（1）：45-53.

Hall R E，Jones C I. 1999. Why do some countries produce so much more output per worker than others. The Quarterly Journal of Economics，114（1）：83-116.

He F，Chen R，He L. 2003. Estimation and correlation analysis of capital stock in China. Economist，（5）：29-35.

He J. 1992. Estimation of assets in China. Studies on Quantitative and Technological Economics，（8）：24-27.

Holz C A. 2006. New capital estimates for China. China Economic Review，17（2）：142-185.

Hu Z F，Khan M S. 1997. Why is China growing so fast. IMF Staff Papers，44（1）：103-131.

Huang Y，Ren R. 2002. Chinese manufacturing capital stock，perpetual inventory method to estimate. Economic，1（2）：378-395.

Islam N，Dai E，Sakamoto H. 2006. Role of TFP in China's growth. Asian Economic Journal，20（2）：127-159.

Jefferson G H，Rawski T G，Zheng Y. 1996. Chinese industrial productivity：Trends，measurement issues and recent developments. Journal of Comparative Economics，23（2）：146-180.

Jorgenson D W. 1996. Empirical studies of depreciation. Economic Inquiry，34（1）：24-42.

Kamps C. 2006. New estimates of government net capital stock for 22 OECD countries，1960-2001. IMF Staff Papers，53（1）：120-150.

Kleist L，Thieken A H，Köhler P，et al. 2006. Estimation of the regional stock of residential buildings as a basis for a comparative risk assessment in Germany. Natural Hazards and Earth System Sciences, 6 (4):541-552.

Kohli U. 1982. Production theory, technological change, and the demand for imports: Switzerland 1948–1976. European Economic Review, 18 (2): 369-386.

Lei H. 2009. Capital stock measurement and investment efficiency in China. Economist, (6): 75-83.

Li Z, Tang G. 2003. Capital formation and adjustment of capital stock: Analysis of China during transition. Journal of Economic Research, (2): 34-42.

Linde A H T, Bubeck P, Dekkers J E C, et al. 2011. Future flood risk estimates along the river Rhine. Natural Hazards and Earth System Sciences, 11 (2): 459-473.

Matheson E. 1910. The Depreciation of Factories, Mines and Industrial Undertakings and Their Valuations. London: Arno Press.

NBS (National Bureau of Statistics). 1997. Historic Data of China National Accounting for Gross Domestic Products, 1952–1995. Dalian: Northeast Finance and Economics Press.

NCDR (National Commission for Disaster Reduction), MOST (Ministry of Science and Technology of China). 2008. Wenchuan Earthquake Disaster: A Comprehensive Analysis and Evaluation. Beijing: Science Press.

OECD (Organization for Economic Cooperation and Development). 2000. National Accounts for China Sources and Methods. France: OECD.

OECD. 2009. Measuring Capital OECD Manual (second edition). France: OECD.

Perkins D H. 1998. Reforming China's economic system. Journal of Economic Literature, 26 (2): 601-645.

Seifert I, Thieken A H, Merz M, et al. 2010. Estimation of industrial and commercial asset values for hazard risk assessment. Natural Hazards, 52 (2): 453-479.

Shan H. 2008. Re- estimating the capital stock of China: 1952 – 2006. Studies on Quantitative and Technological Economics, (10): 17-31.

SNZ (Statistics New Zealand). 2013. Measuring Capital Stock in the New Zealand Economy (3rd ed). http://WWW. stats. govt. nz. [2015-10-30].

Song H, Liu Z, Jiang P. 2003. Analysis of determinants of aggregate investment in post-reform China. World Economic Papers, (1): 44-56.

UNISDR. 2009. Global Assessment Report on Disaster Risk Reduction: Risk and Poverty in a Changing Climate. Geneva: United Nations International Strategy for Disaster Reduction.

UNISDR. 2013. Global Assessment Report on Disaster Risk Reduction: From Shared Risk to Shared Value. Geneva: United Nations International Strategy for Disaster Reduction.

Wang L, Szirmai A. 2012. Capital inputs in the Chinese economy: Estimates for the total economy, industry and manufacturing. China Economic Review, 23 (1): 81-104.

Wang X, Fan G. 2000. Sustainability of China's Economic Growth. Beijing: Economic Science Press.

Wang Y, Yao Y D. 2003. Sources of China's Economic Growth 1952-1999: Incorporating Human Capital Accumulation. China Economic Review, 14 (2): 32-52.

Wu J, Li N, Shi P. 2014. Benchmark wealth capital stock estimations across China's 344 prefectures: 1978 to 2012. China Economic Review, 31: 288-302.

Wu J, Li N, Xie W, et al. 2013. Post-disaster recovery and economic impact of the catastrophes in China. Earthquake Spectra, 30 (4): 1825-1846.

Wu Y R. 2004. China's Economic Growth: A Miracle with Chinese Characteristics. London and New York: Routledge Curzon Press.

Wu Y R. 2007. Capital Stock Estimates for China's Regional Economies: Results and Analyses. http://www.web.uwa.edu.au/_ _data/assets/pdf_ file/0005/98636/07_ 16_ Wu_ 2.pdf [2015-05-30].

Wu J., Li Y., Li N., Shi P. 2018. Development of an asset value map for disaster risk assessment in China by spatial disaggregation using ancillary remote sensing data. Risk Analysis, 38 (1): 17-30.

Ye Z. 2010. Re-estimating the Capital Stock of China: 1952- 2008. Statistics & Information Forum, 25 (7), 36-41.

Young A. 2003. Gold into base metals: Productivity growth in the People's Republic of China during the reform period. Journal of Political Economy, 111 (6), 1220-1261.

Zhang J. 1991. Systemic analysis of economic efficiency during the 5th Five Year Plan. Journal of Economic Research, (4): 8-17.

Zhang J. 2008. Estimation of China's provincial capital stock (1952–2004) with applications. Journal of Chinese Economic and Business Studies, 6 (2): 177-196.

Zhang J, Zhang Y. 2003. Reexamination of methods of capital stock estimation. Journal of Economic Research, (7): 35-43.

5 灾后经济恢复进程实证案例研究

灾害恢复的量化判别对于灾害管理者掌握灾害恢复进程及合理优化灾后恢复重建策略至关重要；同时，灾后经济恢复的实证研究也可以为损失评估模型构建提供依据。为了弥补灾害恢复概念不统一、量化判定方法和案例研究不足的问题，本章首先，基于复杂巨系统理论，在灾害恢复理论层面，从“均衡”的角度定义了灾害恢复的概念；其次，利用文献归纳法，从受灾害影响的基础设施、经济、社会和自然环境4个维度提出了度量灾害恢复的指标体系；再次，基于灾害恢复的概念，提出了利用灾害恢复指标进行量化判定的模型，系统地构建了灾害恢复的度量框架；最后，以2005年美国Katrina飓风、1976年唐山地震和2008汶川地震灾区的恢复为例，判定灾区恢复进程，验证恢复度量框架的有效性。灾害恢复的定量化研究可以为灾害经济影响评估模型的构建及模型参数的验证提供重要的理论依据。

5.1 灾害恢复度量指标及框架

不管是发达地区还是不发达地区，自然灾害对灾区经济发展、社会生活秩序、生态环境、基础设施和人的心理等各方面都会造成不同程度的负面影响。如何使灾区尽快恢复，以及灾后如何更好地实现社会经济可持续发展是灾害管理者面临的迫切任务和关注的核心问题。而如何定量预测或判别灾害对地区可能造成的影响及持续时间，对于决策者合理投入人力、物力和财力进行灾后恢复重建，从而采取有效的恢复重建策略，减轻灾害造成的影响，具有重要的实际价值。

灾害恢复是灾害循环中最不为人所知的阶段，国内外学者对灾后恢复的研究取得了诸多进展（Haas et al.，1977；Mileti，1999）。UN/ISDR（2004）将灾害恢复定义为：“在灾害发生后的决定和行动，其目的在于使受影响的社区恢复或改善到灾害前的生活状态，并鼓励和协助必要的调整以降低灾害风险。”恢复过程通常在应急响应结束后马上开始，并能在灾后持续数月或数年，实际的恢复时间跨度常常很难确定。Quarantelli（1999）认为灾害恢复既是一个过程也是一种结果。在宏观层次上，Haas 等（1977）最早提出灾害恢复的时序模型，并认为灾害恢复依次有应急、修复、重建和改善型重建 4 个有序阶段（图 5.1），其开创性工作为灾后恢复提供了一个概念框架。该框架假设灾后城市恢复过程是由一系列活动组成，并规律分布在时间和空间需求上，而每个随之的阶段持续时间大约是前一个阶段的 10 倍。美国联邦应急管理署发布的《国家灾害恢复框架》也将灾害恢复分为短期、中期和长期恢复 3 个阶段，持续时间分别是数日、数周、数月和数年（FEMA，2011）。在微观层次上，Chang（2010）通过对 1995 年日本神户地震后的水、电、气和公路等的恢复进行实地调查，提出了灾后交通系统的恢复进程模型；基于历史统计资料，Chang 和 Nojima（2001）也研究了 1995 年日本神户地震后人口和经济的恢复进程。Hallegatte（2008）从经济部门层次，提出了基于投入产出模型的灾后地区经济恢复进程模型，该模型也被应用于 2008 年汶川地震后经济恢复的模拟（Wu et al.，2012；李宁等，2012）。

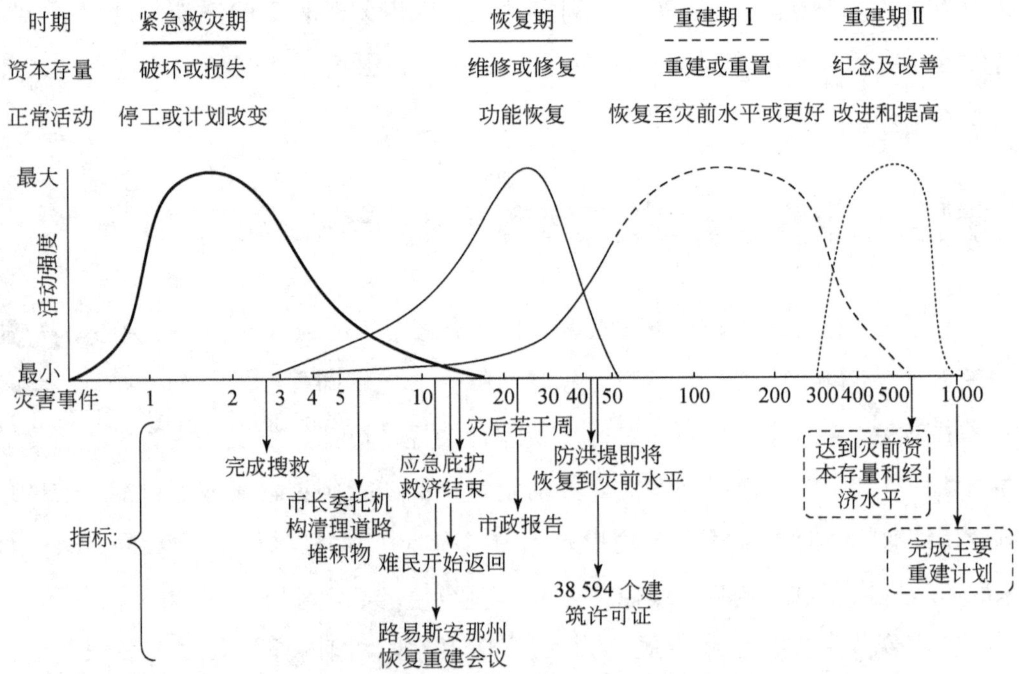

图 5.1　2005 年美国 Katrina 飓风不同灾害管理周期的持续时间时序图

资料来源：Kates et al.，2006

注：实线表示实际观测数据，虚线是基于 6 周应急期、42 周的恢复期和 10 倍关系的重建期预测值。横轴单位为周。

总体来说，灾害恢复研究仍存在以下问题：①灾害恢复的概念仍存在分歧；②缺乏一个普遍的和有效的灾害恢复评估框架，包括灾害恢复的可比指标和量化方法；③实证研究较少。这些问题不利于灾害恢复进程的有效识别及灾后风险管理策略优化调整。

本书研究首先在梳理前人研究的基础上，提出了较完善的灾害恢复度量框架；其次，以美国2005年Katrina飓风、1976年唐山地震和2008年汶川地震恢复为例，评估灾区灾后恢复的进程，旨为灾害恢复模拟、恢复进度评估及灾害间接经济损失评估模型构建提供参数。

5.1.1 灾害恢复的概念

社会生态系统是一种复杂的巨系统，具有自适应性、自组织性等特征（钱学森等，1990）。灾害是社会生态系统发展的外在影响因子，灾害的冲击相当于是对社会生态系统的扰动，这种外部扰动激发系统内部的矛盾（如经济系统中的供需矛盾），破坏社会生态系统原来的相对稳定性，系统中相对脆弱的子系统就容易受到影响（如受破坏的森林生态子系统净化空气和吸收二氧化碳能力的下降，经济系统中交通运输能力的下降等）。但是，社会生态系统的自适应性、自组织性也使其具有自身调整和逐渐恢复的功能。

灾害的发生及影响也像其他外生要素一样，影响着灾区社会生态系统发展呈“螺旋式”演进［图5.2（a）］。灾害的发生及灾后恢复可以认为是灾区社会生态系统从一种相对“稳态”过渡到另外一种新的“稳态”的过程，即如果灾前系统性能处于正常发展状态，可以假定灾前灾区社会经济发展处于一种相对稳定的“均衡”状态（或称平衡期），灾害恢复的目标是使灾区发展达到一种新的“均衡”状态（或称新的平衡期），在新的“均衡”状态下，系统性能可以高于或低于灾前水平。

灾害的影响涉及社会、经济和环境等整个社会生态系统，系统的性能（如经济发展水平、生态功能或社会提供服务的能力等）受到破坏以后，其实际恢复进程可以归纳为图5.2（b）中的A、B和C三种典型情景，即灾后系统性能可能高于或者与灾前持平或者低于灾前水平。Mitchell（2008）认为中国唐山地震后唐山的恢复是一个奇迹，人居环境和社会经济处在一个较高的发展水平；而对日本1995年阪神大地震后的神户港口来说，经过10年重建其货物吞吐量及

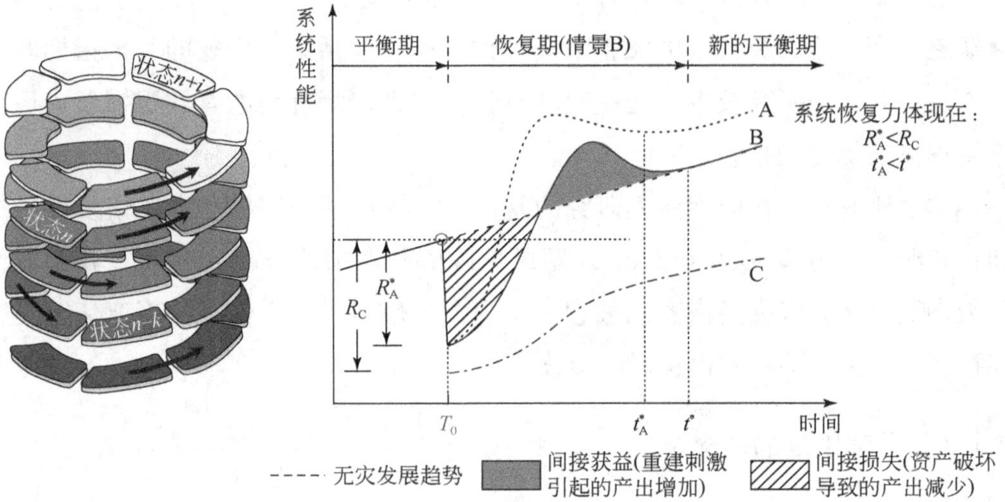

(a) “螺旋式” 演进　　(b) 三种典型情景

图 5.2　灾害恢复的“螺旋式”演进示意图和灾害恢复的三种典型情景

注：T_0 为灾害发生时间，分别是情景 A 和情景 B 的灾害恢复时间点，

分别是情景 A 和情景 C 灾后系统性能下降幅度。

资料来源：吴吉东等，2013

国际影响力则仍明显低于震前水平（Chang，2010）。

灾后系统性能的变化与灾前系统水平、灾后管理措施及灾害破坏强度等有关，如对经济系统的恢复来说，灾前经济水平的好坏决定了灾后重建中可以利用的人力、物力和财力资源。灾害对系统影响是正面还是负面要看所分析的时间尺度和空间尺度，如灾害破坏给人们带来生命财产损失，短期内造成生产能力的下滑，但是灾后灾区若得到外部重建资金援助及其他税收等优惠政策扶持，灾区则面临加速发展的机遇，借此优化地区生产结构，并提升灾区设防水平，从而可能有利于灾区的长远发展。

综上所述，灾害可以认为是对社会生态复杂巨系统的扰动，灾害恢复具有非线性、动态性和复杂性等特征。灾害恢复可定义为灾害破坏导致灾区社会生态系统从一种“均衡”态转换到另一种“均衡”态的过程，灾害恢复持续的时间为灾害恢复期。这种定义明确了灾后灾区恢复不可能完全和灾前一样；而且它也包含了灾后系统可能出现的 3 种情景。灾害恢复进程受灾区恢复力因素的影响（刘婧等，2006）。图 5.2（b）的 3 种情景中，系统恢复力的差异主要体现在受到灾害冲击后，情景 B 的系统性能下降量小于情景 C，而从灾害恢复持续时间来说，情景 A 恢复的时间小于情景 B。如何量化界定系统的这种“均衡”态，从而根据灾害恢复指标判定灾区是否恢复是灾害恢复研究的难点。

5.1.2 灾害恢复研究方法

对灾害恢复进程的估计主要有以下 3 种方法：实地调查法、模型模拟法和统计指标法。

1）实地调查法。实地调查从家庭、企业和社会尺度，通过实地走访、观察、问卷、档案文件等调查方法，搜集灾害恢复的第一手资料，可以发掘灾害恢复的差异和灾害对个人、企业和社会的影响，最能反映灾区灾害恢复的实际情况，如日本 1995 年神户地震后，通过实地调查获得水、电、气和公路等的恢复时序曲线（Chang and Nojima，2001）。但是，实地调查法需要合理抽样并获得足够多的样本来反映灾害恢复的总体情况，而且灾害恢复持续时间长，恢复调查耗时费力且调查成本高。近年来遥感技术等新技术的出现，给灾害恢复调查带来了方便，如通过遥感技术监测灾后住房和物理基础设施等的重建进度（Burton et al.，2011）。ECLAC（2003）提出的灾后经济影响调查方法也为灾害恢复进度调查提供了一种工具。

2）模型模拟法。对于灾后经济的恢复进程，Chang 和 Nojima（2001）提出了灾后交通系统的恢复进程模拟模型，并模拟了 1995 年日本神户地震后的交通恢复进程。Kates 等（2006）则利用 Hass 等（1977）提出的灾后恢复时序框架预测了 Katrina 飓风后新奥尔良市恢复进程的时间轴，描述了灾后恢复各个阶段大致的持续时间。Hallegatte（2008）提出了基于投入产出模型的灾后地区经济恢复进程模拟模型，可以定量模拟和预测灾后各产业部门的恢复进程，该模型也被用于模拟 2008 年汶川地震的经济恢复（Wu et al.，2012），但是由于灾后灾区发展影响因素的复杂性和不确定性，以及缺乏足够细的验证数据，该模型模拟精度有限。

3）统计指标法。统计指标法主要针对选择的灾害案例，利用统计年鉴、报告、人口普查等资料，获得人口、GDP 等人口和经济指标的月度、年度统计值时间序列，并利用这些数据开发统计模型，进而估计其他灾害的恢复进度。Chang 和 Nojima（2001）开发了交通系统通达度的指标并用于对比三次地震。美国布鲁金斯学会（Brookings Institution）根据可以获得的最新统计数据，提取出数十个关键指标来监测 2005 年 Katrina 飓风以后新奥尔良市的人口、经济、住房、基础设施等的恢复进程（Liu et al.，2006）。统计指标法的优点是可以利用现有的统计数据来监测灾害恢复进程，简单可行。

综合来说，各种灾害恢复研究方法都有其优缺点：实地调查法可以获得微观尺度的真实信息，在灾害初期满足灾害管理需求有很大帮助，便于政府决策；模型模拟法和统计指标法可以获得社会经济系统长期的宏观演变进程，便于政府及灾害管理者长期决策。根据实际灾害管理需求层次、评估的恢复指标及可以获得的数据，选择适当的方法来评估灾害恢复进程。

5.1.3 灾害恢复度量指标

灾害恢复的量化需要借助相应的指标，根据灾害影响的维度，本书从灾害影响的以下 4 个维度进行灾害恢复度量指标划分（表 5.1），这 4 个维度包括社会、经济、基础设施和自然环境。在灾害恢复中，基础设施的恢复直接关系到公众生产和生活是否能够正常运转，在历次灾害发生后，政府往往把其作为首要恢复任务，具体包括公共服务设施（如医院和学校）、“生命线”基础设施（如交通、供水、供电和通信）和住房等的恢复。基础设施的恢复过程很直观，因此比较容易度量，例如，1995 年日本阪神大地震以后有详细的基础设施恢复进程曲线，包括公路重建里程、桥梁架设（修复数量）、公共建筑状态和供水系统恢复情况（Chang and Nojima，2001）；灾后恢复重建项目执行的进度和完成情况也可以反映基础设施恢复的进度。随着遥感等新技术的出现，遥感也被用于监测灾区住房的重建进程（Mills，2008；Burton et al.，2011；Lin et al.，2004；吴春生等，2012），从而通过遥感影像从建筑面积、土地利用类型变化和建筑物形态等进行分析。基础设施的恢复影响社会和经济恢复的进程。

表 5.1　灾害恢复度量指标

恢复维度	一级指标	二级指标
社会	心理健康、人口、生活质量、社会服务水平（赵延东，2007）	焦虑、孤独、不满、对新的居住环境不适应等情绪；人口数量、年龄/性别结构，出生率、死亡率；生活满意度指数、幸福指数、人类发展指数；社会支持网络、社会联系及合作网络、公共服务机构数

续表

恢复维度	一级指标	二级指标
经济	就业率、国内生产总值、政府税收、居民收入、住房价值、商业、生活水平、商铺（企业）数	就业人口、失业率、国内生产总值、人均国内生产总值、人均收入；各行业商铺数、大中小型企业数量；居民可支配收入、恩格尔系数
基础设施	垃圾清理、住房/建筑物、公共设施和“生命线”基础设施、交通	公路重建里程、桥梁架设（修复数量）、路况、通达度、车辆流量；建筑面积、土地利用类型变化、建筑物形态、住宅质量；恢复重建项目执行的进度和完成情况
自然环境	空气质量、土地退化、土壤侵蚀、水质、生物多样性	土地覆盖和城市绿地空间变化、动物数量及栖息地、水体面积、归一化植被指数

经济恢复是灾害恢复研究的热点，不同学者从国内生产总值、就业率、收入水平、财政税收和商铺（企业）数量角度，以及居民维持生计方式的变化等来研究灾后经济恢复进程（Chang et al.，2010；Liu et al.，2006），通过对比灾害发生前后指标值的变化来判定灾后经济恢复的进度。例如，灾区灾后商店和旅游等服务业及建筑业发展水平变化。美国布鲁金斯学会根据获得的统计数据，提取出数十个指标来监测 2005 年 Katrina 飓风以后新奥尔良市的经济和人口等的恢复进程（Liu et al.，2006）。

社会恢复从灾害影响下的人口、心理健康、生活质量和社会服务水平等指标来评估。人口的恢复主要从灾区人口数量、性别、年龄结构，自然增长率和人口总数等进行研究。Chang（2010）分析了 1995 年日本神户地震以后人口的时空恢复特征；Finch 等（2010）研究了美国 Katrina 飓风以后灾区的人口恢复进程。心理健康问题涉及多种不同层面的心理和身体症状问题。陈静等（2008）通过问卷调查分析了 1976 年唐山地震 30 年以后灾区幸存者心理恢复差异及其主要影响因素。生活质量可以从人们的教育程度、预期寿命、对幸福的感知程度及生活水平综合计算出来的人类发展指数综合衡量。

自然环境恢复，包括土地覆盖和城市绿地空间变化等。例如，洪水或泥石流破坏导致的植被覆盖度减少，海岸带洪水等带来的盐渍化等。2008 年，我国南方冰冻雪灾以后植被生态的破坏更是需要数年时间来恢复（Zhou et al.，2011）。而对于地震造成的大面积滑坡等地表裸露面，可能需要采取人工措施进行生态修复。

根据灾害恢复研究的目的，灾害恢复研究的尺度可以从个人、家庭、社区、行业等各个尺度进行研究。这些指标中，一部分是存量指标，一部分是流量指标。存量是指一个时点上的指标量，属静态概念，如某一时刻灾区的人口总量或各行业商铺数；流量是指一段时间内发生的量，属动态概念，如 GDP 是一个流量指标，是一段时期（通常是一年）内所累积变动的量。

5.1.4 灾害恢复判定模型

灾害恢复进程识别需要根据上述两类度量指标，采用相应的量化方法。

对于存量指标，如人口总量、公路重建里程、就业人口和土地覆盖等，主要将指标的灾后值与灾前值进行比较，就可以判定是否恢复完成；如对于用公路交通通达度来度量公路交通的恢复情况时，可以采取这种方法研究灾后公路交通通达度随时间的恢复曲线。

而对于流量指标的恢复判定则比较困难，其难度在于很难把灾害对社会、经济和环境等的影响从其他外生趋势中分离开来，如对经济恢复来说，这种外生影响包括长期的人口和经济趋势、价格膨胀和生产技术变化等，灾害的恢复常常需要数年，灾害不足以淹没其他影响社会经济发展和变化的因素。因此，把灾后社会经济的变化归咎于灾害显然是不合理的。下面以灾后经济恢复为例，来说明流量指标的度量方法。

自然灾害发生后，灾区经济的发展也可归纳为 3 种可能情景［图 5.2(b)］，系统性能可以用 GDP 表征，则灾后 GDP 的发展水平可能高于、低于或恢复到灾前发展趋势。对于这 3 种情景，可以通过定义灾前的“均衡”态，并用灾害 GDP 的变化对比判定。在灾害破坏以后，灾后灾区随着恢复重建活动等的开展，灾区的社会经济系统结构可能有所改变，但是，灾区经济发展经过一段时间后总会达到一种新的相对“均衡”态（如某一指标的变化在灾前的变化范围之内），这种界定适用于度量图 5.2（b）中的 3 种情景，即不管灾后经济发展低于还是高于灾前水平，只要经济系统性能在一定时候，其变化在灾前的阈值范围之内，就认为灾区已经从灾害破坏中恢复过来。Chang（2010）对于灾害恢复的流量指标，提出了相应的度量框架，其度量方法如下。

首先，对所选择的经济指标 X（如 GDP）进行标准化处理。目的是过滤掉除灾害以外的其他外生影响因素对指标发展趋势的扰动。例如，灾害的破坏是局部性的，在假设灾害对国家影响较小的前提下，人口自然增长率、GDP 等指标可以采取灾区值与国家相应值的比值进行标准化。标准化后的变量表示为 X'。

其次，定义灾前均衡态δ_x，表示灾前 4 年中某一度量指标 X 变率的最大值，其表达式如下：

$$\delta_x = \max \{ | X_{T-(i+1)} - X_{T-(i+2)} |_{i=0,1,2} \} \quad (5\text{-}1)$$

再次，计算灾后年份 t 的指标变化率$\varphi_{X,t}$，其表达式如下：

$$\varphi_{X,t} = | X_t - X_{t-1} | \quad t=T,\ T+1,\ \cdots,\ T+n \quad (5\text{-}2)$$

式中，T 为灾害发生的年份；X 为经过标准化处理后的经济指标值。

最后，对比 $\varphi_{X,t}$ 与 δ_x，当灾后某个连续的 4 年中指标的年变率都满足 $\varphi_{X,t} \leqslant \delta_x$（$i=t$，$t+1$，$t+2$）时[①]，可以判定灾区已经从灾害中恢复过来。也就是说，当灾后连续 4 年指标的年变率小于灾前 4 年的最大允许范围，可以认为新的均衡状态已经达到。如果 t^* 为达到判定标准的初始年份，则从灾害发生的年份 T 到 t^* 的时间可以定义为灾害恢复期（灾害恢复持续时间）。根据可以获取的灾害案例数据，利用以上提出的灾害恢复指标体系和灾害恢复判定模型，可以从时间和空间上进行灾害恢复的定量化研究。

5.2 案例：2005 年美国 Katrina 飓风灾害经济影响及恢复

2005 年 8 月 23 日至 8 月 30 日，Katrina 飓风登陆美国墨西哥湾沿岸的密西西比州、路易斯安那州、亚拉巴马州和佛罗里达州等多个州。墨西哥湾沿岸的石油和天然气生产遭到了严重破坏，受灾最严重的是飓风中心经过的路易斯安那州新奥尔良市，由于大风和强降雨造成堤坝垮塌使整个城市被淹，洪水在一周以后才退去，仅路易斯安那州的死亡人数就超过 1100 人（Jonkman et al.，2009）。美国 RMS（Risk Management Solutions，2005）保险公司估计的保险损失在 400 亿 ~ 600 亿美元，飓风造成的经济损失估计超过 2000 亿美元，被认为是美国历史上最严重的自然灾害（Burby，2006）。以下利用统计指标法选取实际 GDP 和人均实际 GDP 两个指标，根据上述灾害恢复流量指标判定方法，来诊断评估遭受灾害破坏比较严重的路易斯安那州的经济恢复阶段和进程，为了对比

① 重大自然灾害的影响往往是长期的，其恢复常常需要数年，而微观经济学中的长期与短期的区别在于全部生产要素投入是否调整，一般来说 3 年以上为长期，因此至少选择 4 年来定义灾害恢复前后的相对均衡态。

分析灾害对极重灾区和其他灾区影响的差异，路易斯安州被划分为极重灾区（飓风中心经过的主要影响地区），即大新奥尔良地区（包括新奥尔良、梅泰里和肯纳）和路易斯安州其他地区（图5.3）。

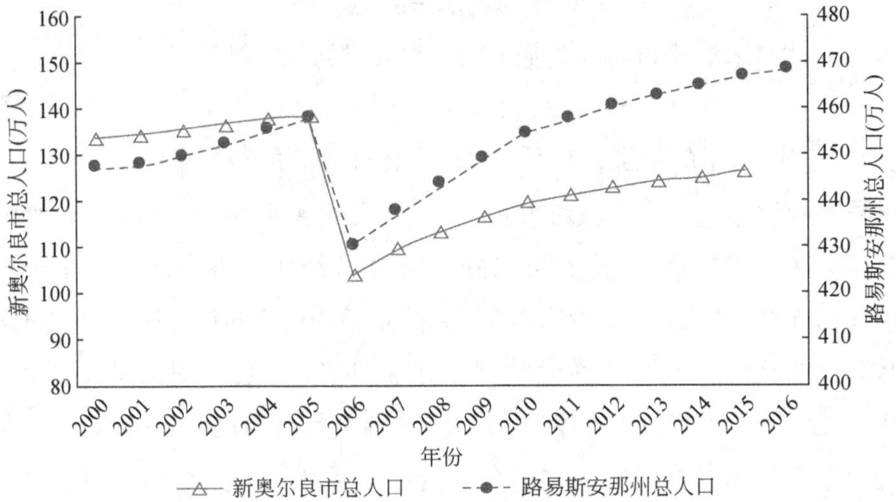

图5.3　路易斯安那州和新奥尔良市在Katrina飓风前后的变化

资料来源：美国经济分析署，http：//www.bea.gov，下同

本书选取实际GDP、人均实际GDP和人口3个指标，根据上述灾害恢复度量框架判定方法，来评估路易斯安那州的恢复进程。研究区实际GDP、人均实际GDP和人口数据（2001～2011年）来源于美国经济分析署（http：//www.bea.gov）。

5.2.1　人口恢复

如图5.3所示，从人口绝对值变化来看，Katrina飓风以后2006年重灾区新奥尔良市的人口出现了大幅下降，人口减少近35万人，仅是2005年（年中人口数）的75%，重灾区人口的下降也是造成路易斯安那州人口下降的最主要原因。灾后灾区居住生活条件的变化和就业岗位的下滑可能是人口流失的主要原因，进而造成重灾区人口的机械流动。经过10年的恢复，新奥尔良市的人口达到126万人，仍低于2005年近139万人的人口规模。同时，路易斯安那州的人口经过7年的恢复，在2012年达到并逐渐超过灾前水平，2016年达到468万人。在此期间美国人口以8.15‰（6.85‰～9.69‰）的机械增长速度增长，若路易斯安那州人口按此增长率推算，2016年起人口规模应该为500万人（493万～

509 万人）。也就是说，经过 11 年的恢复进程，虽然路易斯安那州人口恢复到灾前水平，但是仍未回归至灾前的人口增长趋势进程中——无灾的人口增长趋势中。基于上述恢复判定可知，路易斯安那州的人口于 2012 年达到新的均衡状态，而新奥尔良市至 2014 年仍未恢复至新的均衡状态。

5.2.2 经济恢复

假设 Katrina 飓风对美国的影响不明显，则数据标准化处理如下：实际 GDP 指标用灾区实际 GDP 值占美国实际 GDP 值的百分比来表征，人均实际 GDP（或人均收入）指标用灾区的人均实际 GDP（或人均收入）与整个美国人均实际 GDP（或人均收入）的比值表示（图 5.4 和图 5.5）。

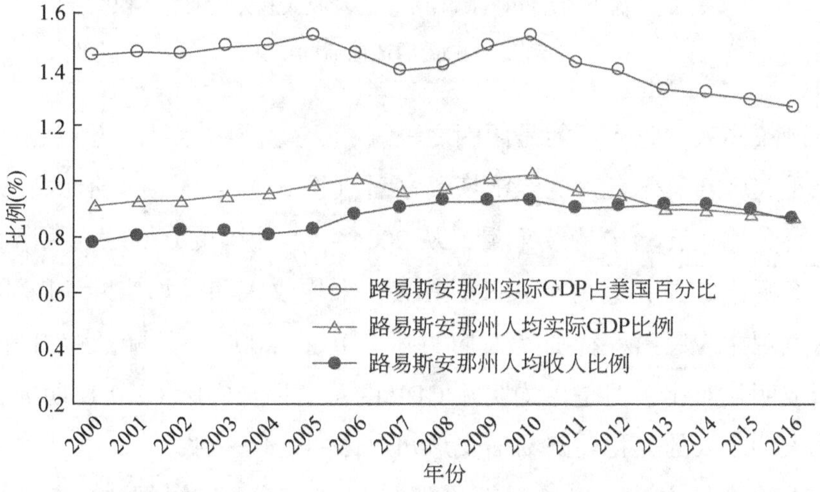

图 5.4　路易斯安那州实际 GDP、人均收入和人均实际 GDP 比例在 Katrina 飓风前后的变化

对路易斯安那州来说（图 5.4）：①从实际 GDP 水平来看，Katrina 飓风以后实际 GDP 水平经历了明显的下降过程，实际 GDP 在 2007 年达到最低水平，是灾前 2004 年的 94%（实际 GDP 占美国的比例由灾前的 1.49% 下降到灾后 2007 年的 1.39%），从 2008 年开始实际 GDP 比例开始上升，到 2010 年达 1.51%，是灾前 2004 年水平的 102%，从 2011 年开始又持续下降，至 2016 年仍没能达到灾前水平——即其经济实力在美国的灾前位置；②人均实际 GDP 水平和实际 GDP 水平变化趋势基本一致，2010 年是灾前 2004 年的 108%，此后与实际 GDP 一样经历下滑过程；③从人均收入来看，灾后经历了一个增长的过程，上述当

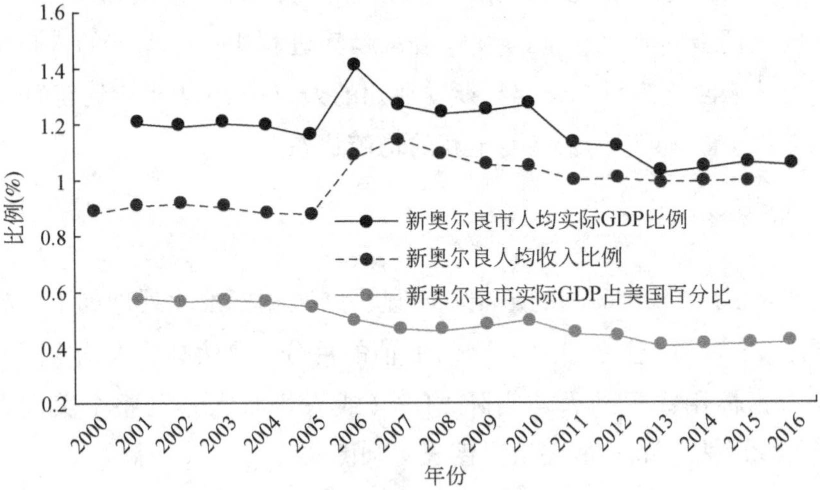

图 5.5　新奥尔良市实际 GDP、人均收入和人均实际 GDP 比例在 Katrina 飓风前后的变化

地人口下降拉高人均收入可能是原因之一。

从极重灾区新奥尔良市的经济恢复来看（图 5.5）：①新奥尔良市实际 GDP 占美国的百分比在波动中持续下滑，从 2004 年占美国的 0.56% 下滑到 2016 年 0.41%，降幅达 27%；②由于人口的外流，人均收入和人均实际 GDP 的短暂上升在灾区表现尤为突出，特别是人均实际 GDP 在 2006 年的陡然上升和 2007 年的下降形成明显对比，但是人均实际 GDP 的总水平与实际 GDP 长期的变化比较一致；③人均收入的变化与路易斯安那州总体的变化一致。

根据上述度量方法，以路易斯安那州为例，首先，根据式（5-1）计算出 $\delta_{\text{实际GDP}}$、$\delta_{\text{人均实际GDP}}$和$\delta_{\text{人均收入}}$值分别为 0.036%、0.027% 和 0.038%；其次，根据式（5-2）计算出的灾后 2006 ~ 2016 年历年 δ 值；最后，与相应指标的值对比可知，实际 GDP、人均实际 GDP 和人均收入经过 9 年的恢复，于 2014 年达到新的均衡状态。而对于极重灾区来说，人均收入 2014 年达到恢复的标准，实际 GDP 和人均实际 GDP 于 2012 年达到新的均衡态。

5.2.3　极重灾区与一般灾区的恢复的差异

将路易斯安那州分为极重灾区——大新奥尔良地区和路易斯安州的其他地区（表 5.21）。对极重灾区来说：从 2005 年 Katrina 飓风破坏开始，大新奥尔良地区的实际 GDP 水平就开始下降，经过 6 年多的恢复重建其实际 GDP 水平仍低于灾前2004年的水平，至2010年底，实际GDP水平是2004年实际GDP水平的88.7%；而人均实际GDP在灾后的6年都高于灾前2004年水平，2006年的人均实际GDP水平达到灾前2004年的近1.2倍。如上所述，这主要是由于灾区部分居民灾后外迁的结果。对极重灾区周围的一般灾区来说：路易斯安那州其他地区的实际GDP水平和人均实际GDP水平趋势基本一致，在灾害发生当年没有显著下降，但是灾后从次年开始有所下降，从2008年开始上升。

表5.2　路易斯安那州灾后6年产业部门发展水平与灾前2004年相比的变化差异

项目	路易斯安那州		大新奥尔良地区		路易斯安那州其他地区	
	最小值	最大值	最小值	最大值	最小值	最大值
所有产业部门	1.00	1.08	0.90	1.03	1.06	1.12
农业	0.94	1.11	—	—	—	—
采矿业	0.89	1.11	—	—	—	—
公用事业	0.84	0.99	—	—	—	—
建筑业	1.00	1.52	0.95	1.28	1.02	1.63
制造业	0.90	1.42	0.91	1.40	0.90	1.43
批发贸易业	0.99	1.02	—	—	—	—
零售贸易业	0.99	1.08	—	—	—	—
交通运输和仓储业	1.00	1.21	—	—	—	—
信息业	0.91	1.01	—	—	—	—
金融保险业	0.86	0.96	0.75	0.89	0.92	1.04
房地产和租赁业	0.96	1.15	0.76	1.05	0.89	1.37
专业、科学和技术服务业	0.96	1.05	—	—	—	—
公司和企业管理业	0.91	1.06	—	—	—	—
行政和废物管理服务业	1.03	1.21	0.96	1.08	1.09	1.35
教育业	0.88	0.95	—	—	—	—
卫生保健和社会保障业	0.93	0.99	—	—	—	—
艺术、文娱演出和娱乐业	0.79	0.97	0.81	0.97	0.72	0.98
住宿和饮食服务业	0.92	1.03	0.75	0.90	1.05	1.18
除政府以外的其他服务业	0.97	1.08	—	—	—	—
政府	0.85	0.99	0.74	0.94	0.91	1.02

注：表中各个产业部门对应于不同地区的最小值和最大值根据Katrina飓风后2005～2010年各年的经济发展水平（以该产业部门占整个美国该产业部门的百分比表示）与灾前2004年经济发展水平比值中的最小值和最大值。

资料来源：美国经济分析署，http：//www.bea.gov

总体来说，根据上述经济恢复判定方法，经过6年多的恢复重建，从实际GDP和人均实际GDP指标来判定，路易斯安州极重灾区和一般灾区总体上都没有达到新的“均衡”状态，即还没有从灾害破坏中恢复过来。

为了分析灾害恢复在产业部门尺度上存在的差异及为灾后恢复进程模拟提供参数。表5.2列出了不同空间尺度下20个产业部门灾后6年（2005～2010年）经济发展水平与灾前的2004年相比的变化①。从表5.2可以看出：①灾后不管是从路易斯安那州整体来看，还是从极重灾区和一般灾区来看，灾后各地区艺术、文娱演出和娱乐业发展水平都出现过明显下降，和灾前的2004年相比，最大下降幅度在20%左右，特别是极重灾区，即大新奥尔良地区金融保险业、房地产和租赁业、住宿和饮食餐饮业出现过明显下降，最大下降幅度在25%左右。②灾后部分产业部门由于重建刺激也出现了膨胀。从最大值可以看出，受灾后重建需求的迅速上升，灾区建筑业和制造业出现过大幅度膨胀，作为一般灾区的路易斯安那州其他地区建筑业和制造业膨胀幅度最大值分别达63%和43%，而极重灾区的建筑业和制造业膨胀幅度最大值小于一般灾区，分别达28%和40%。③对整个路易斯安那州来说，灾后交通运输和仓储业、行政和废物管理服务业的发展水平有所膨胀，而对路易斯安那州其他地区来说，房地产和租赁业、行政和废物管理服务业最大膨胀幅度达35%以上。

5.3 案例：1976年唐山地震和2008年汶川地震的经济影响及恢复对比

5.3.1 1976年唐山地震的恢复

5.3.1.1 研究区域和1976年唐山大地震

研究区域为唐山和河北省其他地区。唐山是河北省的辖区之一。1976年，唐山地区包括唐山市（市区或市中心）和丰南、丰润、滦县、滦南、乐亭、唐海、迁安、迁西、遵化和玉田等10县。自2002年起，丰南和丰润也被纳入唐山市管辖范围。

---

① 2004年以前路易斯安那州没有发生像Katrina飓风这样的重大自然灾害，因此本书将灾前的2004年经济发展水平作为灾前经济发展水平进行对比分析。

1976年7月28日，唐山发生里氏7.8级地震，为我国20世纪最致命的自然灾害。唐山大地震死亡人数为242 469人，其中，89.6%发生在唐山（包括流动人口12 248人）；另有167 539人重伤，541 463人轻伤（邹其嘉等，1997）。1976年，唐山地震的直接经济损失约为100亿美元（Grossi et al.，2006）。由于当时的政治环境，没有国外援助参与重建。

图5.6显示了唐山地震受灾最严重地区的伤亡和损失情况（邹其嘉等，1997）。仅唐山市，死亡人数就达到135 919人，占总人口的12.8%。在死亡人群中，54.8%是女性，34.6%为15岁以下，16.2%为56岁以上。如果假设唐山市在震前的年龄组成与1982年相似，那么这两个年龄组的死亡率均极高，即在这场灾难中，儿童和老人更脆弱。大部分基础设施和建筑物都遭到破坏，唐山市主要工业建筑面积的70.8%和民用建筑面积的95.5%遭到了破坏（图5.6）。

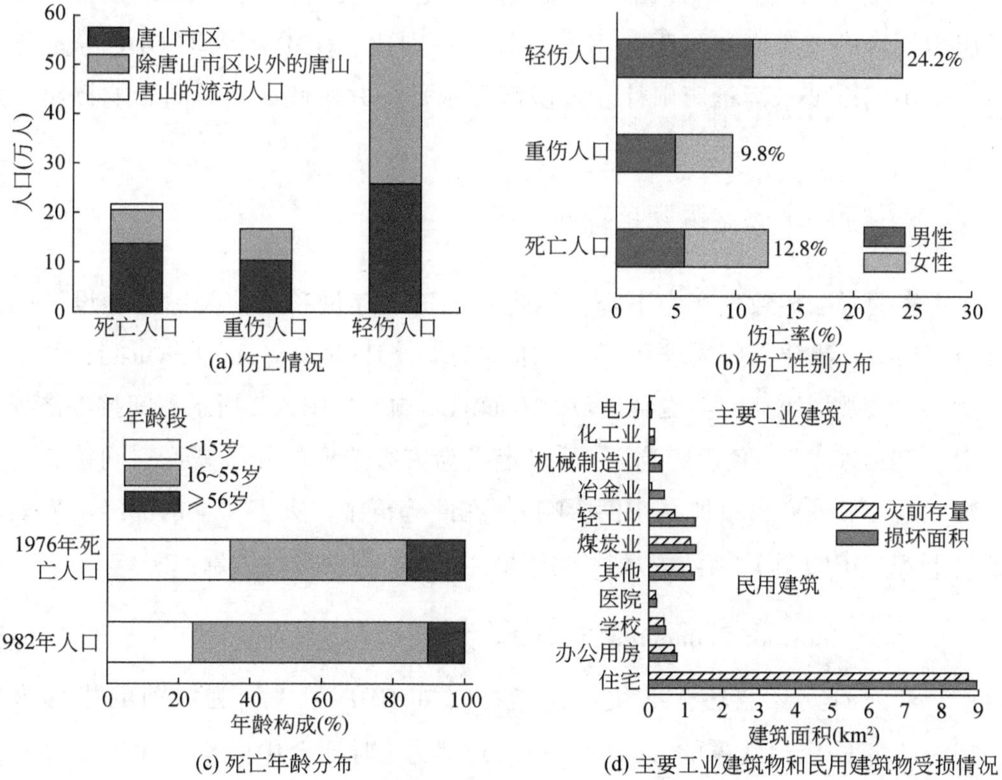

图5.6　1976年唐山地震造成的人员伤亡和财产损失

资料来源：邹其嘉等，1997

唐山大地震已经过去三十多年了，对震后恢复的分析，可以为风险管理人员应对近期或将来不可避免的重大灾害提供借鉴。

5.3.1.2 数据来源

唐山的人口、地区生产总值和人均 GDP 数据来自唐山市统计局《奋进的唐山四十三年》(1949～1992 年) 和《唐山统计年鉴》(1993～2008 年)。河北省地区生产总值和人均 GDP 数据来源于河北省统计局《新河北 60 年》(1949～2009 年)。中国人口和 GDP 来自国家统计局统计资料《新中国六十年统计资料汇编》(1949～2008 年)。GDP 和人均 GDP 数据均按现价计算。相关全国数据来自我国 31 省、自治区和直辖市的统计数据。

5.3.1.3 恢复测量方法

Chang 根据 5.1.4 节提出的灾难恢复判定模型，利用上述统计数据，评估了唐山地区的灾难恢复过程。用人口数、性别比、GDP 和人均 GDP 等量化指标，从不同维度来衡量唐山社会经济恢复水平，并对此次地震的影响提出一定见解。

5.3.1.4 经济影响分析框架

灾害通常会导致生产力下降，而且由于资本存量和其他关键基础设施的直接经济损失，重建部门需求和商品需求均增加 (Hallegatte and Przyluski，2010)。因此，灾区及周边地区会受到正负两方面的影响。如图 5.2 所示，间接经济损失是指“产出损失”(负面影响)，可以定义为灾害造成的经济减产，间接获益是重建促进的额外产出增加 (正面影响)。在此分析中，灾害发生前的经济发展水平 (图 5.2 中的 T_0) 被认为是计算灾害损失或获益的基线情景：

$$\text{Indirect Economic Effects} = \sum_{i=T}^{t^*} [(X_i - X_{T_0-1}) \times Y_i^{\text{China}}] \tag{5-3}$$

式中，X_i 为研究区域的标准化经济指标 (如 GDP)；X_{T_0-1} 为灾前的指标水平 (如 1975 年的唐山地震的 GDP 水平)；Y_i^{China} 为 i 时期全中国按可比价格计算的实际经济指标值 (如按 2005 年不变价格计算的 2008 年中国 GDP)。当 $X_i < X_{T_0-1}$ 时，累计间接经济效应为损失；在恢复过程中当 $X_i > X_{T-1}$ 时，累计间接经济效应为获益。

针对不同的时空尺度对间接经济损失和间接获益的经济影响评估结果可能不同。对于灾区来说，关键产业链节点的破坏可能会对经济产生负面的“涟漪效应”。例如，即使在周边地区发生电力、燃气和运输中断，对整个地方经济体系都有直接影响。

采用恢复测量框架是为了确定唐山和其余地区的恢复过程与恢复期。计算总体经济损失和获益是为了分析这次地震的经济影响。

5.3.2 结果分析

5.3.2.1 人口恢复

图5.7（a）显示了6个严重受损县遭受人口重大损失后的长期趋势。这些县需要1～8年才能恢复到灾前的总人口水平。不同地区人口恢复期的差异显著。丰南县因人口大量流失，历时8年才恢复到震前规模。相反，唐山市（受灾最严重的地区，死亡人数占总数的56%）仅用了4年时间就恢复了原来的人口规模，因为从周边地区涌入大量移民（主要是解放军）参与重建工作，其中一些成为永久居民。其结果可以部分归功于政府支持重建的政策（邹其嘉等，1997）。正是因为这些在地震幸存者中对人口正常增长的补充，从而保证了唐山市人口的快速增长。在这种情况下，外来人口的迁移也促进了人口的快速恢复（邹其嘉等，1997）。由表5.3可知，只用3年时间，唐山地区人口数量就恢复到灾前水平。

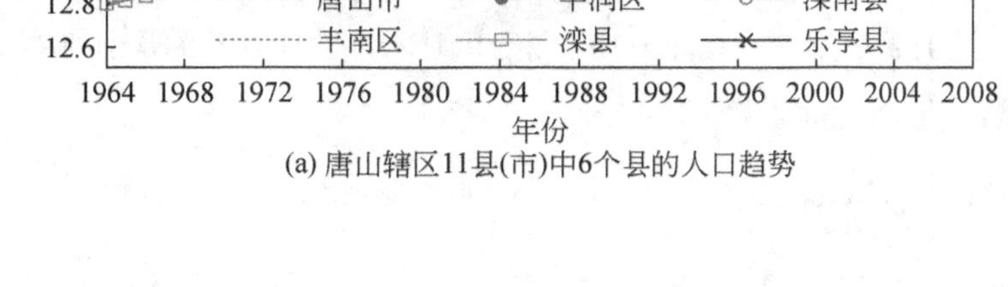

(a) 唐山辖区11县(市)中6个县的人口趋势

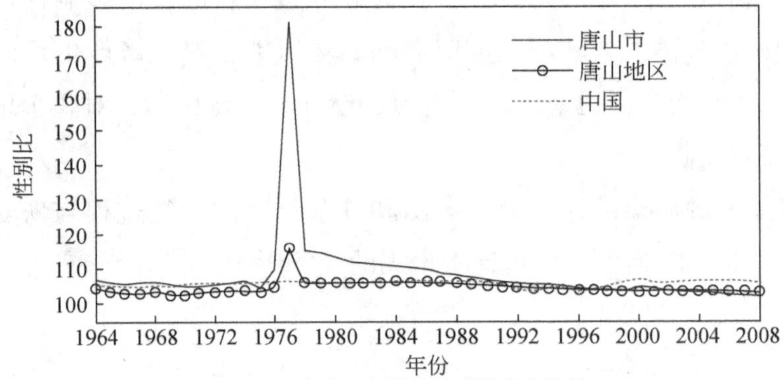

(b) 唐山与全国的性别比变化比较

图 5.7　唐山人口时空恢复

表 5.3　唐山地区不同恢复指标的恢复期对比

	恢复指标	定义	恢复标准	恢复时间（年）
人口	人口数	总人口	恢复到灾前数量	3
	性别比	男性/女性（以女性为100）		23
经济	GDP	GDP 占中国 GDP 的份额	达到新的均衡态	7
	人均 GDP	人均 GDP 与中国人均 GDP 的比值		7
	工业 GDP	产业产值占中国产值的份额		9
	建筑业 GDP	产业产值占中国产值的份额		11
	第三产业 GDP	产业产值占中国产值的份额		12

尽管人口恢复速度相对较快，但性别比在其 23 年后才恢复到震前水平［图 5.7（b）］。由于不同性别在生理因素、家庭因素和风险意识上的差异，唐山地震中女性不成比例地死亡（Neumayer and Plümper，2007）。唐山地区的性别失衡比地震后中国其他地区都严重，特别在唐山市，女性死亡比例极高（邹其嘉等，1997）。唐山市的性别比在 1998 年恢复到震前水平，整整花了 21 年的时间才重新恢复性别平衡，并与中国整体发展趋势相似。

唐山地区人口恢复的空间差异也非常明显。除唐山市外，其他县的人口变化率比全国低，灾难似乎使人口加速向大城市聚集：经济背景和发展环境（如就业机会）吸引着人们前往唐山市，新唐山的居住环境也吸引新居民前往，这也与中国城市化的大背景密切相关。

5.3.2.2　经济恢复

GDP 可作为衡量经济活动产出变化的指标。图 5.8 显示了 1952～2008 年唐山及周边地区的年度 GDP 和人均 GDP 的变化。为了过滤掉与灾难无关的外部影响（如价格膨胀），经济指标被定义为唐山和全国的比值。假定唐山地震对中国整体的影响有限，那么这一度量方法应当能反映地震对当地经济系统的实际影响。本书将在后面讨论这一假设的有效性。图 5.8 显示了唐山和河北其他地区经济指标的波动变化。

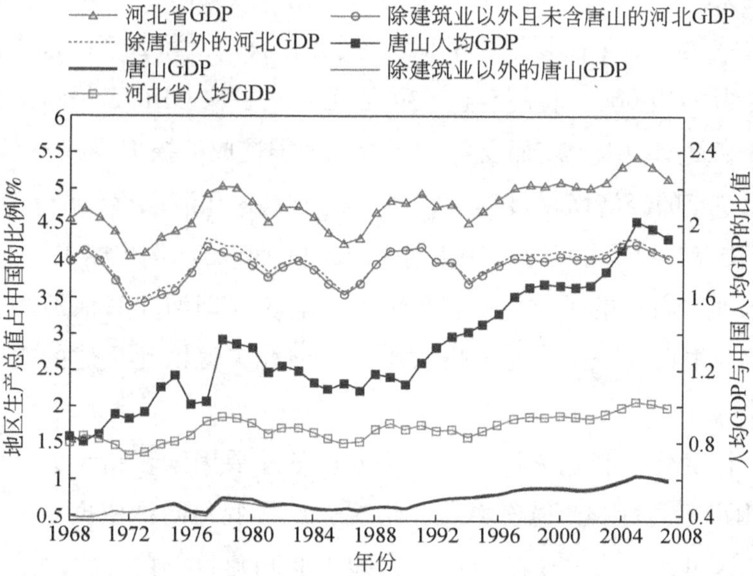

图 5.8　唐山地震后唐山及周边地区的经济恢复

对于唐山地区，GDP 水平（定义为占中国 GDP 的比例）在 1976 年下降了 14.3%（1976 年为 0.6%，1975 年震前为 0.7%），之后在 1982 年达到新的正常水平[①]。经过 2 年的重建（或恢复），GDP 水平首次超过震前（达到 0.8%，相比震前的 0.7%），然后在接下来 5 年内迅速增长（平均为地震前水平的 105.4%）。在接下来的 8 年里（直到 1990 年）波动中有所下降。然而，1991 年起经济发展轨迹开始上升，之后一直保持快速增长。2005 年，唐山 GDP 水平比 1975 年震前高 1.5 倍多。人均 GDP 变化与地区总 GDP 轨迹相似，但变化更加急剧：到 2005 年，人均 GDP 水平（定义为占中国人均 GDP 的比例）比 1975 年震前增长了 1.7 倍。这个结果可以为"灾难提供了更新资本和采用新技术的机会"从而促进经济增长提供依据，也与依据内生增长理论提出的"创造性破坏"这

① 唐山生产水平的变化是以 1975 年灾前水平为基准，人均 GDP 的变化下同。

一概念相吻合（Aghion and Howitt，1998），其可以用来解释为何灾害给整个经济体生产力带来正面效应（Okuyama and Chang，2004；Cuaresma et al.，2008）。

从图 5.8 中可以看出，在 7 年恢复期中，重建对建筑业的刺激作用非常明显：唐山市除去建筑业的地区生产总值与中国 GDP 的比例明显低于这一时期的总体 GDP 比例。其原因主要是灾后重建的需求，尤其是建筑业的需求刺激作用。对于这一现象，日本神户地震是一个突出的例子（Chang，2010）。如果用 2007 年的价格水平累计 7 年恢复期中的 GDP 损失和获益，那么唐山地震造成的间接经济损失约为 37 亿元，间接获益为 39 亿元。似乎从 GDP 净增量的角度看，唐山在此 7 年恢复期中因地震而受益，或者说地震造成的损失得到补偿。

在唐山 7 年的经济恢复过程中，河北其余地区和河北整体的 GDP 水平均高于震前（图 5.8）。河北人均 GDP 与中国人均 GDP 的比例也略高于震前的水平。受灾地区（即唐山）的重建似乎有利于周边地区（即河北其他地区）和河北整体经济发展。中央政府及其他省份对唐山及河北灾区恢复重建的支持可能是背后的主要原因。

经济结构变化是影响灾区经济长久发展的重要因素。图 5.9 显示了 1968 ~ 2007 年唐山市不同行业产值份额变化情况，这些变化同样依据全国水平进行了标准化。在这里，重点关注第二产业，即工业和建筑部门。面对这样一场大地震的挑战，工业产值份额并没有明显下降。这是因为中央给予高度重视，唐山工业生产在物理重建阶段吸收了大量的政府资源，得以迅速恢复。例如，当地建立起许多工厂，用于生产这一时期的重建材料（Chen et al.，1988）。

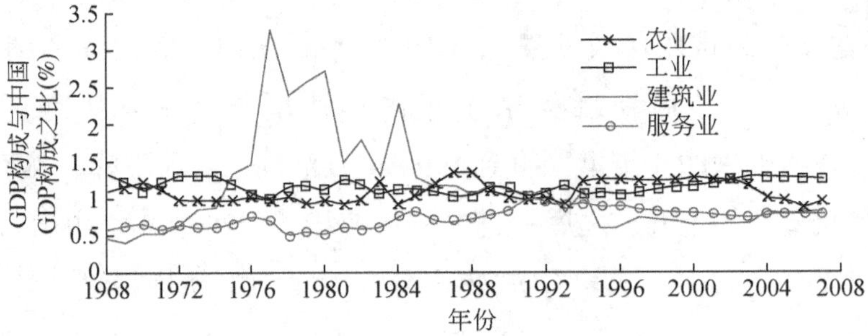

图 5.9 唐山 GDP 构成变化

可以清楚地看到，1976 ~ 1982 年，重建过程对建筑业有较大的促进作用。相较于 GDP 在 7 年内恢复，唐山工业部门经济恢复期更长，9 年后才恢复稳定。建筑业和第三产业的恢复期甚至更漫长（分别为 11 年和 12 年）。在建筑业 11 年恢复期中，有 9 年其生产水平超过震前：期间，年生产水平是灾前的 190% ~ 350%。第三产业的生产水平（灾前的 103.7%）高于灾前，但产量仍远低于工业部门的灾前水平（占灾前的 93.8%），其产值水平在 2001 年才首次恢复。第三产业发展水平从 1985 年起高于震前，建筑业发展水平从 1995 年起低于震前。出现了一种从建筑业到其他产业结构转型（或重优化）的趋势。

唐山的恢复被认为是一个“意外之喜”。为了表彰其杰出的社区重建，该市于 1990 年获得联合国颁发的“人居奖”。唐山经济也转型为新的出口型经济区。这除了震后政府对经济恢复的重视，20 世纪 80 年代以来席卷中国的城市化和社会经济转型，也为唐山的成功复苏做出了贡献。唐山成功复苏，且经济条件最终超越了灾前水平（Shi and Liu，2009；Ge et al.，2010），主要得益于强大的中央政府领导。中央政府领导阶层对灾区拨款优先考虑，减免税收，迅速筹集国家经费和人力、物力。在 2008 年发生的汶川地震中，这一因素同样发挥了重要作用。

唐山的恢复经验为中国灾害损失模型的参数设置提供了初步估计，同时提供了更多见解，可以帮助规划者完善和提高应对未来不可避免的灾害的能力。

5.3.3 讨论

5.3.3.1 对比 2008 年汶川地震

中国灾后的经济复苏模式值得进一步探究。因此，对 1976 年唐山地震和 2008 年汶川地震进行比较分析。图 5.10 显示 2008 年 5 月 12 日汶川 8.0 级地震发生后，四川受灾最严重地区的经济恢复情况。这次地震造成 69 226 人死亡，17 923 人失踪，直接经济损失为 8450 亿元（2008 年）。其中，重灾区的死亡和失踪人数约占总死亡与失踪人口的 97.2%，倒塌房屋约占总数的 42.9%，直接经济损失约占总数的 39.5%（NCDR and MOST，2008）。汶川地震重灾区主要位于山区，这一点与唐山地震不同。

2008 年汶川地震受灾最严重地区的 GDP 水平（定义为占全国 GDP 的比例）比 2007 年下降了 35.4%。经过 3 年的重建，该地区 GDP 水平还没有恢复到震前，但由于重建需求的刺激，四川其他地区的 GDP 水平在这 3 年中呈现急速发展。2010 年四川人均 GDP 水平（定义为与中国人均 GDP 的比值）比 2007 年震前增长 10.0%。四川汶川地震重灾区及周边地区（四川其他地区）的经济恢复

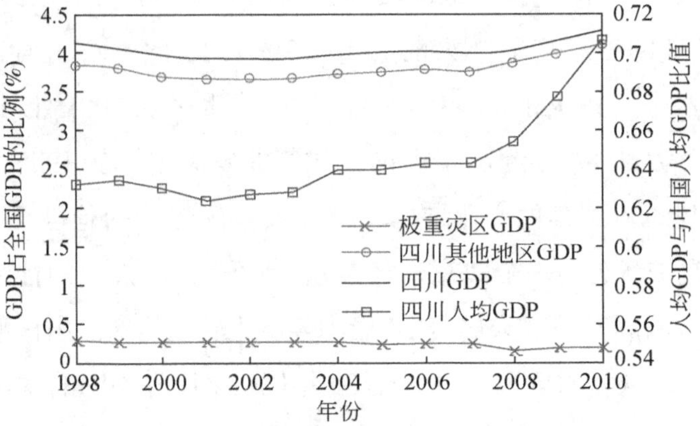

图 5.10　2008 年汶川地震后四川重灾区的经济复苏

轨迹与唐山地震周边地区灾后头 3 年的情况类似。然而，汶川地震重灾区的 GDP 水平经过 3 年以上才超过震前。

与其他经济指标的变化相比，唐山和四川震后人均 GDP 的显著改变值得进一步讨论和解释。首先，灾后的外部援助在短期内保证了灾区 GDP 的快速恢复。其次，幸存者带来人口红利，如灾后人口减少导致人均土地资源增加，这是短期内唐山地区人均 GDP 提高的重要因素。再次，就像汶川地震后发生的那样，地震后可能会出现劳动力短缺、劳动力供给不足，造成工资上涨，均可能导致人均 GDP 增加。最后，唐山震后恢复过程中，当地人口增速低于 GDP 增速，导致人均 GDP 水平有显著提高。

通过对重灾区（如 1976 年的唐山）的分析，灾害直接经济损失可能会降低产能，造成供需短缺。由于经济体系内部的瓶颈效应（也称为“涟漪效应”），少量直接经济损失可能会造成巨大经济破坏（Hallegatte，2008）。在恢复期间，瓶颈效应的程度会一直变化，恢复所需的时间对于确定整体间接经济损失十分关键。同时，在重建需求激增、外部援助存在的情况下，中央政府实施的鼓励和优惠政策可对当地经济产生积极影响。然而，当重建支出的成本转移到该地区的受害者身上时（如当经济状况恢复到“正常”，没有优惠政策和外部援助时），重建的收益与减少的家庭支出相抵（Cochrane，1997）。受灾最严重的地区也有机会在经济复苏过程中重新优化经济结构，并有可能实现可持续增长。

对于周边地区（如 1976 年唐山地震中河北其他地区），如果买不到重灾区生产的关键材料和替代品，那么重灾区的间接经济损失可能会扩散到周边地区；

然而，这些负面影响有限。通过加快周边地区的生产（增加工时或生产设备），可以满足重灾区的供应短缺和重建需求。这种增产由利润驱动，灾后重建导致需求增加，一些商品价格通常会因此上涨。

最重要的是，重灾区和周边地区都存在间接经济损失和间接收益；其相对量取决于外部援助的大小、先前经济发展条件、保险和救灾制度，以及过往应灾经验等制约因素。对于唐山地震来说，中国社会经济的繁荣可能是唐山经济成功复苏的主要原因。

唐山大地震和汶川大地震时中国都没有建立完善的地震保险制度，如汶川地震的保险赔款不到直接经济损失的0.3%（Wu et al.，2012）。在没有保险的情况下，重建资金主要来自政府。唐山从震后到1987年底，各级政府（中央、省级和地方）的重建投资共达49亿元（邹其嘉等，1997）。汶川地震发生后，政府也对灾区推行了积极的灾后重建政策。除中央政府提供的重建资金外，18个省（市）还向四川18个对口县（区）提供不低于上年度一般预算收入1%的援助。因此，政府对灾区的援助确保了经济的快速恢复。

唐山地震和汶川地震的案例都表明，至少在短期内，破坏效应可以使周边地区受益。但是，对于重灾区来说，难以判断灾难对当地经济是有利还是有害。而Guimaraes等（1993）提出，如果灾区获得的外部转移资金用于弥补损失后还有节余，那么灾区可能从恢复工作中受益。

5.3.3.2 不足与展望

本书为特大灾害恢复和自然灾害对区域经济的影响提供了一些重要见解。然而，还在一些不足，还需对灾害恢复案例进行深入研究才能更好地理解自然灾害如何影响区域经济。

首先，尽管唐山间接经济损失、间接收益的计算存在争议，即假设在无灾害发生情况下，经济发展水平（即唐山GDP占中国GDP的份额）等同灾前，但这一假设基于唐山的经济活动只占中国经济一小部分的事实。另一必需假设的是，地方灾难性冲击可能不会对发展中国家宏观经济带来负面影响，Albala-Bertrand（1993）的研究结果支持这一观点。其可能并不能反映地震破坏——尤其是震后不久的真实经济后果，但有益于指示出区域范围内受灾程度的大小。

其次，唐山的灾害数据来源于《唐山地震灾区社会恢复与社会问题研究》

一文（邹其嘉等，1997），该书对唐山地震的社会恢复进行了全面且客观地评估。尽管评论家和公众质疑唐山地震伤亡人数的准确性，但从这些原始灾难数据中可以获得有统计意义的结果。但是，更多、更精确的新近灾害事件数据（如汶川地震数据）可能会利于进一步确定灾后恢复过程及特征。

再次，书中统计的人口数据不包括未登记的人口。这一不完善之处可能会影响人口数据绝对值，但能获得相对合理的人口趋势。另外，本研究所使用的经济数据全部来源于统计书籍，GDP 和人均 GDP 的统计值均使用当年价格。

最后，将唐山长期以来经济发展的所有变化归因于地震是否合理？这一点尚未明确。但至少有两个因素表明经济改善主要是由于地震。第一，唐山地震是唐山 50 年来最大的一次灾难，在此期间没有发生过其他巨大灾害。第二，虽然宏观经济政策改革对全国经济发展有促进作用，且在全国各地可能有不同程度的影响，但没有证据表明唐山比其他地区受益更多。

当然，不同行业的恢复途径差异显著，不仅需要了解灾后恢复在特定时间框架内的收益情况，还需要了解其如何随空间改变。针对经济结构或区域间经济规模的更详细分析将为灾后恢复研究提供有意义的见解。例如，Yamano 等（2007）对电力中断模拟进行研究，并对其进行区域间投入产出分析。同样的还有 Okuyama（2010）对 2004 年印度洋地震和海啸进行研究，探究经济影响的国家间波及影响。

5.4 案例：2008 年汶川地震经济影响的计量经济学分析

在灾害经济影响评估中，宏观经济影响和动态损失评估方面研究较少，并且较少涉及灾害对受灾区域和周围其他区域影响的差异。在上述地震恢复进程度量的基础上，本节基于 ARIMA 模型（auto-regressive integrated moving average model），以 2008 年汶川地震灾区四川省为研究区域，利用 GDP 比率损失（GDP-loss-ratio）为评价依据，并考虑地震灾害对四川省 10 个严重受灾区县和周边其他区域的不同影响，分别评估了四川省严重受灾区域和周围其他区域灾后几年的 GDP 比率损失动态变化。研究结果显示，地震灾害对严重受灾区经济产生先抑制后促进的影响，而对周围其他区域呈现更为明显的积极影响，从而明确了在短中时期内，灾害对不同受灾程度区域的宏观经济影响，有助于合理评估灾害的经济影响，促进灾后恢复策略的优化和有效实施。

5.4.1 方法与数据

灾害发生后，由于受灾区域经济发展水平、防御灾害能力、恢复重建策略等的不同，可能产生不同的宏观经济影响，可进一步总结为 4 种典型的影响情景（图 5.11）：第一种是因灾得利型（情景 A），由于灾后重建时调整资源高效利用，刺激经济的发展和技术的变革，结果灾害会对经济总体产生积极影响；第二种是因灾受损（情景 D），灾害冲击导致经济发展的倒退，对长期经济发展不利，且很难恢复到灾前发展轨迹上来。第三种和第四种情景是灾害所造成的不利影响作用一段时期后，经济发展恢复到原来轨道（情景 B 和情景 C），这是由于灾害冲击的消极影响和恢复重建的积极刺激在一段时期后补偿均衡。一般情况下，对于地震灾害，多适合于情景 B 和情景 A，这是因为震后的恢复重建往往对经济具有较明显的刺激作用。

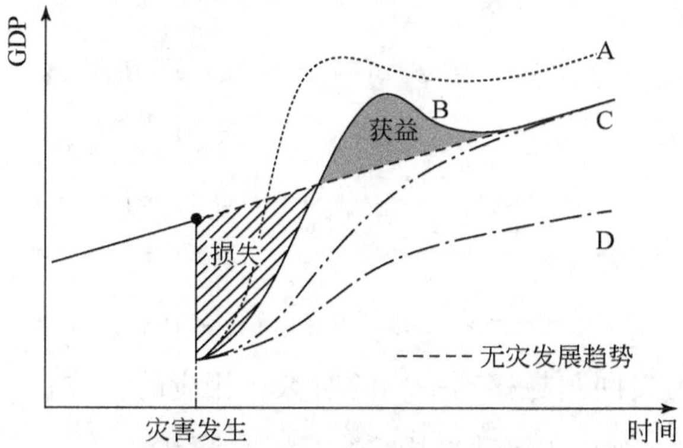

图 5.11 灾害对 GDP 可能产生的影响

灾害的宏观经济影响可以通过对比无灾和有灾的经济发展轨迹进行评估。根据不同情景下的灾后经济情况，可以计算出无灾情景下的发展轨迹和灾害发生后实际轨迹之间的差值，即为 GDP 损失（L）：

$$L = GDP_{pro} - GDP_{obs} \tag{5-4}$$

式中，GDP_{pro}为预测 GDP 轨迹，通过计量经济模型模拟获得；GDP_{obs}为实际 GDP 轨迹，由经济统计资料获得；L 为宏观经济（GDP）损失（$L>0$，损失；$L<0$，受益）。即若能够模拟出无灾的经济发展轨迹，就可以与实际有灾经济发展轨迹进行对比，评价灾害的宏观经济影响。

5.4.1.1 ARIMA 模型

计量经济学中的 ARIMA 模型，可以利用时间序列的自身规律动态预测经济指标的变化，常用于对宏观经济指标 GDP 的变化分析，在评估灾害的宏观经济影响中（Hochrainer，2006），当基础数据资料较难获得时或对不需详细明确灾害对经济系统内部作用时，可以较为方便地对灾害进行经济影响的动态预测分析。

ARIMA 模型是 ARMA 模型（auto-regressive and moving average model）的一种变换。ARMA 模型称为自回归移动平均模型，模型是由自回归模型（auto-regvessive model，AR 模型）与滑动平均模型（moving average model，MA 模型）为基础“混合”构成。若时间序列值 x_t 是现在干扰值 ε_t 和过去干扰值 ε_{t-i} 及过去的序列值 x_{t-i} 的线性组合，则称此模型为 ARMA 自回归移动平均模型，相应的序列 x_t 称为自回归移动平均序列，x_t 的自回归移动平均模型公式如下：

ARMA（p，q）模型为

$$x_t=\varphi_1 x_{t-1}+\varphi_2 x_{t-2}+\cdots+\varphi_p x_{t-p}+\varepsilon_t+\theta_1\varepsilon_{t-1}+\theta_2\varepsilon_{t-2}+\cdots+\theta_q\varepsilon_{t-q} \tag{5-5}$$

AR（p）模型即为

$$x_t=\varphi_1 x_{t-1}+\varphi_2 x_{t-2}+\cdots+\varphi_p x_{t-p}+\varepsilon_t \tag{5-6}$$

MA（q）模型即为

$$x_t=\varepsilon_t+\theta_1\varepsilon_{t-1}+\theta_2\varepsilon_{t-2}+\cdots+\theta_q\varepsilon_{t-q} \tag{5-7}$$

式中，p，q 分别为自回归与移动平均的阶数；相应的参数 φ_1，φ_2，…，φ_p 与 θ_1，θ_2，…，θ_q 分别为自回归和移动平均系数，ε_t 为误差。

为使模型简单，引入后移算子 B，使

$$Bx_t=x_{t-1},\ B^m x_t=x_{t-m} \tag{5-8}$$

则 ARMA（p，q）模型可简化为

$$\varphi(B)\ x_t=\theta(B)\ \varepsilon_t \tag{5-9}$$

式中，$\varphi(B)=1-\varphi_1 B-\varphi_2 B^2-\cdots-\varphi_p B^p$；$\theta(B)=1+\theta_1 B_1+\theta_2 B^2+\cdots+\theta_q B^q$。

由于 ARMA 模型要求数据序列平稳，若时间序列值 x_t 在 d 阶差分后平稳，则 ARIMA（p，d，q）模型为

$$\varphi(B)\ \nabla^d x_t=\theta(B)\ \varepsilon_t \tag{5-10}$$

式中，p，d，q 分别表示自回归、差分和移动平均的阶数；B 为后移算子；∇ 为

差分算子，$\nabla = 1 - B$。该式又称为自回归求和移动平均模型（auto-regressive integrated moving average model，ARIMA）。

利用计量经济软件（如 Eviews 等）可以较方便地实现 ARIMA 模型的建模过程，建模过程主要是确定各个阶数 p、d、q 并估计参数。通常 d 值不会太大，只要序列满足平稳性条件就可不必差分了，且差分次数过多会造成信息损失，影响模拟效果；而 p、q 的值并不唯一，只要模型通过检验，p、q 可以有多重组合取值，此时，一般通过 AIC（Akaike information criterion）信息准则来选择最优解。确定了阶数和参数之后，可以据此推断预测序列随时间的变化情况。

5.4.1.2 研究区及数据处理

本节不直接使用 GDP 数值，而用 GDP 比率来表示区域宏观经济水平，用 GDP 比率的百分比损失表示灾害造成的宏观经济损失。所谓 GDP 比率，这里是指区域当年 GDP 与全国当年 GDP 的比值。采用 GDP 比率具有以下几方面优点：一方面，比值消除了不同年份的价格指数变动对名义 GDP 的影响，使之具有可比性；另一方面，由于以全国作为基准，在一定程度上消除了其他全国性因素（如国内外贸易、政策等宏观经济形势）对研究区 GDP 的影响，减小了干扰项，突出了灾害的经济影响，使分析更为合理和可信。

根据国家减灾委员会抗震救灾专家组对 2008 年汶川地震灾情的评估可知（国家减灾委员会科学技术部抗震救灾专家组，2008）：四川省内一共有 10 个极重灾县和 26 个重灾县，主要分布在德阳市、绵阳市和广元市。依据灾情评估结果，本研究将德阳市、绵阳市和广元市作为重灾区，四川省其他区域作为周边其他区域，分别研究地震对严重受灾区域和周边其他区域 2008 ~ 2011 年的宏观经济影响，该影响以 GDP 比率损失表示。

本研究的数据采用四川省 GDP 比率序列，其中四川省各州市 GDP 序列数据来源于《四川统计年鉴》（1986 ~ 2011 年），全国 GDP 序列来源于《中国统计年鉴》（1986 ~ 2011 年），均以当年价格指数表示，由此可计算出四川省严重受灾区域和其他区域 1986 ~ 2011 年的 GDP 比率序列。首先，利用 1986 ~ 2007 年的 GDP 比率时间序列数据构建 ARIMA 模型；然后，预测无灾情景下重灾区和周围其他区域 2008 ~ 2011 年的值；最后，通过 GDP 比率预测值（无灾情境下）与灾后实际值的对比分析灾害的宏观经济影响。

5.4.2 结果分析

由于严重受灾区和周围其他区域 1986 ~ 2007 年的 GDP 比率原始序列（图 5.12），都是非平稳序列，但在一次差分后都在 1% 水平通过平稳性检验。因此，ARIMA 模型差分阶数均为 $d=1$；通过模型自身约束及 AIC 准则选择 p、q 取值，则严重受灾区取 $p=4$、$q=3$，其他区域取 $p=7$、$q=4$。

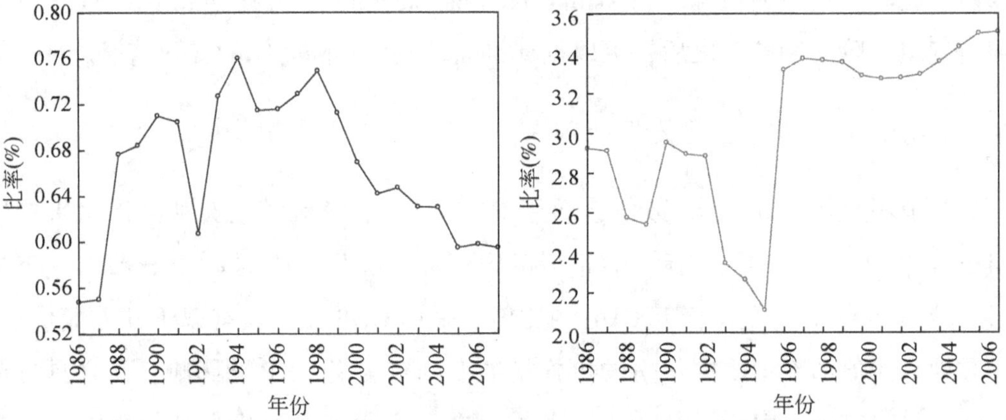

(a) 严重受灾区GDP比率/%　　(b) 其他区域GDP比率/%

图 5.12　1986 ~ 2007 年 GDP 比率的原始时间序列

模型识别结果：严重受灾区为 ARIMA（4，1，3），其他区域为 ARIMA（7，1，4），表达式分别如式（5-11）和式（5-12）所示：

$$(1-0.19B+0.19B^2-0.03B^3-0.10B^4)(1-B)x_t = (1-0.39B+0.38B^2-0.98B^3)\varepsilon_t-0.01 \tag{5-11}$$

$$(1+0.21B^2+0.20B^3+0.11B^5)(1-B)x_t = (1-0.99B^4)\varepsilon_t+0.05 \tag{5-12}$$

调整后的可决系数分别为 0.90 和 0.94，且残差序列可以近似认为白噪声序列，说明可以较好地拟合序列。

通过 ARIMA 模型方程预测可得到地震未发生的情景下 2008 ~ 2011 年的 GDP 比率推测值。

图 5.13 为重灾区和周围其他区域 GDP 比率的推测值（虚线）与实际值（实线）的比较。可以看出，在地震发生的当年和随后两年，严重受灾区的经济发展轨迹低于原有水平，在灾后第三年其 GDP 比率有所回升；而周边其他地区则受益较为明显，灾后几年的 GDP 比率都高于原有水平。

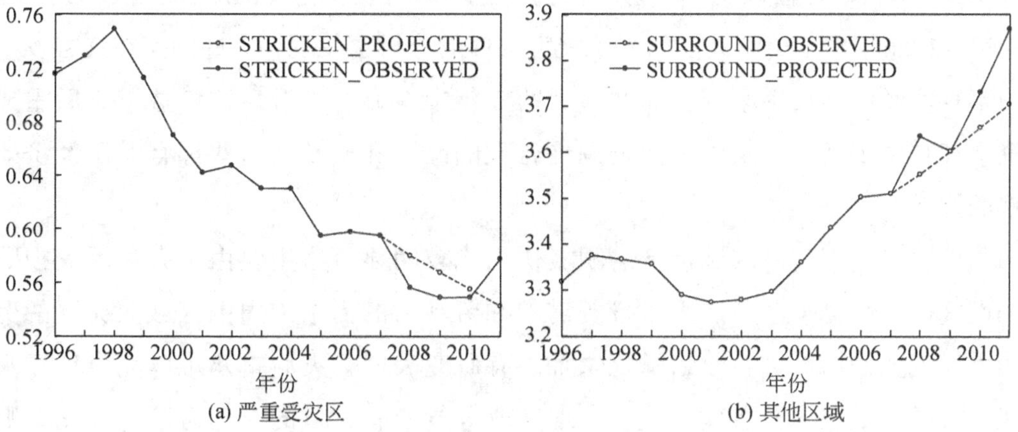

图 5.13　GDP 比率推测值（虚线）与实际值（实线）

表 5.4 为 GDP 比率推测值与实际值的具体数值比较，其中严重受灾区 2008 年、2009 年、2010 年和 2011 年的 GDP 比率损失分别为 0.02%、0.02%、0.01%和-0.04%，GDP 流量损失呈现短期受损后再受益的过程，灾区社会财富存量累计在灾后短期内表现为受损；其他区域则在总体上表现为受益，2008～2011 年其 GDP 比率增加值分别为 0.08%、0.00%、0.08%和 0.16%，社会财富累计存量也不断增加。总之，由于灾害本身的影响及恢复重建等措施，严重受灾区周围的其他区域受益较多，这主要是受灾区重建需求膨胀刺激了经济的发展，而严重受灾区的经济发展趋势则存在诸多不确定性，如外部援助的退出、国家优惠政策的取消和外部经济环境的变化等。

表 5.4　四川省 2008～2011 年 GDP 比率推测值（无灾情景）与实际值（灾后实测）比较

（单位：%）

年份	灾区实际 GDP 比率	其他区实际 GDP 比率	灾区推测 GDP 比率	其他区推测 GDP 比率	灾区 GDP 比率损失	其他区 GDP 比率损失
2008	0.56	3.64	0.58	3.55	0.02	-0.08
2009	0.55	3.60	0.57	3.60	0.02	-0.00
2010	0.55	3.73	0.55	3.65	0.01	-0.08
2011	0.58	3.87	0.54	3.70	-0.04	-0.16

汶川地震对德阳、绵阳、广元等严重受灾区域的宏观经济表现出先负面后正面的影响。这种现象一方面由于地震造成的损失较大，重灾区对灾害的承受相对缺乏恢复力，灾害当年损失惨重；另一方面也由于恢复重建中资金的需求

与供给在时间上难以对等，从而可能出现时滞效应。Charvériat（2000）对1980～1996年拉丁美洲地区的多个灾害事件的分析也发现，一些国家在灾害发生当年真实经济增长率下降，而在随后的2年中有显著上升。这得益于灾后重建资金和技术革新，以及对灾区资源更合理的配置和调整，这些都有助于经济效率的提升。

地震对周围其他区域经济的积极作用比较明显。这主要由于大量因灾损毁的设施需要恢复重建，加大了投资需求和劳动力的需求，周围区域向灾区的劳动力和资金输出增加，收入随之增加。有研究表明，灾后重建难以完全依靠灾区本身的力量完成，在建筑业、房地产业等行业有大量的劳动力输入（东北财经大学经济与社会发展研究院课题组，2008）；并且由于灾区社会财产存量损毁较多，短期内对周边区域的消费也有所增加。

此外，从四川省整体来看，其经济增长水平的变化不显著，这是由于在灾后较短时期内恢复重建对严重受灾区和其他区域的正负作用有一定的抵消，并通过贸易、劳务流动等消化，在较大的尺度上体现不明显。也有研究如Albala-Bertrand（1993）发现，在地震灾害发生2年内，一些国家GDP出现较大增长，说明在较大尺度上，地震灾害由于发生频率低、损失大，会表现出熊彼特效应，刺激灾后经济的发展。

本节基于ARIMA模型，以四川省为研究区域，利用GDP比率损失为评价依据，通过对比灾后实际GDP变化与ARIMA模型预估无灾时的GDP发展轨迹，评估了汶川地震对四川省严重受灾区域和周边其他区域的宏观经济影响。结果显示，从短期来看，地震灾害发生后，对严重受灾区的经济产生先抑制后促进的影响，而对周围其他区域则产生积极的经济影响，但对于四川省来讲，其宏观经济影响不太显著。

因此，地震灾害损失评估中，要区分灾害影响针对的区域。因为，不同区域遭受的损失及经济系统承受能力也不同，尤其是对于重灾区，由于其重建投入可能会对周围其他区域产生溢出效应（刚健华和何青，2011），但其自身经济系统却并未恢复，且这种隐形的损失常常易被周边区域的受益所掩盖而忽视，这说明资金和投入应进一步合理调整和配置。而且，对于不同的评价尺度，灾害的宏观经济影响表现不同，这是因为不同的评价范围其经济成本不同，如本书中重灾区GDP比率受损而周边区域受益，但放大到四川省尺度则表现不明显，因为经济系统内部盈亏相抵，而在全国尺度，则还需考虑救灾和重建的机会成本。总之，灾后恢复重建应合理评估灾害造成的直接经济损失和间接经济损失，避免投入缓慢、不足或过度的极端情形，保证资金供给和需求的相对平衡。

此外，上述宏观经济影响评估也存在一些有待改进的地方。首先，ARIMA模型注重从序列自身发掘规律，没有涉及影响经济变化的其他因素，而是认为它们都反映在GDP比率序列中，因此，缺乏灾害对宏观经济影响的量化机理分析。其次，由于中国统计制度的改革，统计数据口径有所变化，虽然通过GDP比率时间序列过滤掉部分影响，但是GDP比率时间序列的稳定性问题也会对评估结果产生影响。同时，从长期来说，地震对重灾区和周围地区的影响变化需要搜集更多数据进一步证实。再次，灾后的实际GDP比率，包含了四川省外人力、物力和财力投入等援助的加速重建作用，而本书未考虑这些外部投入的机会成本，仅从地区角度考虑灾害的宏观经济影响。最后，可以进一步分析灾后加速重建投入速度对宏观经济的影响。

5.5 本章小结

重大自然灾害的发生给政府管理者带来了越来越大的挑战，灾害恢复研究对于更加有效地进行灾后风险管理决策具有重要意义。本章首先从“均衡”的角度界定了灾害恢复的概念，并从灾害影响的基础设施、经济、社会和自然环境4个维度提出了灾害恢复的度量指标体系，进而完善灾害恢复度量的判定模型，为灾害恢复定量化研究提供了较完善的理论和方法。并以2005年美国Katrina飓风对路易斯安州的影响、1976年唐山地震和2008年汶川地震恢复为例，分析了灾后GDP和人口恢复进程，初步验证了度量框架的实用性。最后，基于灾害恢复框架讨论了基于计量经济学方法评估地震经济影响的方法。

本书仍存在一些不足。

1）本书虽然提出了灾害恢复的度量框架，但是由于数据限制，仅从GDP和人口指标来检验度量框架的有效性。通常来说，基础设施的恢复速度要快于经济恢复，而社会和自然环境恢复的速度要滞后于经济恢复，GDP和人口恢复的进程可以从一定程度上反映整个灾区恢复所处的阶段。今后需要从社会、自然环境和基础设施等多个维度进行灾害恢复的实证研究，以验证灾害恢复评估框架的有效性。其次，灾害恢复受灾前社会经济发展水平、灾害类型、国家大小、国民教育水平等多方面的影响，需要更多的案例对比研究，发掘灾害恢复的规律。

2）鉴于目前灾害间接经济损失评估模型构建的需求，灾后的经济恢复研究应注重部门尺度和空间尺度的恢复参数提取和规律总结。首先，第一、第二和第三产业的性质不同，同样的灾害打击对各部门的影响各异，如交通和电力等“生命线”部门的波及效应可能使未受灾害直接破坏的企业遭受损失，其恢复机理更加复杂。其次，灾害破坏在空间上有所差异，根据统计数据获得的结果可能掩盖灾害恢复的空间差异规律。

主要参考文献

陈静，杨旭光，王静爱 . 2008. 巨灾后幸存者心理恢复力初步探究——以 1976 年唐山地震为例 . 自然灾害学报，17（1）：89-91.

东北财经大学经济与社会发展研究院课题组 . 2008. 汶川地震灾害对中国经济影响的分析与评价 . 经济研究参考，39：2-23.

刚健华，何青 . 2011. 日本大地震的溢出性经济影响与中国对策 . 经济理论与经济管理，（6）：69-76.

国家减灾委员会科学技术部抗震救灾专家组 . 2008. 汶川地震灾害综合分析与评估 . 北京：科学出版社 .

李宁，吴吉东，崔维佳 . 2012. 基于 ARIO 模型的汶川地震灾后恢复重建期模拟 . 自然灾害学报，21（2）：68-75.

刘婧，史培军，葛怡，等 . 2006. 灾害恢复力研究进展综述 . 地球科学进展，21（2）：211-218.

钱学森，于景元，戴汝为 . 1990. 一个科学的新领域——开放的复杂巨系统及其方法论 . 自然杂志，13（1）：3-10.

吴春生，王文杰，刘孝富，等 . 2012. 基于 TM 遥感数据的汶川地震极重灾区生态恢复研究 . 地球信息科学学报，14（5）：666-672.

吴吉东，李宁 . 2012. 浅析灾害间接经济损失评估的重要性 . 自然灾害学报，21（3）：15-21.

吴吉东，李宁，周扬，等 . 2013. 灾害恢复度量框架——Katrina 飓风灾后恢复应用案例 . 自然灾害学报，22（2）：1-6.

赵延东 . 2007. 社会资本与灾后恢复——一项自然灾害的社会学研究 . 社会学研究，（5）：164-187.

邹其嘉，王子平，陈非比，等 . 1997. 唐山地震灾区社会恢复与社会问题研究 . 北京：地震出版社 .

Aghion P, Howitt P. 1998. Endogenous Growth Theory. Cambridge: MIT Press.

Albala-Bertrand J M. 1993. Natural disaster situations and growth: A macroeconomic model for sudden disaster impacts. World Development, 71 (9): 1417-1434.

Albala-Bertrand J M. 1993. The Political Economy of Large Natural Disasters: With Special Reference to Developing Countries. Oxford: Clarendon Press.

Burby R J. 2006. Hurricane Katrina and the paradoxes of government disaster policy: Bringing about wise governmental decisions for hazardous areas. The Annals of the American Academy of Political and Social Science, 604 (1): 171-191.

Burton C, Mitchell J T, Cutter S L. 2011. Evaluating post-Katrina recovery in Mississippi using repeat photography. Disasters, 35 (3): 488-509.

Chang S E, Nojima N. 2001. Measuring post-disaster transportation system performance: The 1995 Kobe earthquake in comparative perspective. Transportation Research Part A, 35 (6): 475-494.

Chang S E. 2010. Urban disaster recovery: A measurement framework and its application to the 1995 Kobe earthquake. Disasters, 34 (2): 303-327.

Charvériat C. 2000. Natural Disasters in Latin America and the Caribbean: An Overview of Risk. Research Department Working Paper 434. Washington: Inter-American Development Bank.

Chen Y, Tsoi K L, Chen F, et al. 1988. The Great Tangshan Earthquake of 1976: An Anatomy of Disaster. Oxford: Pergamon Press.

Cochrane H C. 1997. Economic impacts of a midwestern earthquake. The Quarterly Publication of NCEER, 11 (1): 1-5.

Cuaresma J C, Hlouskova J, Obersteiner M. 2008. Natural disasters as creative destruction: Evidence from developing countries. Economic Inquiry, 46 (2): 214-226.

ECLAC (Economic Commission for Latin America and the Caribbean). 2003. Handbook for Estimating the Socio-economic and Environmental Effects of Disaster. Mexico City: ECLAC.

FEMA (Federal Emergency Management Agency). 2011. National Disaster Recovery Framework. Washington: Federal Emergency Management Agency.

Finch C, Emrich C T, Cutter S L. 2010. Disaster disparities and differential recovery in New Orleans. Population Environment, 31 (4): 179-202.

Ge Y, Gu Y, Deng W. 2010. Evaluating China's national post-disaster plans: The 2008 Wenchuan earthquake's recovery and reconstruction planning. International Journal of Disaster Risk Science, 1 (2): 17-27.

Grossi P, del Re D, Wang Z. 2006. The 1976 Great Tangshan Earthquake: 30- Year Retrospective. http://www.doc88.com/p-678120447770.html [2015-05-30].

Guimaraes P, Helfner F L, Woodward D P. 1993. Wealth and income effects of natural disasters: An economic analysis of Hurricane Hugo. Review of Regional Studies, 23 (2): 97-114.

Haas J E, Kates R W, Bowden M J. 1977. Reconstruction Following Disaster. Cambridge: MIT Press.

Hallegatte S. 2008. An adaptive regional input-output model and its application to the assessment of the economic cost of Katrina. Risk Analysis, 28 (3): 779-799.

Hallegate S, Pruzyluski V. 2010. The economics of natural disasters. Annual Review of Resource Economics, 3 (1): 279-312.

Hochrainer S. 2006. Macroeconomic Risk Management Against Natural Disasters. Deutscher Universitats-Verlag, 3 (1): 168-185.

Jonkman S N, Maaskant B, Boyd E, et al. 2009. Loss of life caused by the flooding of New Orleans after Hurricane Katrina: Analysis of the relationship between flood characteristics and mortality. Risk Analysis, 29 (5): 676-698.

Kates R W, Colten C E, Laska S, et al. 2006. Reconstruction of New Orleans after Hurricane Katrina: A research perspective . Proceedings of the National Academy of Sciences, 103 (40): 14653-14660.

Lin C Y, Lo H M, Chou W C, et al. 2004. Vegetation recovery assessment at the Jou-Jou Mountain landslide area caused by the 921 Earthquake in Central Taiwan. Ecological Modelling, 176 (1-2): 75-81.

Liu A, Fellowes M, Mabanta M. 2006. Special Edition of the Katrina Index: A One-Year Review of Key Indicators of Recovery in Post-Storm New Orleans. Washington: The Brookings Institution.

Mitchell J K 2008. Including the capacity for coping with surprise in post- disaster recovery policies: Refcection on the experience of Tangshan, China. Behemoth. A Journal on Civilisation, 1 (3): 21-38.

Mileti D S. 1999. Disasters by Design: A Reassessment of Natural Hazards in the United States. Washington: Joseph Henry Press.

Mills J W. 2008. Understanding disaster: GI Science contributions in the ongoing recovery from Katrina. Transactions in GIS, 12 (1): 1-4.

NCDR (National Commission for Disaster Reduction), MOST (Ministry of Science and Technology of China) . 2008. Wenchuan Earthquake Disaster: A Comprehensive Analysis and Evaluation. Beijing: Science Press.

Neumayer E, Plümper T. 2007. The gendered nature of natural disasters: The impact of catastrophic events on the gender gap in life expectancy, 1981-2002. Annals of the Association of American Geographers, 97 (3): 551-566.

Okuyama Y. 2010. Globalization and localization of disaster impacts: an empirical examination. CESifo Forum, 11 (2): 56-66.

Okuyama Y, Chang S E. 2004. Modeling Spatial and Economic Impacts of Disasters. New York: Springer.

Quarantelli E L. 1999. The Disaster Recovery Process: What We Know and do not Know from Research.

Newark：Disaster Research Center，University of Delaware.

RMS（Risk Management Solutions）. 2005. Hurricane Katrina：Profile of a Super Cat. Newark：Risk Management Solutions.

Shi P，Liu Y. 2009. Chinese paradigm for integrated large scale disaster risk governance. Journal of US-China Public Administration，6（6）：18-28.

UNISDR. 2004. Living With Risk：A Global Review of Disaster Reduction Initiatives. Geneva：UNISDR

Wu J，Li N，Hallegatte S，et al. 2012. Regional indirect economic impact evaluation of the 2008 Wenchuan Earthquake. Environmental Earth Sciences，65（1）：161-172.

Yamano N，Kajitani Y，Shumuta Y. 2007. Modeling the regional economic loss of natural disasters：The search for economic hotspots. Economic Systems Research，19（2）：163-181.

Zhou B，Li Z，Wang X，et al. 2011. Impact of the 2008 ice storm on moso bamboo plantations in southeast China. Journal of Geophysical Research，116：G00H06.

6

基于IO模型的灾害间接经济损失模拟

6.1 IO模型分析基础

6.1.1 投入产出分析方法概述

自1936年瓦西里·列昂惕夫（W. Leontief）创立投入产出方法以来，历经半个多世纪的发展，其理论和方法不断完善成熟，在世界绝大多数国家和地区得到广泛应用（董承章，2000）。投入产出分析法是反映经济系统各部分（如各部门、行业、产品）之间的投入与产出间的数量依存关系的数量分析方法，用于经济分析、政策模拟和经济预测等领域，包括本书中外部灾害冲击对经济系统影响的模拟分析。

投入产出模型强调经济领域的相互依存关系，每一个行业使用其他行业的产出作为自己的投入，而自己的产出又成为其他行业的投入。投入产出模型清楚地显示了社会经济各部门、各产业之间的密切联系，显示了产品和其他各种投入的流向与流量，最主要的是它具有很高的实用价值。

IO模型按时间概念，可以分为静态IO模型和动态IO模型，与静态IO模型针对某一时期研究各个产业部门之间的相互关系问题不同，动态IO模型针对若干时期研究再生产过程中各个产业部门之间的相互关系问题。IO模型主要有两部分构成：投入产出表和投入产出数学模型。其中，投入产出表按不同的计量单位，可分为实物型和价值型两种；但是，基于国民经济核算制度和实物型投入产出表数据调查的难度，目前实际应用中，投入产出表以价值型为主，如中国及各个省份的投入产出表都属于价值型投入产出表。

投入产出表，也称部门联系平衡表或产业关联表，它以矩阵形式描述国民经济各部门在一定时期（通常为一年）生产活动的投入来源和产出使用去向，揭示国民经济各部门之间相互依存、相互制约的数量关系，是国民经济核算体系的重要组成部分。中国 2007 年投入产出表由三部分组成，称为第Ⅰ、第Ⅱ、第Ⅲ象限。基本表式见表 6.1（国家统计局国民经济核算司，2009）。

表 6.1　简化的价值型投入产出表

投入＼产出			中间使用				最终使用								进口	其他	总产出
							最终消费支出			资本形成总额							
			农业	…	公共管理和社会组织	中间使用合计	居民消费支出	政府消费支出	合计	固定资本形成总额	存货增加	合计	出口	最终使用合计			
中间投入	农业	1	x_{11}	…	x_{1n}	第Ⅰ象限	第Ⅱ象限							y_1			x_1
	⋮	2	x_{21}	…	x_{2n}									y_2			x_2
	⋮	⋮	⋮		⋮									⋮			⋮
	公共管理和社会组织	n	x_{n1}	…	x_{nn}									y_n			x_n
	中间投入合计																
增加值	劳动者报酬		第Ⅲ象限														
	生产税净额																
	固定资产折旧																
	营业盈余																
	增加值合计		z_1	…	z_n												
总投入			x_1	…	x_n												

注：修改自《中国投入产出表 2007》。

第Ⅰ象限是由名称相同、排列次序相同、数目一致的若干产品部门纵横交叉而成的中间产品矩阵，其主栏为中间投入，宾栏为中间使用。矩阵中的每个数字都具有双重意义：行方向反映某产品部门生产的货物或服务提供给各产品部门使用的价值量，被称为中间使用；列方向反映某产品部门在生产过程中消耗各产品部门生产的货物或服务的价值量，被称为中间投入。显然，中间投入包括各种直接消耗和全部经济消耗。

第Ⅰ象限是投入产出表的核心，它充分揭示了国民经济各产品部门之间相互依存、相互制约的技术经济联系，反映了国民经济各部门之间相互依赖、相互提供劳动对象供生产和消耗的过程。

第Ⅱ象限是第Ⅰ象限在水平方向上的延伸，主栏的部门分组与第Ⅰ象限相同；宾栏由最终消费支出、资本形成总额、出口等最终使用项目组成。沿行方向，反映某产品部门生产的货物或服务用于各种最终使用的价值量；沿列方向，反映各项最终使用的规模及其构成。

第Ⅰ象限和第Ⅱ象限连接组成的横表，反映国民经济各产品部门生产的货物或服务的使用去向，即各产品部门的中间使用和最终使用数量。

第Ⅲ象限是第Ⅰ象限在垂直方向的延伸，主栏由劳动者报酬、生产税净额、固定资产折旧、营业盈余等各种增加值项目组成；宾栏的部门分组与第Ⅰ象限相同。第Ⅲ象限反映各产品部门的增加值及其构成情况。

第Ⅰ象限和第Ⅲ象限连接组成的竖表，反映国民经济各产品部门在生产经营过程中的各种投入来源及产品价值构成，即各产品部门总投入及其所包含的中间投入和增加值的数量。

投入产出表三大部分相互连接，从总量和结构上全面、系统地反映了国民经济各部门从生产到最终使用这一完整的实物运动过程中的相互联系。投入产出表有以下几个基本平衡关系：①行平衡关系。中间使用+最终使用-进口+其他=总产出；②列平衡关系：中间投入+增加值=总投入；③总量平衡关系。总投入=总产出；每个部门的总投入=该部门的总产出；中间投入合计=中间使用合计。

6.1.2 静态IO模型中灾害冲击引入

IO模型假设经济系统由一系列部门组成，如经济系统由 n 个生产部门组成，增加值合计行 Z 为每个部门的劳动报酬、营业盈余、生产税净额和固定资产折旧之和，总投入行 X 表示各部门的总产出，模型假定经济系统处于均衡状态，所有的中间消费品和最终需求得到满足（当然这是一个理想的假设）。部门 i（$i=1，\cdots，n$）的产出可以表示为以下公式：

$$x_i = \sum_{j=1}^{n} x_{ij} + y_i \quad (j = 1, \cdots, n) \tag{6-1}$$

IO模型另一个假定是比例性假定，即一个部门对其他各个部门的生产技术需求固定，一个部门对其他任何一部门的投入需求和该部门的总产出比率固定，这个比率被称为直接消耗系数，直接消耗系数 $a_{i,j}$ 可通过以下式计算：

$$a_{i,j} = \frac{x_{i,j}}{x_i} \quad (i, j = 1, \cdots, n) \tag{6-2}$$

由直接消耗系数 $a_{i,j}$，部门 i 的产出 x_i和最终需求 y_i可以表示为

$$x_i = \sum_{j=1}^{n} a_{i,j}x_i + y_i \quad (i = 1, \cdots, n) \tag{6-3}$$

表 6.1 中经济系统的中间消耗、最终需求和总产出可以用矩阵表示为

$$x = ax + y \tag{6-4}$$

由式（6-4）可以看出，总产出减去中间消耗等于最终需求，进一步变换为

$$(I - a)x = y \tag{6-5}$$

为了获得在特定最终需求状况下每个部门所需要的总产出，式（6-5）可以变换为

$$(I - a)^{-1}y = x \tag{6-6}$$

这里的（I–a）$^{-1}$被称为列昂惕夫逆矩阵。式（6-6）和列昂惕夫逆矩阵是 IO 模型的核心。基于技术水平固定的假设，利用式（6-6）和列昂惕夫逆矩阵可以估算由于最终需求变化导致的总产出变化量，如式（6-7）所示：

$$(I - a)^{-1}\Delta y = \Delta x \tag{6-7}$$

因此，IO 模型能够捕捉到后向关联损失或者需求减少导致的损失。IO 模型也能反映一个部门的波及效应，即对后续产业链生产者和消费者产生的影响（Brookshire et al.，1997）。本书使用改进的 IO 模型，将灾害破坏引起的重建需求膨胀引入到投入产出关系中，并考虑生产能力的部门约束等影响机制，评估灾害对经济的影响。

6.2 ARIO 模型

改进的区域投入产出模型（adaptive regional input-output model，ARIO 模型）建立在传统 IO 模型的基础上，针对灾害间接经济损失评估未充分考虑灾后产业部门的生产容量、生产瓶颈、经济系统的弹性及部门间生产约束等经济响应特性。Hallegatte（2008）适当设置相关参数对 IO 模型进行改进，成功用于 2005 年美国 Katrina 飓风的间接经济影响模拟案例中。ARIO 模型通过中间消费商品的需求和供给说明产业部门之间的交互影响作用，模拟灾害对地区经济的影响。

6.2.1 模型假设

ARIO 模型假设一个区域的经济由数量众多且有固定消费的家庭，以及 N 个

不同的产业部门组成，这些产业：①相互交换中间消费品和服务，②从本区域外进口产品和服务，③生产最终消费品和服务供当地消费，④出口商品和服务到区域外部；而且，假定每个产业部门 i 生产唯一的商品并需要从其他部门提供投入才能完成其生产过程。

6.2.2 模型原理

ARIO 模型通过中间消费需求和供给说明地区产业部门之间的关联，模拟灾害对地区经济的影响。为了客观评估灾害对经济系统的波及影响，ARIO 模型考虑灾害对经济系统（各个产业部门的生产及消费）的以下影响机制。

1）前向关联影响：灾害导致家庭预算减少，引起消费需求降低。

2）后向关联影响：生产能力下降导致供给不足对其他生产部门和消费者的影响，主要通过部门间生产约束考虑。

3）生产能力约束：受限于灾后实际生产资本和可以获得的劳动力，ARIO 模型根据灾害对生产设施的直接破坏，计算部门剩余的生产能力，而这种生产能力会随着资本的重建而不断恢复，直到遭受灾害破坏的资本得到全部重置或修复。

4）产品供给不足时的成比例优先配给体系：产品优先成比例供给给部门中间消费，然后成比例满足重建需求和当地消费需求，最后供出口，以使产出最大化。

5）生产者应对灾害损失的适应行为响应：生产者根据需求扩大或缩减生产量或者通过进口弥补当地产品供给不足，随着重建和生产力的恢复，当地生产充足时，又恢复到初始供应商。

6）灾害破坏导致对建筑部门重建需求的迅速上升，但是建筑部门生产能力受自身部门可获得的劳动力限制，从而生产能力不能无限制上升。

7）区域内外通过进口和出口进行产品交换，若当地生产不足，可以通过进口（或区外调入设备产品）满足生产需求。

在本章的后面几节里将详细说明 ARIO 模型是如何具体考虑以上灾害影响的机制的。

6.2.3 区域投入产出表构建

为了模拟灾害对地区（省份）经济系统的影响，在 ARIO 模型分析前，需要对传统投入产出表进行改进，生成当地投入产出（local input-output，LIO）表（表6.2）。LIO 表和投入产出表的主要区别在于，LIO 表区分中间消费产品和最终使用的产品和服务的来源是本地区生产的还是从本地区外进口（或调入）的，以达到 LIO 表反映地区内部各个产业部门之间的投入产出关系。先区分中间消费品是本地区内生产的还是外部进口（或调入）的，即计算本地区生产消费与总的消费量的比值 ρ_j，这个比值可以通过标准投入产出表计算出来，对每种商品 j，ρ_j=(本地区生产量−出口量)/(本地区生产量−出口+进口)，第 j 行中的每个组分 $\bar{A}$（j，i）要乘以这个比率 ρ_j 来获得 LIO 区域投入产出表 A：$A(j, i) = \rho_j \bar{A}(j, i)$。修正后的 LIO 表详细记述了每个部门是如何利用本地区内部其他各个部门的投入生产商品的。

表 6.2　基本的地区投入产出表构建

<table>
<tr><td colspan="3" rowspan="2">项目</td><td colspan="2">中间使用</td><td colspan="3">最终使用</td><td rowspan="2">总产出</td></tr>
<tr><td colspan="2">N个部门</td><td>消费</td><td>投资</td><td>出口</td></tr>
<tr><td rowspan="2">中间投入</td><td>本地区产品</td><td>N个部门</td><td colspan="2">本地区部门对本地区产品的中间消耗N×N</td><td>对本地区生产的产品消费</td><td>对本地区产品形成的固定资产和存货</td><td>本地区产品的出口</td><td>本地区总产出</td></tr>
<tr><td>本地区外进口品</td><td>N个部门</td><td colspan="2">本地区部门对进口产品的中间消耗N×N</td><td>对本地区外进口商品的消费</td><td>由本地区外进口形成的固定资产和存货</td><td>本地区外进口品的出口</td><td>本地区外总进口</td></tr>
<tr><td rowspan="2">增加值</td><td colspan="2">劳动者报酬+生产税净额</td><td>本地区内</td><td>本地区外</td><td colspan="4" rowspan="3"></td></tr>
<tr><td colspan="2">固定资产折旧+营业盈余</td><td>本地区内</td><td>本地区外</td></tr>
<tr><td colspan="3">总投入</td><td>本地区内总投入</td><td>本地区外总进口投入</td></tr>
</table>

注：本表中出口包括向国外的出口和向省外调出，同样进口包括国外进口和省外调入。

LIO 表与中国统计局编制的投入产出表的不同之处主要在于：产业部门生产的中间投入中，把每个部门进口量（省份外调入和国外进口量）从原始投入产出表的第Ⅰ象限中单列出来，从而区分每个部门的中间投入中，本地区生产满足的需求和部门需要的外部进口量；同时区分最终使用的产品中，哪些是当地生产满足消费者需求的，需要进口多少。基于国民经济各部门之间传统投入产出的平衡关系，则对于 LIO 表来说：①行平衡关系，中间使用（本地区）+最终使用（本地区）+本地区外出口=总产出。②列平衡关系，中间投入（本地区）+区外进口+增加值=总投入。③总量平衡关系，总投入=总产出；每个部门的总投入=该部门的总产出；中间投入（本地区）+区外进口=中间使用（本地区）+本地区外出口。

6.2.4 生产量计算

基于 6.2.3 节，ARIO 模型在标准投入产出表的基础上建立的 LIO 表，详细记述了每个部门是如何利用本地区内其他各个部门的投入生产商品的。对 LIO 表中的每个部门 i，生产和需求有以下关系式：

$$Y(i) = \sum_j A(i,\ j)Y(j) + \overbrace{\mathrm{LFD}(i) + E(i) + \mathrm{HD}(i) + \sum_j D(j,\ i)}^{\text{最终需求}[\mathrm{TFD}(i)]} \tag{6-8}$$

式中，$j=1, \cdots, N$ 为各个部门；A 为 LIO 表中间消耗系数；Y 为生产向量；LFD 为当地最终需求向量；E 为出口向量；HD 和 D 分别为灾害对家庭和工业的破坏；TFD 为总的最终需求。每个产业部门 i 需要进口 I（i）数量的产品和服务来生产 Y（i）数量的产品。灾害从两方面影响经济：首先，灾害损失引起家庭和产业部门需求的增加（分别用 HD 和 D 度量）；其次，灾害对生产资本的破坏导致部门生产容量的减少（用 D 来度量）。

由此，可以以一个月为步长，计算每个部门的生产量和消费量。为了达到这个目的，需要从最终需求的计算开始。

第一步，计算初始生产量。对每个企业部门，初始生产量 Y^0 可以由式（6-9）计算得出：

$$Y^0 = (1 - A)^{-1}\mathrm{TFD} \tag{6-9}$$

但是，这里计算的生产量没有考虑灾后生产能力下降及生产瓶颈的影响。为了计算灾后的生产量，假设不受灾害影响（无生产限制或约束），则部门 i 对其他部门的初始总需求 $\mathrm{TD}^0(i)= Y^0(i)$，然后评估每个部门满足这些需求的能力。

实际上，灾后每个产业部门可能不能生产足够的商品满足部门 i 的需求：①由于灾害的破坏，部门自身的生产能力可能会下降，产出有限；②在生产过程中，其他部门不能提供必要数量的产品投入。下面考虑部门剩余生产能力和部门间生产瓶颈影响情况下的部门生产能力。

第二步，考虑部门生产容量的最大值。每个部门的最大生产容量[$Y^{max}(i)$]初始值假设等于灾前部门的工业部门生产量，灾后这个生产能力下降，下降程度与每个部门遭受直接破坏的程度有关；而这种生产能力也可以通过生产过程的适应机制——超额生产［$\alpha(i)$］而增加。

ARIO 模型假定部门 i 的生产能力从属于 $\tilde{\boldsymbol{D}}(i)$ 的灾害直接经济损失量，如果这种损失使该部门的生产资本减少了 $x\%$，则其生产容量也将降低 $x\%$。灾后初始生产容量由式（6-10）得到：

$$Y^{max}(i) = \bar{Y}(i)\left[1 - \frac{\tilde{\boldsymbol{D}}(i)}{\beta(i)\mathrm{VA}(i)}\right]\alpha(i) \tag{6-10}$$

式中，β 为部门固定资产的平均生产力系数；$\alpha(i)$是在生产严重不足时的超额生产能力，VA 为部门增加值。而且，对于每个生产部门，生产能力是灾前初始生产容量和灾后当前最大生产容量 $Y^{max}(i)$的最小值：

$$Y^1(i) = \min\{Y^{max}(i);\ \mathrm{TD}^0(i)\} \tag{6-11}$$

第三步，考虑部门生产瓶颈。灾害发生后，部门不能满足总的需求，其生产首先从供给家庭用户消费和出口，转而供给中间消费。同时，假设所有的产业部门平均分配，即一个产业部门得到的配给与其初始生产量成比例关系。

为了计算生产瓶颈，对每种商品，定义 $O^1(i) = \sum_j A(i,\ j)Y^1(j)$ 作为初始订购量，并且部门 i 的需求通过其他部门得到满足。考虑以下两种情形：

1）如果 $Y^1(i) \geqslant O^1(i)$，则部门 i 能够为所有其他产业部门提供足够的商品投入，这些产业部门的生产不受影响。

2）如果 $Y^1(i) < O^1(i)$，则部门 i 不能为其他产业部门提供足够的商品投入，每个部门 j 的产量受到可获得的第 i 种商品的限制。这种情况下，产业部门 j 的产量受 $[Y^1(i)/O^1(i)]Y^1(j)$ 的约束。

这个过程，对所有的商品，假设进口从来不受限制，从而计算出每个部门 i 的新生产量：

$$Y^2(i) = \min\left\{Y^1(i);\ \text{for all } j,\ \frac{Y^1(j)}{O^1(j)}Y^1(i)\right\} \tag{6-12}$$

如果 $Y^2 = Y^1$，即没有生产瓶颈，则 Y^2是真实的产量。否则，就要考虑一个产业部门产量低，造成向其他部门的供给也会减少的关联影响。考虑到这种负面影响，计算出一个新的最终需求量 $\mathrm{TD}^1(i)$：

$$TD^1(i) = TFD(i) + \sum_j A(i, j) Y^2(j) \tag{6-13}$$

重复以上步骤进行迭代，用新的 $TD^1(i)$ 代替上一次循环的输入值 $TD^0(i)$。因为所有的产业部门相互关联，需要反复计算生产瓶颈的影响直到向量 Y^k 的收敛。

最终的总需求记作 $TD^\infty(i)$，最终的生产值记作 $Y^\infty(i)$。当 $TD^\infty(i) = Y^\infty(i)$，产业部门 i 能满足需求，产业部门恢复到灾前的供给状态；否则，这个部门不能满足需求，即 $Y^\infty(i) < TD^\infty(i)$。

循环迭代后每个部门 i 的生产量 $Y^\infty(i)$ 分配为：

1）其他部门的中间消费，这个始终能够得到满足，因为部门根据可获得的投入调整其产量：

$$O^\infty(i) = \sum_i A(i, j) Y^\infty(j) \tag{6-14}$$

2）中间消费得到满足后的当地最终需求：

$$LFD^\infty(i) = LFD(i) \frac{Y^\infty(i) - O^\infty(i)}{Y^0(i) - O^0(i)} \tag{6-15}$$

3）满足中间消费后的出口：

$$E^\infty(i) = E(i) \frac{Y^\infty(i) - O^\infty(i)}{Y^0(i) - O^0(i)} \tag{6-16}$$

4）家庭住户破坏的重建量：

$$\Delta HD(i) = HD(i) \frac{Y^\infty(i) - O^\infty(i)}{Y^0(i) - O^0(i)} \tag{6-17}$$

5）工业部门损坏的重建量，对每个部门 j：

$$\Delta D(j, i) = D(j, i) \frac{Y^\infty(i) - O^\infty(i)}{Y^0(i) - O^0(i)} \tag{6-18}$$

因为，$Y^0(i) = LFD(i) + E(i) + HD(i) + \sum_j D(j, i) + O^0(i)$ （6-19）

也容易得到

$$Y^\infty(i) = LFD^\infty(i) + E^\infty(i) + \Delta HD(i) + \sum_j \Delta D(j, i) + O^0(i) \tag{6-20}$$

确保生产量和需求量相等。在每一个时间步长，家庭破坏（HD）和产业部门损失（D）的重建需求被一步步满足：

$$HD(i) - \Delta HD(i)\Delta t \xrightarrow{\Delta t} HD(i) \tag{6-21}$$

$$D(j, i) - \Delta D(j, i)\Delta t \xrightarrow{\Delta t} (j, i) \tag{6-22}$$

式中，Δt 为 ARZO 模型模拟的时间间隔。

6.2.5 价格机制

由于重建需求和生产力不足之间的不平衡，引起重建相关的商品价格和工人工资的上涨。在 ARIO 模型中，假定商品的价格与生产不足水平呈线性关系，则部门 i 产品价格由以下关系决定：

$$p(i) = p_0(i)\left(1 + \gamma_p\left[\frac{TD^{\infty}(i) - Y^{\infty}(i)}{Y^{\infty}(i)}\right]\right) \tag{6-23}$$

式中，$p(i)$ 为产业部门 i 商品的价格，灾前进行标准归一化处理［$p_0(i) = 1$］；γ_p为价格弹性参量。

当价格确定后，产业部门利益 $\Pi(i)$ 可以被计算出来。为了生产 $Y^{\infty}(i)$ 数量的商品，产业部门 i 需要消耗以下部分投入：①$A(j, i)Y^{\infty}(i)$ 数量的 j 部门商品；②$L(i)Y^{\infty}(i)$ 数量的劳动力，$L(i)$ 为灾前的单位生产劳动力消耗量；③$I(i)Y^{\infty}(i)$ 数量的进口产品。

为了评估灾害如何影响利润，这里假定工资固定。利润由式（6-24）给定：

$$\Pi(i) = p(i)Y^{\infty}(i) - \left\{\left[\sum_j p(j)A(j, i)Y^{\infty}(i)\right] + L(i)Y^{\infty}(i) + I(i)Y^{\infty}(i)\right\} \tag{6-24}$$

6.2.6 参数调整项

6.2.6.1 超额生产能力

$\alpha(i)$项是可能的超额生产能力，假设当生产不足时，即当 $Y^{\infty}(i) < \mathrm{TD}^{\infty}(i)$ 时，变量 $\alpha(i)$增加到一个最大值 α^{max}，并有一个特征时间 τ_a：

$$\alpha(i) + [\alpha^{max} - \alpha(i)]\frac{\mathrm{TD}^{\infty}(i) - Y^{\infty}(i)}{\mathrm{TD}^{\infty}(i)}\frac{\Delta t}{\tau_a} \xrightarrow{\Delta t} \alpha(i) \tag{6-25}$$

这意味着在 τ_a时间延迟下，生产能力能增加到 α^{max}，作为对生产不足的响应。当这种情况回归正常状态时，这种超额生产能力恢复到灾前水平 α^b，同时有特征时间 τ_a，如果 $\mathrm{TD}^{\infty}(i) = Y^{\infty}(i)$，则

$$\alpha(i) + [\alpha^b - \alpha(i)]\frac{\Delta t}{\tau_a} \xrightarrow{\Delta t} \alpha(i) \tag{6-26}$$

式中，α^b为灾前的超额生产能力。

6.2.6.2 当地需求和出口

最终需求 TFD 由当地需求 LFD，出口 E 和重建 HD、D 构成。

在灾后生产不足的状态下，需要对 LFD 和 E 先进行调整，调整后的值分别记为$\overline{\text{LFD}}$和 $\bar{E}$，然后计算 TFD。

生产的破坏将导致最终消费者减缓消费或者转向其他处于灾害影响区外的生产者。然而，这种取代不可能适用于所有部门。因此，对每个部门引入变量 $\sigma(i)$。如果 $\sigma(i)=1$，外部供应替代本地生产满足需求是可行的，因为相应的商品是可以运输的；如果 $\sigma(i)=0$，替代不可行，不能进口。

如果一个部门不能生产足够的商品满足需求，如 $Y^{\infty}(i) < \text{TD}^{\infty}(i)$ 时，而且这个产业部门生产的产品是可替代的，即 $\sigma(i)=1$，则调整后的当地最终需求量$\overline{\text{LFD}}$和调整后的出口 $\bar{E}$ 减少并趋向于 0，其特征时间分别记为 $\tau_{\text{LFD}}^{\downarrow}$ 和 $\tau_{E}^{\downarrow}$。

$$\overline{\text{LFD}}(i) - \frac{\text{TD}^{\infty}(i) - Y^{\infty}(i)}{\text{TD}^{\infty}(i)} \overline{\text{LFD}}(i) \frac{\Delta t}{\tau_{\text{LFD}}^{\downarrow}} \xrightarrow{\Delta t} \overline{\text{LFD}}(i) \tag{6-27}$$

$$\bar{E}(i) - \frac{\text{TD}^{\infty}(i) - Y^{\infty}(i)}{\text{TD}^{\infty}(i)} \bar{E}(i) \frac{\Delta t}{\tau_{E}^{\downarrow}} \xrightarrow{\Delta t} \bar{E}(i) \tag{6-28}$$

灾前当地最终需求和出口值分别记为 LFD^b 和 E^b。参数 $\tau_{\text{LFD}}^{\downarrow}$ 和 $\tau_{E}^{\downarrow}$ 描述了在配给情况下，调整的当地需求和出口需求是如何快速下降的。

假定产业部门能够生产足够的商品，即当 $\text{TD}^{\infty}(i)=Y^{\infty}(i)$ 时，转向灾区以外的生产者和消费者将转向本地的初始生产供应商：

$$\overline{\text{LFD}}(i) + \left[\varepsilon + \frac{\overline{\text{LFD}}(i)}{\text{LFD}^b(i)}\right]\left[\text{LFD}^b(i) - \overline{\text{LFD}}(i)\right] \frac{\Delta t}{\tau_{\text{LFD}}^{\uparrow}} \xrightarrow{\Delta t} \overline{\text{LFD}}(i) \tag{6-29}$$

$$\bar{E}(i) + \left[\varepsilon + \frac{\bar{E}(i)}{E^b(i)}\right]\left[E^b(i) - \bar{E}(i)\right] \frac{\Delta t}{\tau_{E}^{\uparrow}} \xrightarrow{\Delta t} \bar{E}(i) \tag{6-30}$$

转向初始需求通过 S 形方程（用 ε 参数）进行模拟，直到生产者能满足需求否则消费者不会转向他们的初始生产者。

同时，注意有两个不同的向生产者转换的特征时间：实行配给的时间 $\tau^{\downarrow}$ 和产业部门能满足需求的转回时间 $\tau^{\uparrow}$。

LFD 由调整后的$\overline{\text{LFD}}$和经修正后的价格及宏观经济状况计算得出：

$$\mathrm{LFD}(i)=M\cdot\overline{\mathrm{LFD}}(i)\cdot\{1-\xi[p(i)-1]\} \tag{6-31}$$

式中，ξ 为考虑到商品价格后的当地最终需求弹性；M 为宏观经济指数，表示灾后总的收入（利润加工资）与灾前总收入的比率，其公式如下：

$$M=\frac{\sum_j[\Pi(j)+L(j)Y^{\infty}(j)]}{\sum_j[\Pi^b(j)+L^b(j)Y^b(j)]} \tag{6-32}$$

式中，Π^b、L^b、Y^b 分别代表灾前利润、劳动力、生产量。

出口同样可以计算得到，但是出口不受当地宏观经济 M 影响，其公式如下：

$$E(i)=\bar{E}(i)\cdot\{1-\xi[p(i)-1]\} \tag{6-33}$$

式中，$\bar{E}$ 为调整后的出口，由式（6-30）计算得出。

6.2.6.3 中间消费

如果当地产业部门不能生产足够的商品，当地产业部门将转向灾区以外供给者，这个过程和需求一样通过一个修改的 LIO 表进行模拟。

如果一个部门不能生产足够的商品满足需求，即当 $Y^{\infty}(i)<\mathrm{TD}^{\infty}(i)$ 时，若这个产业部门生产的商品是可运输的，即 $\sigma(i)=1$，则所有产业部门 j 的消费商品 i 降低，产业部门 j 的进口增加相应的数量。对每个产业部门 j 有

$$A(j,\ i)-\frac{\mathrm{TD}^{\infty}(i)-Y^{\infty}(i)}{\mathrm{TD}^{\infty}(i)}A(j,\ i)\ \frac{\Delta t}{\tau_A^{\downarrow}}\xrightarrow{\Delta t}A(j,\ i) \tag{6-34}$$

$$I(j)+\frac{\mathrm{TD}^{\infty}(i)-Y^{\infty}(i)}{\mathrm{TD}^{\infty}(i)}A(j,\ i)\ \frac{\Delta t}{\tau_A^{\downarrow}}\xrightarrow{\Delta t}I(j) \tag{6-35}$$

如果产业部门 i 能再生产足够的商品，即当 $\mathrm{TD}^{\infty}(i)=Y^{\infty}(i)$ 时，产业部门 i 能满足需求，产业部门恢复到灾前的供给状态：

$$A(j,\ i)+\left[\varepsilon+\frac{A(j,\ i)}{A^b(j,\ i)}\right][A^b(j,\ i)-A(j,\ i)]\ \frac{\Delta t}{\tau_A^{\uparrow}}\xrightarrow{\Delta t}A(j,\ i) \tag{6-36}$$

$$I(j)-\left[\varepsilon+\frac{A(j,\ i)}{A^b(j,\ i)}\right][A^b(j,\ i)-A(j,\ i)]\ \frac{\Delta t}{\tau_A^{\uparrow}}\xrightarrow{\Delta t}I(j) \tag{6-37}$$

根据以上模型计算步骤和相关参数调整项，可以以一个月为步长，计算每个部门的生产量和消费量，模拟灾后各个部门经济活动的动态变化过程。

6.3 案例：2008 年汶川地震间接经济损失模拟

6.3.1 汶川地震损失概况

汶川地震概况前文已述，这里不再赘述。由于灾区住房抗震能力低，地震造成大量建筑物和房屋倒塌。地震造成 8451 亿元的直接经济损失，其中四川省的直接经济损失占总损失的 91.3%，相当于四川省 2007 年 GDP 的 74%。根据国外类似巨灾，地震会造成重大直接经济损失，也必然会对经济系统造成巨大的间接经济损失，如日本神户地震造成的间接经济损失是直接经济损失的一半。卢永坤等（2008）根据经验估计 4 个等级受灾区停减产影响系数，利用灾区各市（县、区）GDP 数据和估计的恢复时间，估计汶川地震四川省灾区间接经济损失中停减产短期影响损失约为 1680 亿元。都吉夔等（2008）基于 4 个等级受灾区的震害系数、恢复周期和影响周期，计算了评估区企业、服务业停产损失和恢复生产后地震造成的减产减值损失，两者之和达 10 300 亿元。这两个研究是国内少有的较早关注汶川地震间接经济损失的研究；但是，其评估的只是震后的停减产损失，其中的恢复时间估计主要凭经验，存在很大的不确定性，且没有估计产业关联损失，本书的间接经济损失评估模型除了能估计地震的停减产损失，还可以通过灾后部门重建进程模拟，计算震后产业关联损失及房产服务业损失。

6.3.2 方法与数据

除了 IO 模型技术无进步、比例性假定等传统的假设外，本章针对汶川地震及四川省当地状况做如下假设：①假设汶川地震前后当地经济结构不发生重大变化，投入产出系数的变化将被忽略；②灾后重建不受资金约束，即生产部门和家庭在灾后生产能力（剩余设备和劳动力）下，通过政府补贴、贷款等手段，根据需求可获得暂时的供给，资金不受限，这也与我国在地震后施行的积极财政政策相一致；③IO 模型假设当地经济在重建结束后恢复到灾前状态；④汶川地震后，灾区因为外部援助和加速生产，在部门生产不足情况下，其最大生产能力在灾后 6 个月后相对灾前可提高 20%。需要说明的是，灾害对四川省以外地区的影响我们未进行评估，因为这些影响分布于各个部门，其利害影响相互抵消后，总体影响可能很小可以忽略。

1）投入产出表。ARIO 模型所需要的 2007 年四川省投入产出表和其他宏观经济数据来源于四川省统计局。由于直接经济损失数据很难细分到 2007 年投入产出表中的 139 个部门，本章将四川省 2007 年投入产出表中的 139 个生产部门合并为 17 个部门，外加 1 个具有固定消费能力的家庭（又称居民户）部门，这里称为住房服务部门（表 6.3），并利用前述介绍的方法建立地区投入产出表评估汶川地震的影响。最后，区分这 17 个部门是否能够进口商品和服务，其中假定：电力、热力、燃气和水的生产和供应业（11）、建筑业（12）、运输邮电业（13）和商业饮食业（14）4 个部门的消费需求，只能由当地生产来满足，不能进口，其他部门可从灾区外进口商品和服务来满足灾后重建需求，代替当地生产。

表 6.3　四川省产业部门及汶川地震部门直接经济损失

ID	部门名称	直接经济损失（亿元）	ID	部门名称	直接经济损失（亿元）
1	农业	120	10	机械设备制造业	220
2	采掘业	100	11	电力、热力、燃气和水的生产和供应业	800
3	食品制造业	180	12	建筑业	25
4	纺织缝纫及皮革制造业	45	13	运输邮电业	840
5	木材加工及家具制造业	45	14	商业饮食业	90
6	煤焦煤气及石油加工业	6	15	金融保险房地产、商务和旅游业	1 100
7	化学工业	125	16	专业服务管理业	60
8	建材及其他非金属矿物制造业	54	17	其他服务业（包括教育、卫生、文化、体育、居民服务和公共管理等）	550
9	金属产品制造业	130	18	住房服务	3 000

注：表内数据来自国家减灾委员会–科学技术部抗震救灾专家组编的《汶川地震灾害综合分析与评估》(2008)。

2）分部门直接经济损失数据。总体来说，根据民政部、北京师范大学、中国社会科学院、慕尼黑再保险公司（Munich Re）和美国巨灾模型公司（AIR Worldwide Corporation）等研究机构和再保险公司的估算，本次地震造成四川省的上限经济损失估计在6000亿~8300亿元（国家减灾委员会–科学技术部抗震救灾专家组，2008；Munich Re，2009）。本书中需要的直接经济损失数据为地震对生产设备、建筑物和基础设施等物理破坏造成的损失，去除掉这些机构损失评估中小企业部分的减产和停工等损失，本书估计汶川地震造成四川省上限直接经济损失为7490亿元，这些损失的部门分配见表6.3。直接经济损失在IO模型中作为外生需求变量，相当于创造了相应数量的重建需求。其中，住房服务（18）由于大量建筑物和房屋倒塌，其损失约占总的直接经济损失的40%；电力、热力、燃气和水的生产和供应业（11），运输邮电业（13），金融保险房地产、商务和旅游业（15）、其他服务业（17）等部门损失严重，主要是由于这些部门固定资产基数相对于其他部门多。

3）模型响应参数设置。模型响应参数是指灾后经济系统为适应灾害破坏而主动调整自身的生产或消费行为，以适应灾后的市场供需状况，尽可能地正常生产或消费。模型响应参数包括超额生产参数 α^b、α^{max} 和 τ_a，适应参数 $\tau_A^{\downarrow}$、$\tau_{LFD}^{\downarrow}$、$\tau_E^{\downarrow}$、$\tau_A^{\uparrow}$、$\tau_{LFD}^{\uparrow}$、$\tau_E^{\uparrow}$，以及需求和价格相应参数 ξ 和 γ^p。

4）超额生产参数：灾后部门通过投入更多的人力和物力，提高当地生产能力，加速重建进程。本书初始假定灾后部门最大生产能力可以达到灾前的120%（$\alpha^{max}=120\%$），而部门生产能力从灾后剩余生产能力达到120%需要的时间 τ_a 为6个月，而且假设灾前部门正常生产水平为 $\alpha^b=100\%$。

5）适应时间特征参数：灾害的发生会导致生产的短缺，使消费者与生产者的消费和生产行为发生变化。对于生产者来说，生产者可能转向灾区以外的供货商，从而有当地生产、出口和中间消费调整的时间特征参数 τ_{LFD}、τ_E 和 τ_A；且有价格响应弹性系数 ξ。ARZO模型的初始参数设置见表6.4，并进行参数的敏感性分析。

表6.4　ARIO模型中参数初始值假定

参数	初始值
α^b	100%
α^{max}	120%
τ_a	6个月
$\tau_A^{\downarrow}=\tau_{LFD}^{\downarrow}=\tau_E^{\downarrow}=\tau_A^{\uparrow}=\tau_{LFD}^{\uparrow}=\tau_E^{\uparrow}=\tau$	6个月
ξ	0.9
γ^p	每月0.10%

在上述四川省2007年投入产出表、宏观经济数据和部门直接经济损失数据和ARIO模型基础上，以一个月为步长，模拟灾后120个月部门的消费和需求变化，并一步步满足重建需求，评估地震造成的间接经济损失和重建期，并进行情景分析，对比分析不同加速重建速度和保险补偿率幅度对减轻灾害间接经济损失的作用。

6.3.3 灾后经济恢复及间接经济损失

假设汶川地震后，四川省当地的基础设施和房屋等的恢复和重建不受资金约束，即地震造成的设施破坏100%由保险公司赔付或由政府补偿。实际上，震后政府实施了《汶川地震灾后恢复重建总体规划》，包括政府建立重建基金、对口支援、优惠贷款、税收优惠等积极的财税政策，加速灾后恢复重建，因此假设灾后生产部门生产能力在6个月内最大可以达到震前的120%。基于此，模拟四川省汶川地震发生至重建完成期间各生产部门和家庭的重建进程，评估地震造成的间接经济损失。

1）增加值和生产量。图6.1（a）显示了汶川地震后四川省生产从灾害发生到完全恢复过程中产量与灾前相比的变化及重建需求的变化，各部门产量的变化用增加值（VA）表示，以避免重复计算。灾后第1个月，VA下降近14%，主要是因为灾区生产部门遭到破坏，部分停止生产，但是库存可以弥补这种生产的下降；从第2个月开始，由于部门间产业关联的波及效应，VA下降了近16%。在地震发生后的前2个月主要任务是救灾（生产暂时处于次要地位），这也加速了VA的下降。大概35个月后部门总体生产能力超过灾前水平。

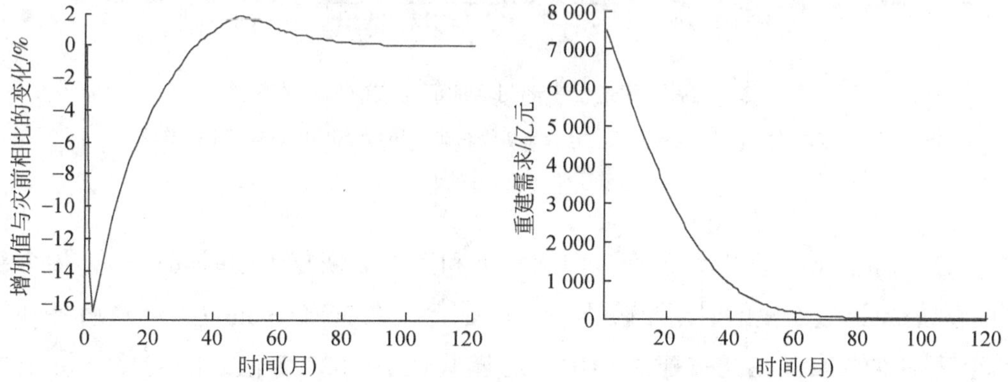

图6.1 重建过程中增加值和重建需求与灾前相比的变化

而从图 6.1（b）重建需求来看，大概 108 个月以后，重建需求完全得到满足，重建工作基本结束。

为了具体分析各个生产部门恢复重建过程中的生产量变化，图 6.2 显示了 17 个生产部门（*X* 轴）各自增加值在重建期内按季度（*Y* 轴）相对于灾前生产水平的变化。由图 6.2 可知，灾害发生初期，除了煤焦煤气及石油加工业（6）和建筑业（12）生产能力影响较小以外，其他各个部门的生产能力在震后都有明显下降，都低于灾前生产量水平；而随着重建工作的进行，由于重建需求激增，建筑业（12）和建材及其他非金属矿物制造业（8）由于其他部门重建对其需求上升膨胀而逐渐开始获益，其次是木材加工及家具制造业（5）、煤焦煤气及石油加工业（6）、金属产品制造业（9）和运输邮电业（13），这些部门也往往是重建过程中的主导约束部门，提高这些部门的生产能力，有利于更好地满足重建需求。

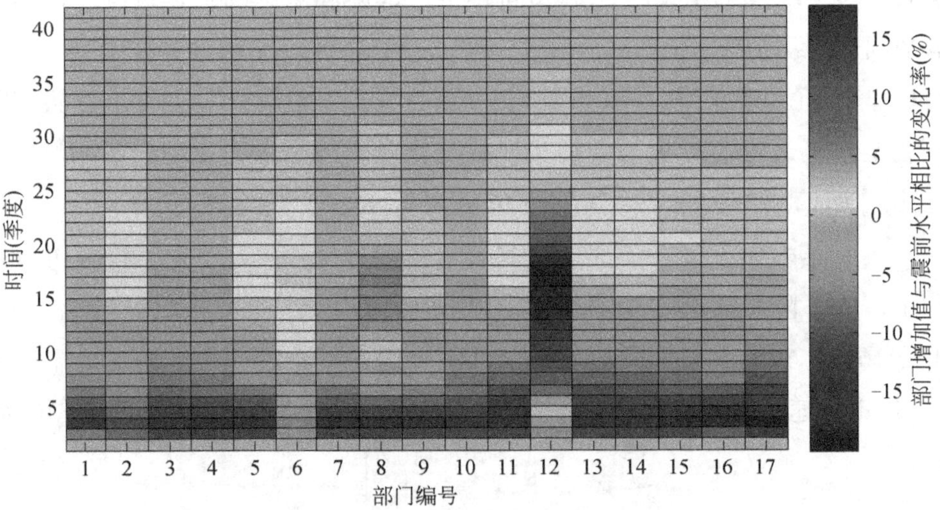

图 6.2　震后重建过程中部门增加值与灾前相比的变化率

其中，建筑业（12）、建材及其他非金属矿物制造业（8）部门因重建需求获益较多。

（编号对应部门参见表 6.3）

2）间接经济损失和恢复期。由图 6.1 和图 6.2 恢复重建时间可知，各个部门生产能力虽然恢复的时间早晚不一，但是大概在 36 个季度（9 年）后各部门的重建基本结束，在此重建过程中，地震共造成 2627.7 亿元的间接经济损失（部门生产损失+房产服务损失），其中包括生产部门 1453.7 亿元的增加值损失和家庭部门 1174.0 亿元的服务损失，从而使汶川地震造成的总损失达到 10 118

亿元（包括7490亿元直接经济损失），是直接经济损失的1.35倍，间接经济损失是直接经济损失的35%。

为了分析灾害造成的直接经济损失及间接经济损失的部门差异和特征，图6.3对比了汶川地震对四川省各个产业部门造成的直接经济损失和间接经济损失，并分别计算各部门损失所占比例，以反映各部门在总损失中的贡献率或影响度，结果如图6.4所示。

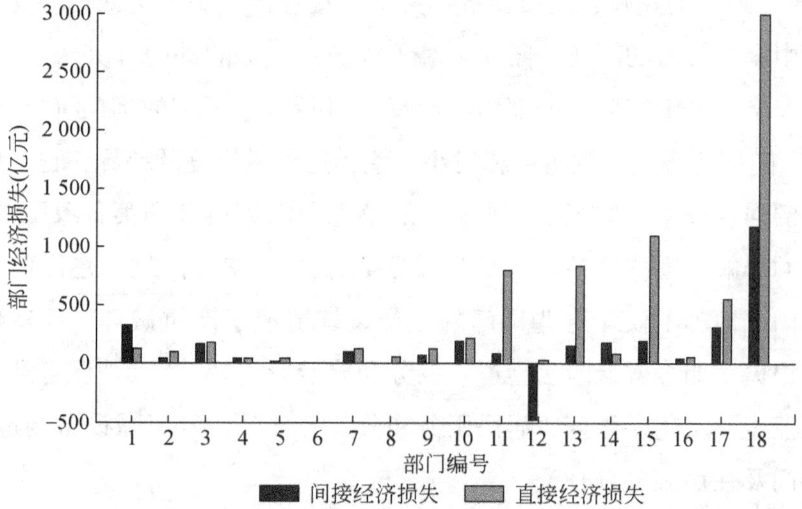

图6.3　四川省各部门直接经济损失及间接经济损失对比（负值表示部门获益）

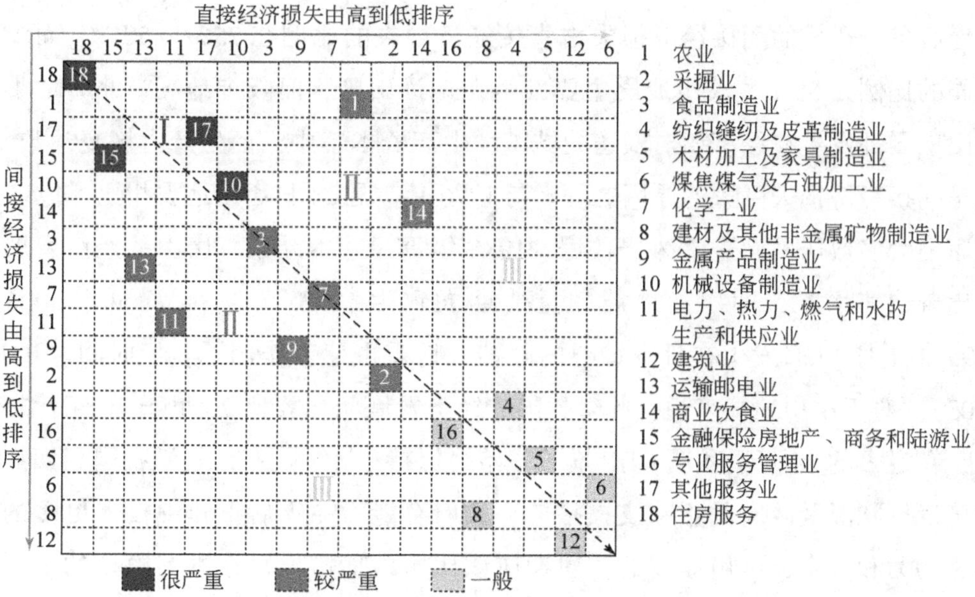

图6.4　汶川地震对四川省造成的直接经济和间接经济影响程度分布图

由图6.3可知，从汶川地震后重建至重建工作完成的9年里，建筑业（12）因重建需求的增加受益于重建进程较多，建材及其他非金属矿物制造业（8）和煤焦煤气及石油加工业（6）略微有所受益，其他各个部门均导致一定程度的间接经济损失；而且，从图6.3和图6.4也可以看出，直接经济损失较大的部门，间接经济损失不一定很大，更重要的是，即使部门的直接经济损失不一定很大，但是由于产业波及效应，对其造成的间接经济影响可能很大，如商业饮食业（14）由于受地震的影响，间接经济损失是直接经济损失的近两倍，这也是灾害风险管理中容易忽略的问题。图6.4对角线的右上部的部门（如10、17、4等）属于间接经济损失敏感度大的部门，相反，对角线左下侧的部门（15、11、13、9和8等）间接经济损失敏感度相对小一些，这种敏感度的差异，也反映了灾害波及效应的强度分布。如图6.4所示，从第Ⅰ象限到第Ⅱ和第Ⅲ象限的各部门，其对经济的影响程度依次下降。处于第Ⅰ象限的是灾后恢复重建部门中需重点关注的部门，地震不仅对这些部门的生产设施造成了严重破坏，还造成长期的间接经济损失，如金融保险房地产、商务和旅游业（15）、其他服务业（17，包括教育、卫生、文化、体育、居民服务和公共管理等）和机械设备制造业（10）等生产部门及住房服务（18）。

将本书的评估结果与国内外以往重大地震灾害的损失和重建期进行对比，结果见表6.5。美国加利福尼亚州的北岭地震、日本的阪神地震和中国台湾的集集地震各自造成的间接经济损失占直接经济损失的比例在25%~50%，而汶川地震的比例为35%。汶川地震主要发生在偏远山区，而阪神地震、北岭地震和唐山地震都发生在经济相对发达的城市，生产资本集中，而生产力恢复达数年，也是间接经济损失巨大的原因之一。与1976年7月28日唐山地震相比，1985年底唐山大多数居民搬进永久居住房，1986年重建基本结束，唐山的经济发展开始出现快速增长，即唐山地震的重建期大致为10年（Grossi et al.，2006）；1995年1月17日发生在日本神户的阪神大地震重建工作用了8年时间（RMS，2005）。对于汶川地震来说，此时我国的经济发展状况要比20世纪70年代好得多，在过去的30年里我国GDP增长率始终保持在8%以上，基于我国和四川省经济发展状况及政府的重建支援措施，政府有能力在灾后重建中投入更多的人力、物力和资金，汶川地震的重建期应该比唐山地震要短，本书模拟的汶川地震在9年内完成重建任务应该是合理的。

表 6.5 国内外重大地震灾害的损失和重建期对比

地震名称	发生时间	震级*	直接经济损失**	间接经济损失**	重建期***
唐山地震（中国）	1976 年 7 月凌晨	Ms 7.8	100 亿美元①	—	10 年①
北岭地震（美国）	1994 年 1 月凌晨	Mw 6.7	250 亿美元②	64 亿美元②	—
阪神地震（日本）	1995 年 1 月凌晨	Ms 7.2	1000 亿美元	500 亿美元	8 年
集集地震（中国台湾）	1999 年 9 月凌晨	Ms 7.3	80 亿美元③	30 亿美元③	—
汶川地震（中国四川）	2008 年 5 月下午	Ms 8.0	1098 亿美元	385 亿美元	9 年

注：表中汶川地震的损失为本书中评估结果的美元折算值。*Ms 表示里氏震级（也称面波震级），Mw 表示矩震级，是地震震级的两种标度。**损失按灾害发生当年价计算。***重建期是灾害发生至受破坏资本修复或重置工作基本完成，生产能力基本恢复至灾前水平需要的时间。间接经济损失值按当年价计算。

资料来源：①Grossi et al.，2006；②Gordon et al.，1996；③Moh and Yao，2005。

汶川地震之所以会造成重大的间接经济损失，除了重建周期长以外，以下因素直接或间接地对恢复重建速度产生影响。首先，地震的直接破坏严重，特别是对交通、公共事业等“生命线”基础设施造成了严重破坏，而且震后滑坡、堰塞湖等次生灾害频发，给恢复重建带来了重重障碍，因此在震后初期一段时间内恢复重建速度较慢；其次，灾后建材供不应求导致物价上涨，灾区局部劳动力，特别是技工也供不应求，使劳动力成本上涨，加重了重建经济负担，而对于小企业或弱势群体，当保险缺乏、重建资金不足时可能会延缓重建进程；最后，灾害造成的大量人员伤亡和家园的破坏，会使灾区人民心理发生显著变化，甚至扭曲，如图 6.5 所示，灾民在灾害发生后心理可能会有大幅度的波动，不利于生产和投资环境的良好发展。

3）价格和利润。震后一些商品生产不足将导致其商品价格的上涨，如图 6.6 所示。从模拟结果可以看出，首先建筑业（12）、相关的木材加工及家具制造业（5）和建材及其他非金属矿物制造业（8）等部门商品价格都有适度地变化，特别是建筑价格剧增，震后 2 年内保持在 5% ~15% 的涨幅。其次，是食品制造业（3）、纺织缝纫及皮革制造业（4）、化学工业（7）、金属产品制造业（9）和机械设备制造业（10），而所有这些部门商品涨价的源头在于建筑行业建材涨价。

模拟的价格变化结果与汶川地震后四川省灾区建材价格上涨的实际变化相一致。图 6.7 为四川省极重灾区与非灾区的河北省当地建材价格对比，汶川地震灾后半年内建材价格平均上涨幅度在 5% ~28%，其中页岩标砖、卵石、中砂和原木等价格增长较多；而受国际金融危机的影响，河北省钢铁价格大幅度下降。

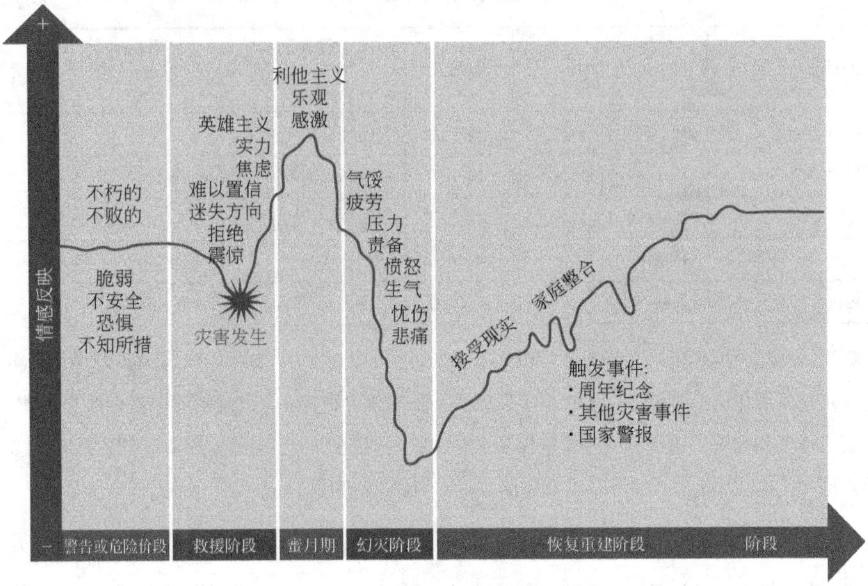

图 6.5　灾后灾民的心理响应过程

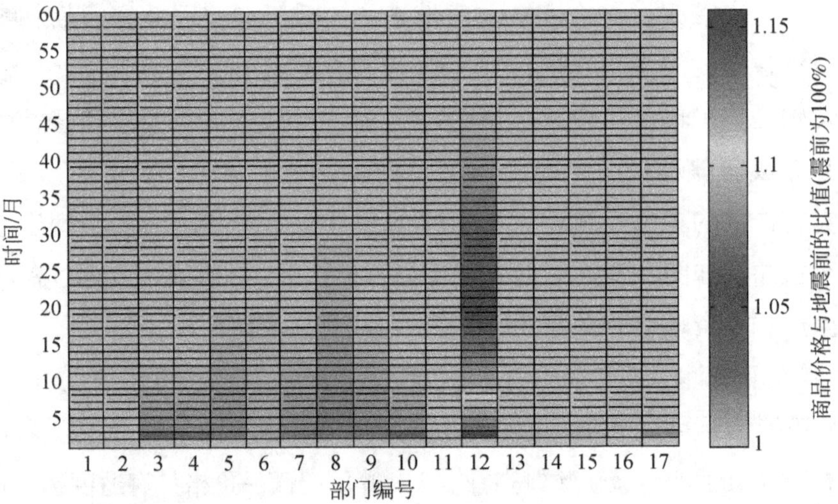

图 6.6　地震后商品价格与震前相比的变化

注：5 年以后商品价格基本恢复到震前水平，因此这里只是显示了震后 5 年的变化。

汶川地震重灾区建筑物材料价格上升的可能原因如下：第一，供不应求。考虑到运输成本，砖、砂石等常常是本地生产的产品，不容易从外部调入。第二，即使其他产品可以通过调入（或进口）满足重建需求，但这样会增加运输费用和时间成本，且对交通造成较大负担（许多公路由于滑坡等次生灾害影响经常中断）。河北省水泥价格的上涨大于四川省极重灾区，主要是在此期间当地煤炭和电力价格上涨，导致投入成本上升的。

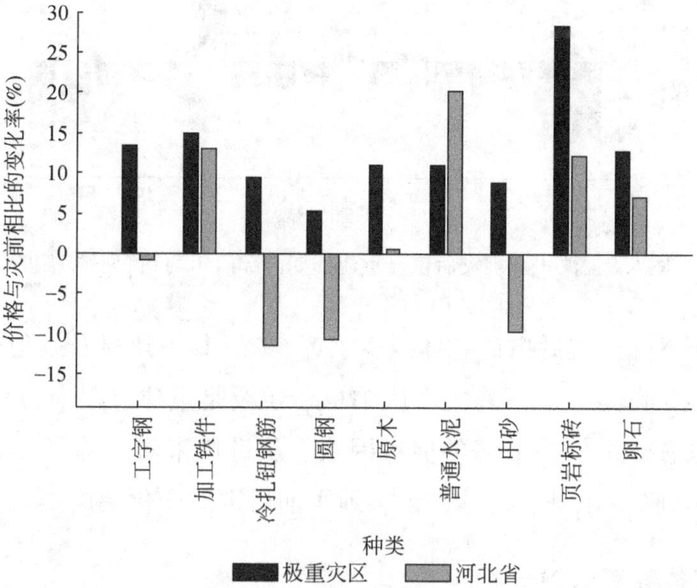

图 6.7　四川省极重灾区与河北省地震前后主要建筑原材料价格变化对比

（以灾前的 4 月为基础月份）

注：这里不包括极重灾区中汶川县、茂县和青川县的数据。

资料来源：四川省和河北省物价局，2008 年 1 ~ 11 月。

产品价格的上涨会导致重建支出大于正常情况下资本或设备的重置成本，在本书的模拟中，总的重建费用由于物价上涨从 7490 亿元上升至 7814 亿元，即由于需求膨胀使重建成本增加了 4.3%。

这种物价上涨及需求和生产容量的变化，对企业利润也造成重大影响。大多数部门由于产量下降而使利润下滑，下降幅度在 2% ~13%（图 6.8），但建筑部门获益幅度最大，利润增幅达 26%，建材及其他非金属制造业（8）和煤焦煤气及石油加工业（6）利润也有小幅度的增加。当然，实际的企业生产中，不同企业利润变化受企业本身的规模及类型影响，资本实力雄厚的企业能很快修复或重置受破坏的资产或通过转移投资等措施减小损失，因而在灾后也能立于不败之地，而小企业则不得不面对物价上涨的负担，恢复速度可能更慢，弱势企业可能面临破产的危险。

4）出口和进口。从灾区与灾区以外地区之间的进出口关系来看，震后各部

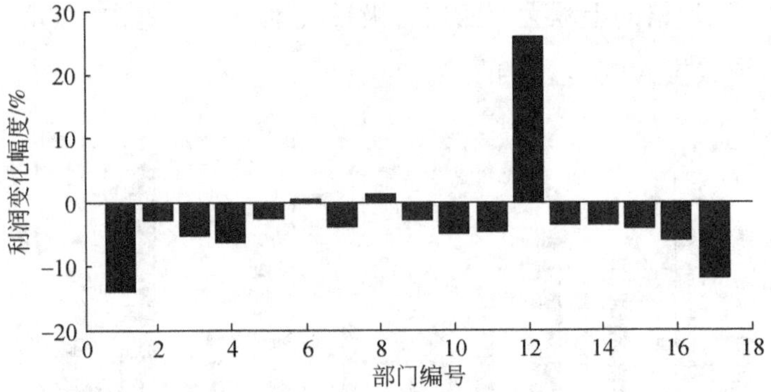

图 6.8　汶川地震灾后恢复重建期期内部门年均利润下降幅度

门出口都有所下降，震后出口总体减少了近 6%，其中建材及其他非金属制造业（8）出口幅度下降最大，下降幅度达 21%，主要是重建过程中为满足当地需求，当然这里面也有建材价格上涨的促进因素。从进口来看，除了建筑部门进口幅度比较大，达到 7% 以外，总体来说，地震前后进口变化幅度不大。

6.3.4　模型参数敏感性分析

1）超额生产参数。主要包括部门的最大生产容量（α^{max}）和调整至部门最大生产容量所需要的时间（τ_a），这一对参数是 ARIO 模型最重要的参数。这些参数描述了产业部门特别是建筑部门在灾后是如何通过调整其生产进度来应对日益增长的市场需求，从而弥补震后生产的不足，如企业通过轮流加班连续生产或者通过灾区以外设备和劳动力的调入实现。

通过 α^{max} 与 τ_a 搭配的 4 组值进行的模拟结果如图 6.9，这 4 组值包括：[100%；0]（无超额生产）；[120%；6 个月]（最佳猜测值）；[120%；3 个月] 和 [150%；6 个月]。

从图 6.9 中可以看出，超额生产能力参数 α^{max} 对产出的影响很明显，[150%；6 个月] 和无超额生产相比，灾后重建初始阶段生产水平恢复至灾前水平需要的时间从 16 ~ 120 个月，这主要是因为 α^{max} = 150% 时，灾后建筑部门生产量剧增，很大程度上弥补了其他部门的生产损失。

2）适应特征时间。适应特征时间是指以下参数：中间消费适应时间 $\tau_A^{\downarrow}$、$\tau_A^{\uparrow}$；当地最终需求适应时间 $\tau_{LFD}^{\downarrow}$、$\tau_{LFD}^{\uparrow}$；出口适应时间 $\tau_E^{\downarrow}$、$\tau_E^{\uparrow}$。这些参数为生产不足时，生产者转向从灾区以外地区进口（或调入）产品，以及生产充足时转向本地供货商的调整响应时间。为了简化，这 6 个生产短缺的响应时间参数

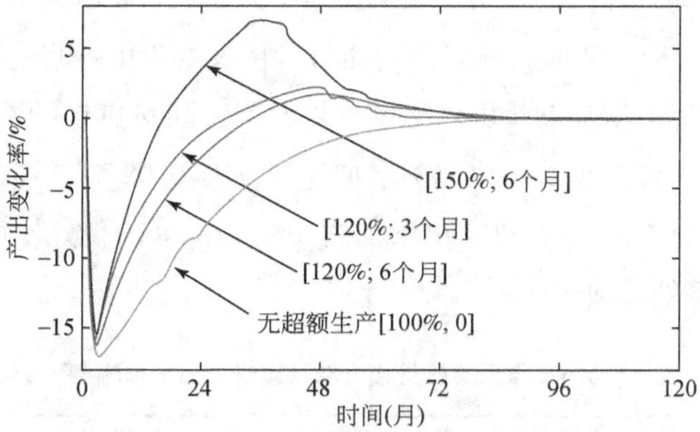

图 6.9　4 种不同超额生产能力参数下产出变化

注：用增加值表示灾前的生产力水平为 100%，[120%；6 个月] 表示部门生产能力在 6 个月内从灾前的 100% 上升到 120%，余同此类推。

假定等于同一个值 τ，即 $\tau_A^{\downarrow}=\tau_{\mathrm{LFD}}^{\downarrow}=\tau_E^{\downarrow}=\tau_A^{\uparrow}=\tau_{\mathrm{LFD}}^{\uparrow}=\tau_E^{\uparrow}=\tau$。图 6.10 为利用 4 种不同的适应特征时间参数模拟灾后生产不足的变化结果，这里不包括建筑部门生产不足的影响，主要是因为建筑部门的重建需求较大，容易抹杀其他部门生产不足的影响。τ 为无穷大，意味着无适应性调整，生产不足变化的比例为生产量减去需求量除以需求量的比率。从图 6.10 中可以看出，与没有适应性调整相比，适应特征时间为 3 个月时，生产不足可以有所减少，但是减小的幅度不是很大，总的来说，这种适应特征时间的变化对恢复期的影响不大。

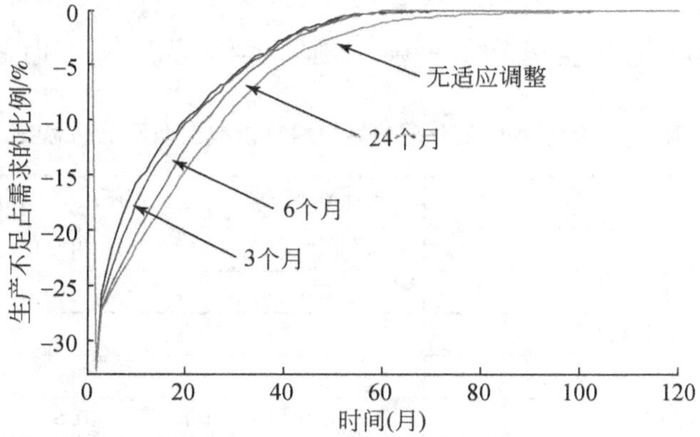

图 6.10　4 种适应特征时间下所有部门（不包括建筑部门）生产不足占需求的比例变化

3）价格机制。价格机制（γ^p）反映了灾后产品价格上涨的幅度，总的来说，价格机制对灾后恢复重建的周期及总损失没有什么影响。由图 6.6 可知，除了建筑部门，大部分部门对价格机制的反馈不大。表6.6对比了价格响应参数分别取0.04、0.08和0.12时，建筑部门建材价格灾后2年内的平均上涨幅度，以及最终导致重建支出增加的幅度。从中可以看出，建材价格随着 γ^p 的影响成比例上涨，同样使重建支出费用成比例增加，当 $\gamma^p=0.08$ 时，建筑部门灾后2年内价格上涨幅度近10%，重建支出增加约5%，达7881亿元，而不是地震造成的7490亿元直接经济损失。

表6.6　震后建材价格上涨及重建支出增加幅度

价格参数	价格上涨幅度（%）	重建支出（亿元）	重建支出增幅（%）	损失比（总损失/直接经济损失）
$\gamma^p=0.04$	4.7	7682	2.6	1.36
$\gamma^p=0.08$	9.6	7881	5.2	1.35
$\gamma^p=0.12$	14.8	8087	7.9	1.33

注：价格上涨幅度为建筑部门2年内价格平均上涨幅度。

4）需求价格弹性（ξ），简称价格弹性或需求弹性，是用来衡量需求的数量随商品价格的变动而变动的情况，表示需求量对价格变动的反应程度，等于需求变化率除以价格变化率。需求弹性与替代品的多寡、该项消费支出所占比例、物品的耐用性和商品类型（奢侈品或必需品）有关。

需求弹性 ξ 反映了随着价格上涨，当地最终需求和出口如何下降。如果需求弹性很高，则当地最终需求和出口将大幅下降，从而集中资源满足重建需求。ξ 分别取0（无弹性）、0.5、1和10（表6.7）进行模拟，从中可以看出，需求弹性越大，灾后恢复重建的速度会稍微快一些，重建期会稍微短一些，但是变化幅度不大。

表6.7　需求弹性变化对当地最终需求和生产不足的影响

需求弹性	表述用语	当地最终需求下降幅度（%）	生产不足减少幅度（与 $\xi=0$ 相比）（%）	重建期（月）
$\xi=0$	完全无弹性	2.8	—	108
$\xi=0.5$	无弹性（缺少弹性）	3.1	3.4	107
$\xi=1$	不变弹性（单位弹性）	3.4	6.6	106
$\xi=10$	富有弹性（$1<\xi<\infty$）	6.0	40.5	104
$\xi\to\infty$	完全弹性	—	—	—

6.3.5　直接经济损失和间接经济损失的非线性关系

巨灾造成的间接经济损失极其严重，为了弄清楚随灾害破坏程度加大，灾害间接经济损失的大小如何变化，图 6. 11 在汶川地震对四川省各个部门造成的直接经济损失基础上分别乘以 0 ~ 3. 5 的系数，作为灾害破坏程度的量度，然后来分析灾害造成的总损失变化。

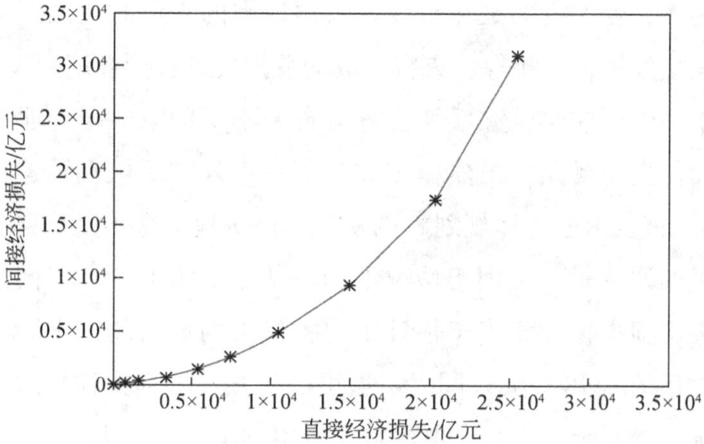

图 6. 11　直接经济损失和间接经济损失的非线性关系

注：此图按汶川地震造成的直接经济损失乘以 0 ~ 3. 5 的比例系数，从而得出间接经济损失随直接经济损失大小的变化。

图 6. 11 显示了灾害间接经济损失以直接经济损失为自变量的损失函数变化。汶川地震造成的直接经济损失为 7490 亿元时，其间接经济损失是直接经济损失的 35%，随后间接经济损失上升的幅度不断加快，当直接经济损失超过 10 000 亿元时，间接经济损失值大约是直接经济损失的 50%，而当直接经济损失约等于 22 000 亿元时，间接经济损失等于直接经济损失，即总损失是直接经济损失的 1 倍。

综合来说，通过模拟汶川地震以后四川省灾后经济恢复重建的过程，汶川地震的恢复重建大约需要 9 年的时间，在此期间，汶川地震对四川省共造成约 2628 亿元的间接经济损失，约占直接经济损失（7490 亿元）的 35%。

对改进的 IO 模型参数的敏感性分析可知，灾后部门最大生产容量（或称加速生产能力）和调整至最大生产容量需要的时间是影响灾后恢复重建进度最重要的两个指标。价格响应参数和需求弹性参数对重建期和地震间接经济损失有一定影响，但影响幅度很有限。

灾后由于生产不足导致的建材价格上涨会使实际的重建支出上升，在灾后重建中应该考虑到这个问题，适当调配资源配置满足需求及实施合理的价格控制措施，对于灾后恢复重建的顺利进行是极为有利的。

灾害的间接经济损失和直接经济损失存在着非线性关系，即随着灾害破坏程度的加剧，灾害的间接经济损失会随直接经济损失的增大而呈非线性增长。以汶川地震为例，若地震的破坏程度是汶川地震的 2 倍时，该巨灾造成的直接经济损失和间接经济损失相等，灾害造成的总损失是直接经济损失的 1 倍。

另外，本书的评估假设灾后恢复重建资金不受约束，即企业和家庭不会因为资金问题而使重建受阻，虽然国家实施了一系列灾后恢复重建优惠政策，如《汶川地震灾后恢复重建总体规划》的实施，但重建资金不足仍是实际重建的约束因素，这里的评估是一种理想情况下的评估。事实上，本书低估了汶川地震造成的间接经济损失值，相当于估计了灾害损失的下限值，实际的间接经济损失值要大于这里的 2628 亿元。同时，这里的间接经济损失评估未考虑文化古迹损失、生态损失等问题，也没有考虑救灾费用支出。

6.3.6 不同灾害管理策略的潜在效益分析

ARIO 模型为量化评估恢复重建策略的效益提供了一种决策工具，其情景分析有利于决策者了解灾后不同风险管理策略在减轻灾害损失中的作用。加速重建和保险补偿毫无疑问会为灾后重建发挥积极作用。首先，震后通过劳动力和设备的大量投入，包括灾区以外设备、人员的调入，以及延长生产时间等，加大建筑部门及辅助部门的生产能力，从而更好地满足其他各个部门的重建需求，实现加速重建，减少地震对生产资本破坏造成的产量下降；其次，保险或政府补偿可以补充灾后重建资金不足，保证生产力的恢复，特别是可以保证家庭及弱势企业的尽早恢复。

汶川地震以后，我国政府实施了《汶川地震灾后恢复重建总体规划》，采取了一系列积极有效的财政、税收和对口支援等政策，针对地震灾区保险角色缺失，政府成为灾害恢复重建资金筹集的主要角色，具体政策包括如下：①积极的财政政策。中央政府、地方政府建立重建基金、优惠贷款、鼓励自救。②对口支援。经济相对发达省份帮扶重灾区，补充当地资金、劳动力和技术等生产力不足，加速重建进程。③优惠政策。投资准入门槛降低、减免税收等。

以上震后实施的积极的恢复重建规划及相应的政策，缓解了震后重建资金不足的约束，加快了生产、加速了重建进程、弥补了生产不足，不管是对生产容量的不足还是对重建资金的缺乏都起到了非常关键的弥补作用。

6.3.6.1 加速生产策略的潜在效益

灾后经济系统自身的恢复力和外在适应性响应可以防止部门生产力的迅速下滑。内在恢复力是指正常状态下部门生产可以在外部冲击导致的产量缩减情况下，通过库存、增加投入替代来缓解供给不足或市场在价格信号响应下重新分配资源的能力；外在适应性响应是指危机状况下的灵活性，如部门加强市场供需协调的能力，以及政府政策鼓励等措施加快资源合理利用（Rose，2004；史培军，2005；刘婧等，2006）。

在汶川地震的恢复重建中，在经济系统自身恢复力有限的情况下，以下外在适应性响应（主要是满足技术工人和资金设备不足的限制）有利于提高部门生产能力：

1）中国人民解放军在稳定和提高灾区生产能力上发挥了重要的作用。汶川地震期间，我国动员了 13 万现役军人和武警部队进行震后的救灾与恢复重建，特别是在灾后初期恢复阶段，承担修复公路、建造临时住房和安置灾民等工作。

2）震后重建过程中实施对口支援政策。我国中东部较发达的 18 个省份以不低于其 2007 年财政收入的 1%“一对一”援建四川省的 18 个重灾县（区），其中包括技术工人和设备的支援。

3）由于灾区地震保险的缺失，根据《汶川地震灾后恢复重建总体规划》，国家和地方政府将分 3 年投入 10 000 亿元资金用于灾后重建，为灾后恢复重建提供了资金保障。

4）进城务工人员返乡重建。四川省是一个以农民工输出为主的省份，震后大量农民工返乡重建家园有力地补充了当地劳动力的不足。

5）震后国家除了给予财政支持，还实行税收优惠和贷款等金融扶持政策，降低重建准入制度，鼓励公民、法人和其他组织提供物资、技术与人力，同时接受外国政府和国际组织提供的援助。这些措施保证了生产力的尽快恢复和提高。

基于以上汶川地震间接经济损失评估的假设，本节进一步分析灾后提高部门生产能力对减轻灾害间接经济损失的作用。在震后，假设 5 种加速生产情形下，部门产出和重建需求变化的差异（图 6.12 和图 6.13），以及灾害间接经济损失随地震破坏程度的变化（图 6.14）。这 5 种情形分别为：［100%，0］（无加速重建）；［120%，6 个月］（本书中的最佳猜测值）；［120%，3 个月］；［150%，6 个月］和［150%，3 个月］。

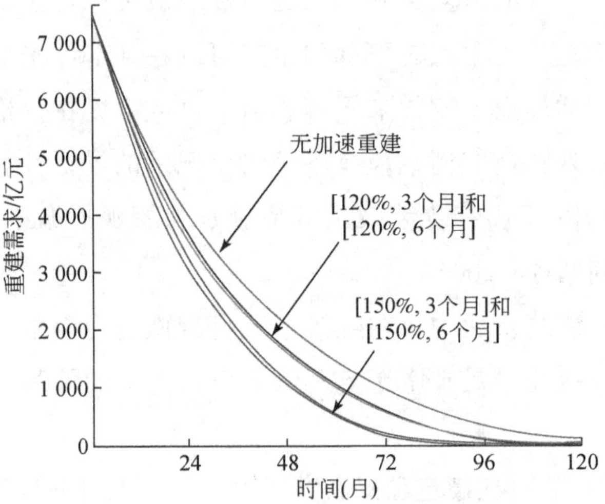

图 6.12　5 种加速生产情形下部门总的重建需求随重建进程的变化

注：［120%，6 个月］表示部门生产能力在 6 个月内（加速期）可以逐步达到灾前水平的 120%，灾前生产力水平为 100%；余依此类推。

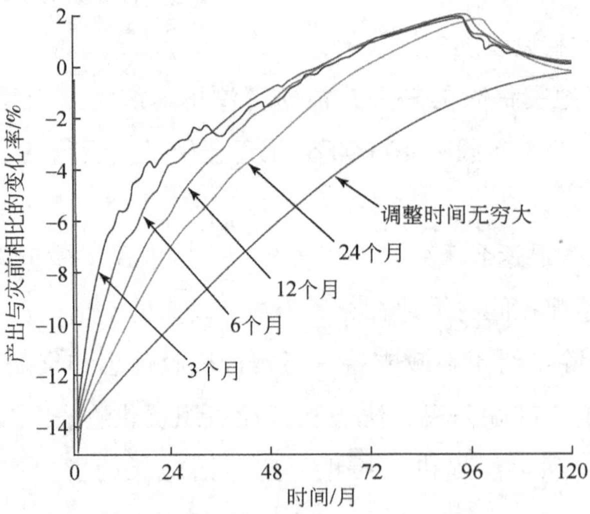

图 6.13　5 种加速调整期下部门总产出（用增加值表示）与灾前产出水平相比的月变化率

注：部门最大生产能力不变，都为 120%，“12 个月”表示部门生产能力从灾后剩余生产能力调整至灾前水平的 120% 需要 12 个月时间；图中“调整时间无穷大”意味着无加速生产。

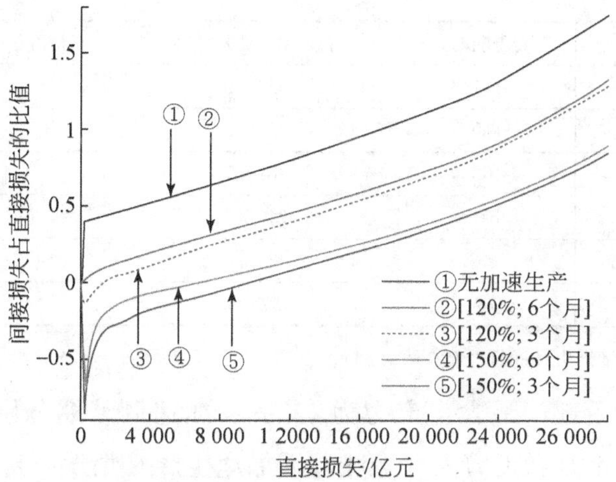

图 6.14　5 种加速生产情景下随地震破坏程度增大间接经济损失占直接经济损失的比率变化

注：[120%；6 个月] 表示部门生产能力在 6 个月内逐步达到灾前水平的 120%，灾前生产能力水平为 100%。间接经济损失占直接经济损失比值为负值，表示灾后由于加速重建当地经济获益。

从图 6.12 可以看出，不同的加速生产情形下，地震破坏导致的资产损失是如何随时间被一步步重建的，地震引起的重建需求随着重建进程逐渐减少，加速生产幅度越大，加速期越短，灾害破坏的重建需求减少的越快，即重建速度越快，间接经济损失越小（表 6.8）。6 个月内部门最大生产能力达到灾前的 120% 与没有加速重建相比，间接经济损失减少了 46%；而如果震后 3 个月内，部门生产力水平能达到灾前的 150%，则地震造成的间接经济损失仅占直接经济损失的近 8%。当然对于汶川地震这样对生产设施等破坏性极强的灾害，劳动力缺乏、交通中断、资金缺乏和心理失衡等诸多因素使灾后重建力度很难达到这个水平。另外，表 6.8 中灾害总损失与直接经济损失的比例证明，灾害造成的损失不仅仅是直接经济损失，间接经济损失在总损失中所占据的比例也很大，无加速重建情况下，地震造成的总损失是直接经济损失的 1.65 倍；震后 3 个月内，部门生产力水平能达到灾前的 150%，与没有加速重建相比，总损失可以减少 35%。

表 6.8　不同加速重建力度下汶川地震对四川省造成的间接经济损失及重建期对比

加速重建力度	重建期/月	间接经济损失/亿元	间接经济损失/直接经济损失*
[100%，0]（无加速）	>120	4919.9	0.66
[120%，∞]	>120	4919.4	0.66

续表

加速重建力度	重建期/月	间接经济损失/亿元	间接经济损失/直接经济损失*
[120%，24个月]	111	3529.0	0.47
[120%，12个月]	110	3378.2	0.45
[120%，6个月]	108	2627.7	0.35
[120%，3个月]	101	2176.0	0.29
[150%，6个月]	83	1395.2	0.19
[150%，3个月]	78	574.6	0.08

*总损失为直接经济损失和间接经济损失之和。

图6.13为震后部门最大生产力为120%，加速调整期分别为3个月、6个月、12个月、24个月和无穷大（意味着无加速生产）情况下产出（用增加值表示，以避免重复计算）与灾前生产水平相比随重建进程的变化，重建过程中的小幅振荡主要是由于生产系统适应调整过程中的不稳定性造成的。从中可以看出，加速期越短，部门总体生产能力恢复越快，部门产出也恢复越快，造成的间接经济损失也会越小。由表6.8可知，加速调整至最大生产能力需要的时间为3个月与24个月相比，间接经济损失可以减少55%，相应的总损失减少12%，其主要原因在于加速生产在灾后恢复重建初期可以迅速补充生产力不足的问题，减轻了生产不足的波及效应影响。这也是为什么重大灾害发生以后，国家迅速投入灾后重建资金加速灾区生产力的恢复。从表6.8和图6.13中也可以看出，不同的加速调整期对重建期产生的影响不大，主要是因为在重建期间的消费总量（包括产品和服务）是基本固定的。

从图6.14可以明显看出间接经济损失占直接经济损失的比率变化：①随着灾害破坏程度的加大（直接经济损失递增），间接经济损失呈明显的非线性变化，而且直接经济损失越大，间接经济损失变化的幅度也越大；②地震造成的间接经济损失与灾后部门加速生产的幅度和部门加速生产调整时间密切相关，灾后通过提高建筑相关部门的生产能力，满足重建需求，加速重建进程可以明显减少灾害造成的间接经济损失。这也给灾害管理决策者提供了很好的启示，即灾后可以通过提高建筑等相关部门的生产能力，加速重建，从而减轻重大自然灾害造成的间接经济损失。

另外，在灾害破坏程度较小时，灾区会因为加速重建而获益，间接经济损失占直接经济损失比率为负值，当然这种情况在实际中很少存在，主要是因为只有重大灾害发生可能对经济稳定发展或经济增长产生重大影响时，决策部门才可能考虑加速重建策略，而在灾害低发时期，决策部门更注重地区发展规划中的建设投资项目。

但是也应注意，加速重建策略需要大量劳动力和物资设备的投入，这在一定程度上容易导致灾区以建材为主的物价上涨和工资上涨，这样将大幅度提高灾民重建住房的成本，造成重建补助的缩水，加重了一些灾民和厂矿企业的经济困难，甚至造成更多的负债，不利于重建的顺利进行。因此在重建过程中政府应鼓励并支持灾民从事重建工作，支持小型企业充分吸纳本地劳动力进行恢复重建，促进灾民的就业，这样不管是从灾民自力更生能力上还是提高灾民的自信心上都能发挥重要作用，减少灾害的负面影响，加速恢复重建。

6.3.6.2 保险补偿策略的潜在效益

(1) 灾后重建资金不足是制约重建进程的重要作用

我国还没有建立完善的灾害保险体系，更没有单独针对地震的保险产品，根据保险监督管理委员会的统计，汶川地震的保险赔付额仅为16.6亿元，仅占8451亿元直接经济损失的0.2%。我国灾害保险补偿率远低于全球商业保险业平均水平，而一个完善的灾害救助体系，不仅需要政府在灾后援助方面发挥重要作用，更需要全民积极参保，政府或保险公司通过地震保险及再保险等方式分担风险，从而在灾后减轻灾民、企业和政府重建时的负担。

我国处于世界两大地震带——环太平洋地震带与欧亚地震带之间，是一个地震多发的国家，地震风险给我国人民的生命财产安全和经济的可持续发展造成了极大的威胁。目前，我国重大自然灾害发生之后的恢复重建资金基本上是靠国家财政和民间捐助，这给国家财政带来了巨大负担。保险在减轻地震灾害间接经济损失和经济的可持续发展中能发挥很大的作用，因而了解保险补偿率尤为重要。

(2) 家庭预算影响及减轻间接经济损失的作用

下面将用ARIO模型来量化评估不同保险补偿率对家庭预算的影响及减轻灾害间接经济损失中的作用。这里的保险补偿率是指当地保险赔付额占地震直接经济损失的比率，政府补助也是保险补偿的一种特殊形式。在ARIO模型中，主要从以下几个方面反映保险补偿率高低对重建的影响：①对于普通家庭来说，如果保险补偿率低，不足以重建受损房屋，他们不得不通过贷款支付重建花费，并通过减少家庭消费以使在重建完成后能够偿还债务；②对于企业来说，如果保险补偿率低，企业不得不降低其职工工资待遇，以支付重建支出，进而影响家庭预算，导致家庭消费水平下降，最终影响当地需求。

为了评估保险补偿率 γ 对家庭预算的影响，对于汶川地震，假设以下3种情景：①保险体系缺失状况下（$\gamma=0$），灾民和企业可以贷款重建受破坏的资产，但是需要在重建完成后偿还债务；②本书估计的汶川地震保险补偿率（家庭补偿率 $\gamma_h=0.05$，企业补偿率 $\gamma_b=0.10$）；③保险公司补偿所有重建支出（$\gamma=1$，虽然这种情况在现实中并不存在）。本书假设灾前家庭预算为零，从而评估这3种保险补偿率下家庭预算随重建进程的变化，具体如图6.15所示。家庭预算为负值可以理解为负债，家庭预算为正值可理解为家庭的存款。灾后由于保险赔付或优惠贷款等，企业和家庭能够尽快重置生产设备和房屋，使经济迅速恢复，由于保险的赔付或政府补偿，家庭没有偿还债务的负担，最终需求不会下降太大。最佳猜测保险补偿率下的月家庭预算比与没有保险补偿相比最大相差20%，而灾害损失全部由保险公司赔付和没有保险相比，家庭预算差别更大。

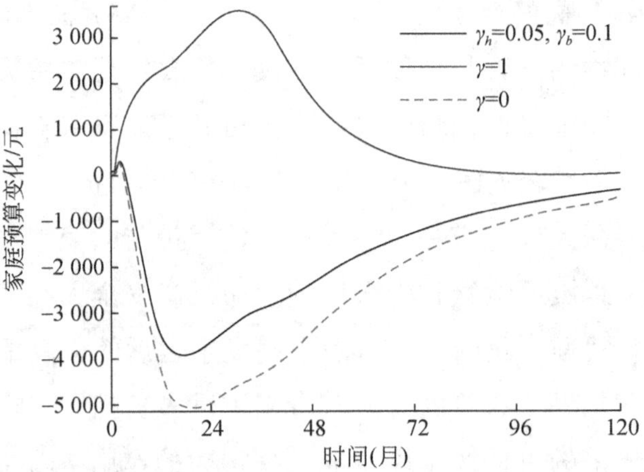

图6.15 不同保险补偿率下家庭预算与灾前相比随重建进程的变化

注：$\gamma=0$ 表示家庭和企业要承担全部重建费用，$\gamma_h=0.05$ 表示家庭补偿率为5%，$\gamma_b=0.10$ 表示企业补偿率为10%，$\gamma=1$ 表示全部重建费用由保险公司或政府补偿。

根据表6.9的统计，当重建费用全部由保险公司赔付或政府补贴时（$\gamma=1$），地震造成的间接经济损失与最佳猜测值（$\gamma_h=0.05$，$\gamma_b=0.10$）损失相比，减少了近45%；全部由保险公司赔付和没有保险相比，总的间接经济损失可以减少近50%。模拟结果证明了完善的保险体系可以避免灾后消费能力的下降，减轻灾害造成的间接经济损失，因此建立针对一般家庭和企业的地震保险对于稳定经济发展是非常有益的。

表6.9 不同保险补偿率下的间接经济损失对比

保险补偿率	间接经济损失/亿元
$\gamma_h=\gamma_b=1$	2 024.4
$\gamma_h=0.05$，$\gamma_b=0.10$	3 744.7
$\gamma_h=\gamma_b=0$	4 035.4

(3) 地震保险是减轻地震灾害风险的关键

地震保险是减轻地震脆弱性和提高经济恢复力的一个重要策略。如美国、法国、日本和新西兰等发达国家，以及中国台湾和土耳其等发展中国家与地区都已经建立了针对地震的巨灾保险体系（郑伟，2008）。汶川地震后补偿机制主要由政府财政、国内外社会捐助和保险赔付承担，其中，保险赔付仅占地震直接经济损失（8451亿元）的0.2%，且主要是企业财险附加险，而没有针对家庭的地震保险；国内外社会捐助（约660亿元）占7.8%；而其他90%以上的损失则由政府来承担，给政府造成了严重的财政负担。社会捐助毕竟有限，政府巨额补偿则不利于国家（地区）经济长远计划的实施，因此，地震保险是减轻未来地震灾害损失的关键。

以上分析也可以证明，我国如果开展地震保险，地震损失由保险业承担一部分，不但能减轻重大灾害对国家财政带来的冲击，而且地震保险基金的积累可在地震发生后起到及时、充分的补偿作用，促进生产力的尽快恢复，减少灾害造成的间接经济损失，保证社会经济的稳定发展。

6.3.6.3 减轻灾害间接经济损失的途径

(1) 灾后政府财政部门的应变能力

灾后恢复重建资金缺乏是制约灾区恢复重建速度的决定性因素之一，而良好的财政政策可以为重建提供很好的资金来源，为刺激经济发展和灾后快速恢复提供保障。一般来说，灾后救助和重建资金来源主要有4条途径（表6.10），但是，每种途径都有其使用的限制，并存在一定的风险，使用之前应谨慎分析。

表 6.10 灾后重建资金来源

类型	来源	风险
降低政府开支	预算挪用	机会成本损失、扰乱规划和发展进程
增加政府收入	税收	消费紧缩
信贷和发行债券	中央银行信贷、发行债券、国际货币基金组织借款、国际债券	通货膨胀、财政和债务危机、国际收支平衡危机
外部援助	社会捐助、国际援助	高度不确定性

资料来源：Hochrainer，2006。

从其他预算项目中挪用资金用于恢复重建是灾后政府部门常常采用的措施，因为对政府来说，挪用资金没有什么直接成本。但是，这样会阻碍其他计划项目及发展规划的顺利执行，从而造成计划项目和服务的收益损失（机会成本损失）。增加税收的政策问题较多，特别是在一场灾难过去以后，经济往往处于低速增长期，加税可能进一步使社会总体消费水平下降，会加重经济增长下滑的趋势。如果通过预算转移或税收政策仍不能满足灾后需求，可能会采取赤字财政政策，包括从中央银行或私有商业银行的信贷、从国际货币基金组织贷款或发行债券等，然而，从宏观层面来说，政府是否能够承担起重建支出的债务问题及如何保证财政政策的稳定发展是一个严峻的问题。外部援助包括私有和公有企业、机构、团体和政府间组织及个人等的捐款与物资援助等。这种援助以救助、技术支援、赠款和物品等形式帮助灾区，但其存在高度的不确定性。

图 6.16 显示了灾前风险控制和灾后风险融资与经济发展的关系。如果风险控制措施得当，有助于降低生产资本的破坏。而灾后风险融资措施有助于降低流量损失。恢复重建策略也有助于降低流量损失，当然，这主要与灾后可获得的资源量多少有关。

（2）灾前风险转移策略

在过去的几十年里，灾害造成的损失越来越大，灾害发生的频率也越来越高，极端天气事件增多，灾害对人们的生产生活产生了重大影响，给灾害管理造成了越来越大的压力和挑战。改进灾前风险管理策略已经变得尤为重要，各国政府部门对灾害管理也越来越重视，就像 Benson 和 Clay（2000）指出的那样，人们对灾害的认识有了本质的改变：过去人类社会很被动，政府在灾害发生后才有所反应，而现在政府希望通过主动采取有效措施将灾害的发生控制在一定程度。

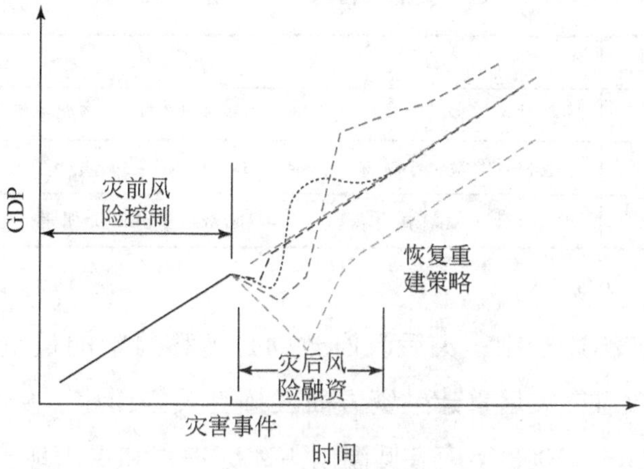

图 6.16　灾前风险控制和灾后风险融资等政策对经济发展的影响

注：不同曲线表示不同政策下的经济恢复轨迹。

从国家层次来说，一次灾害的风险承担者可能是政府、私营企业或者像世界银行这样的国际组织。私营企业部门利益相关者包括资产拥有者（家庭和企业）、保险公司、再保险公司和资本市场。从家庭和企业层次来说，可以在风险规避、风险转移、风险自留之间进行权衡，选择合适的风险管理策略（Hochrainer，2006）。各个群体对风险管理策略的方式是他们风险感知程度的函数（Slovic，2000）。特别是对于低概率事件，人们不太担心灾害后果。Kunreuther（1996）将这种对灾前防御措施（如保险或工程性减灾措施）和一次巨灾后保险公司与政府高额的支出漠不关心的现象称为“自然灾害综合征”。保险公司为自然灾害造成财产所有者的损失提供保障，再保险公司为保险公司提供保护，而资本市场可以通过巨灾债券等手段作为面对大灾损失时对再保险公司的一种补偿。

分散自然灾害风险的金融工具可以分为风险转移工具和风险分散工具两大类。其中，风险转移分为非市场风险转移和市场风险转移两种类型占主导地位的是以保险和再保险为主的市场风险转移工具。非保险市场的市场风险转移的金融工具包括：巨灾债券、天气衍生工具、资本票据、巨灾权益买卖、巨灾期货、巨灾互换等（Pollner，2001）。对于当下中国来说，灾害风险管理主要以非市场风险转为主，而且跨期风险分散工具应用还不常见。自然灾害风险管理的途径和工具见表 6.11。

表 6.11　自然灾害风险管理途径和工具

风险转移途径	工具示例
非市场风险转移	政府对私有和公共部门的救助与重建资金援助、亲属邻里帮助、捐赠者援助
市场风险转移	保险和再保险，小额保险，金融市场工具：巨灾债券、天气衍生工具等
跨期风险分散	应急信贷（金融市场票据）、基金储备、小额信贷和储蓄

资料来源：Mechler，2005。

非市场风险转移途径中，灾后政府救助是转移风险的最重要途径，特别是在发展中国家，政府在灾后重建融资方面发挥着关键作用。从我国应对 1998 年洪水、2003 年 SARS、2008 年南方低温雨雪冰冻灾害和汶川地震等巨灾的实践经验可以看出，我国“举国应对巨灾”的风险防范模式在减轻灾后损失方面发挥了重大作用，而其中各级政府的坚强指挥及灾后重建资金的大力支持起到了核心作用（史培军和刘燕华，2009）。

（3）防灾投资——结构性减缓措施

结构性减缓措施是在灾前通过一定的工程性措施减少物理设施的易损性或减轻极端事件的影响，对于不同的灾害，其减缓措施可能不同。灾害不可避免，灾害的影响可以通过政府决策或者减灾措施而大大减少，如通过加固建筑物或提高建筑物设防水平来防御地震，又或者通过合理的土地利用规划降低结构风险。虽然这种减灾措施看起来成本很高，但是它们可以预防灾害破坏并最终证明其实施的必要性和价值。

已有的研究证实了采取适当的减灾计划的益处。Petak 和 Elahi（2000）对美国北岭地震的研究证实，所有受破坏的交通设施没有得到加固，而加固过的 122 个交通设施没有遭受破坏。这些加固的交通设施事实证明挽救了生命、减少了损失。King 等（1997）分析了加利福尼亚州帕洛阿尔托在供水服务“生命线”系统遭受破坏情境下，通过投资 50 万美元用于防灾措施可以避免超过 600 万美元的损失。Rose 等（1997）指出美国北岭地震后通过合理调整电力资源在工业部门之间和地区之间的合理再分配，可以减少 70% 因电力中断导致的损失。Veneziano 等（2002）指出在孟菲斯地震事件前通过加固砖房，可以分别减少地震造成的直接经济损失和间接经济损失的 31% 和 25%。根据 Freeman 等（2003）估计，在整个 20 世纪 90 年代，若对灾害预防多支出 400 亿美元投资，就可以使全球因灾损失减少 2800 亿美元。周旭霞（2007）用一个数量模型分析了防灾投资、生产投资、灾害发生概率与经济发展之间的关系，证明了防灾投资额应与资本成正比，同时当灾害发生的概率上升时，不能存在侥幸心理，应减少商业投资，增加防灾投资，把自然灾害与可持续发展联系起来。

（4）政府主导的巨灾保险体系

保险是日常避险的重要市场化工具，目前我国地震灾害发生后最主要的经济补偿手段仍是政府救济。灾后政府补偿有利于保障灾后经济迅速恢复，但是灾害补偿往往也带来沉重的经济负担。在巨灾面前，政府在灾害补偿方面会力不从心，而且灾害损失补偿在某种程度上会降低经济效率，同时容易造成受益群体的依赖性，也在客观上助长了一些灾民和基层组织中存在的对待灾害的消极行为。因此，对自然灾害的损失补偿，一个综合的灾害保险体系比政府直接补偿更加有效，对经济发展更为有利。

从国内外保险发展及研究现状来看，抗灾救灾及保险都需要市场手段的综合应用，让市场力量发挥积极作用，保证正常的激励机制，如资金补贴或强制规定，尽可能增大灾害保险的覆盖面。但是，无论是保险、再保险，还是当前发展的金融工具，面对巨灾造成的损失，仍需要国家和政府来对破坏补偿提供保障，如果保险和再保险公司不能对灾难损失提供保险，就需要政府的介入，无论什么手段，都无法替代政府在灾害应对中发挥的作用。同时需要注意的是政府也不是万能的，在政策的具体执行过程中，面对多种社会政治文化等问题，政府决策的失误和过度干预也可能造成严重的后果。Horwich（2000）研究了日本神户大地震后的恢复重建问题，认为存在外部援助供需不匹配，政府对地震的错误政策引导，包括救生器械和保险的过度管理及土地的不合理使用等问题。从长期来看，建立一个由市场主导、由政府推动的灾害防御长效管理机制，才能更完善地解决实际问题，实现社会经济的可持续发展。

欧美一些发达国家及少部分发展中国家及地区已经建立了巨灾保险体系，这些体系的制定往往是在一个重大自然灾害发生后实施的（表6.12）。值得一提的是，西班牙的保险体系中保险标的不仅包括由于地震、海啸、洪水、飓风、恐怖主义、暴乱和民间骚乱等人为和自然灾害对个人与商业财产的破坏，还包括商业中断损失。

表 6.12 国内外巨灾保险计划及类型

国家及地区	保险计划名称	建立年份	类型
美国	国家洪水保险计划（NFIP） National Flood Insurance Program	1968	政府资助、保险
	加州地震保险计划（CEA） California Earthquake Authority	1996	非政府资助、保险
	佛罗里达飓风灾难基金（FHCF） Florida Hurricane Catastrophe Fund	1993	非政府资助、再保险、强制
法国	自然灾害保险（CN） Catastrophes Naturelles	1982	政府资助、再保险、自愿
冰岛	冰岛巨灾基金（ICF） Icelandic Catastrophe Fund	1975	非政府资助、保险
日本	日本地震再保险（JER） Japanese Earthquake Reinsurance Company	1966	政府部分资助、再保险、强制
新西兰	地震委员会（EQC） Earthquake Commission	1994	非政府资助、保险
挪威	挪威自然灾害保险 Norsk Naturskadepool	1980	非政府资助、再保险
西班牙	保险赔偿集团（CCS） Consorcio de Compensacion de Seguros	1954	政府资助、保险
瑞士	Elementarschadenpool	1939	非政府资助、保险
中国台湾	台湾住宅地震保险（TRIP） Taiwan Residential Earthquake Insurance Pool	2002	政府资助、保险
土耳其	土耳其巨灾保险（TCIP） Turkey Catastrophe Insurance Pool	2000	非政府资助、保险

保险公司可以把灾害损失的风险分散到全球再保险市场，而再保险又可以通过像巨灾债券这样的资本市场工具重新分散其所面临的风险（图 6.17）。

综上，基于 ARIO 模型评估不同加速生产力度下，汶川地震的恢复重建期和造成的间接经济损失结果如下。

首先，与没有加速生产（灾后生产能力依赖于灾害破坏后剩余生产资本的生产能力）相比，若灾后部门最大生产能力在 3 个月内可以达到灾前的 150%，则汶川地震的恢复重建期至少可以缩短 3 年半（表 6.8），地震造成的间接经济损失仅占直接经济损失的 8%，地震造成的间接经济损失仅约为 575 亿元，当然这是一种理想的假设，但是，这也证明了灾后通过快速融资用于灾后重建，以及加大人力、物力投入，加速重建，可以减轻灾害总损失。

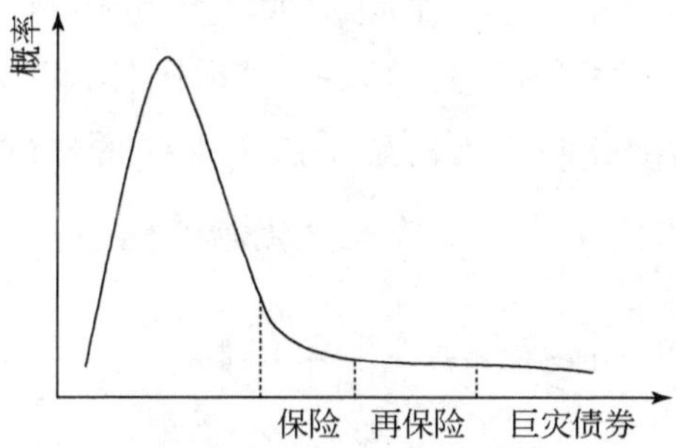

图 6.17　灾害损失概率分布和风险转移金融工具修改自

资料来源：Goes and Skees，2003。

其次，基于汶川地震损失的破坏情况，通过比例放大这种破坏的强度，模拟灾害间接经济损失随直接破坏程度的变化，可以看出，随着灾害破坏程度的加大，灾害造成的间接经济损失呈非线性增加的趋势。

再次，本章基于灾后保险补偿率水平，评估损失补偿幅度对家庭预算及对居民消费总体水平的影响，结果显示，重建费用全部由保险公司或政府补偿与完全没有灾害损失补偿相比，地震造成总的间接经济损失可以减少近 50%，从而也证明了灾害保险补偿体系的必要性和重要性。

最后，基于汶川地震灾害间接经济损失评估结果和灾后风险管理策略的潜在效益分析，从灾前风险控制策略和灾后风险融资策略方面探讨了减轻灾害间接经济损失的途径，其中，应该牢记的是，灾前通过防灾投资的结构性减灾措施可以防止或减缓灾害造成的破坏，而灾后的风险融资等非工程性措施同样重要，灾后的风险管理面对的是灾害破坏后人们如何面对的问题，这就意味着人们可以通过积极的重建政策减轻灾害造成的间接经济损失。

6.3.7　“举国体制”的经济效益评估

根据 1979 ~2008 年我国国民经济与社会发展统计公报，在过去的 30 年里，我国经济以年均超过 8% 的 GDP 增长率发展，我国目前正处于经济高速发展期，包括贫富差距、资源约束等各种矛盾处于非常集中、尖锐的时期，加上我国灾害保险体系不够完善，在遭受灾害冲击时的适应能力有限。2008 年年初我国南方冰冻雪灾和 5 月 12 日四川汶川地震两次巨灾造成近 10 000 亿元的重大直接经济损失就是典型的例子。另外，我国特色的“举国体制”以其举国应对、高效救灾、对口支援等特点在加速灾后社会经济恢复重建中发挥了关键作用。

本节基于ARIO模型，将“举国体制”加速经济恢复重建的行为引入到ARIO模型中，主要解决以下两个问题：第一，“举国体制”如何加速灾区社会经济恢复重建？第二，“举国体制”在减轻地震灾害间接经济损失方面发挥多大作用？从而为决策者灾后重建策略的实施及优化调整提供一种决策分析方法。

6.3.7.1 我国应对汶川地震的“举国体制”

“举国体制”是一种很强的国家能力（高建国，2010），包括宏观调控、汲取财政、合法化及强制能力等，使政府在中国特色社会主义制度下可以集全国的人力、物力和财力快速救灾与加速灾区恢复重建。1976年河北唐山地震、1998年中国特大洪涝灾害、2008年中国南方雨雪冰冻灾害和2008年汶川地震等巨灾的应对，都充分证明了这种国家能力在抗灾救灾和恢复重建中的成效。

我国在应对2008年汶川地震的“举国体制”主要表现在以下几个方面：①在灾害应急响应过程中，动员全国卫生医疗、交通、通信、救援、军队和武警等各方面系统的力量，迅速解决临时住房问题，修复道路、通信、电力等基础设施，保证灾区及周边“生命线”基础设施的维持，以及家庭生活与社会秩序的稳定；②灾后恢复重建过程中，重建资金来源上，首先，中央政府减少公用经费支出预算，按重建需求的30%建立恢复重建基金；其次，东部和中部经济能力较好的19个省份根据自身经济实力和受灾县（市、区）灾情程度对口支援受灾严重的县（市、区），且按不低于本省份上年地方财政收入的1%连续支援受灾县（市、区）3年；再次，其他一般灾区重建资金主要由地方政府筹集；最后，社会募集、银行优惠贷款等重建资金的多元化为灾后恢复重建提供了资金保障。同时，中央政府和灾区地方政府出台了一系列税收减免、金融扶持、准入制度降低、外国社会援助等优惠政策与措施。这些措施保证了灾后初期生产力水平不至于严重下降，而随着外部援助的人力、物力和财力的融入，加速了灾区恢复进程。

6.3.7.2 经济效益评估方法

灾害冲击可以看作是对灾区经济发展的外部扰动，灾后灾区的经济发展水平（以GDP水平来表示）可以高于或低于灾前水平。如图6.18所示，巨灾发生后，若灾区保险体系缺乏同时不能获得足够的外部援助，其经济恢复受限，发展轨迹可能像情景 B 一样，即无“举国体制”的情景；若灾区灾后能够获得足够的外部援助，弥补灾区人力、物力、财力和政策环境等的约束，则灾区经济恢复速度加快，可能出现情景 C 的恢复轨迹，即“举国体制”下的恢复。

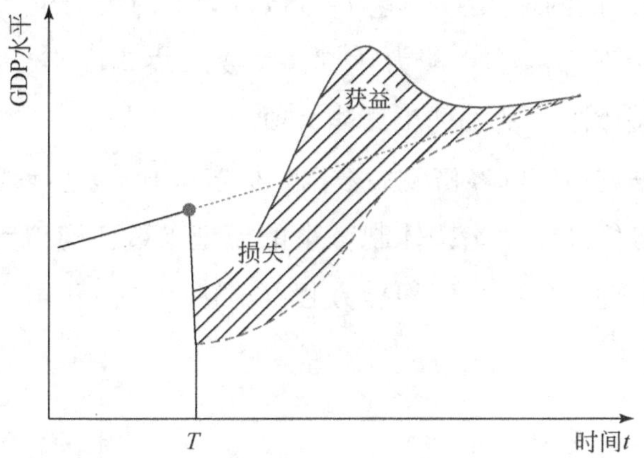

图 6.18　灾后不同情境下的经济发展轨迹示意图

注：图中阴影区为“举国体制”的加速重建经济效益。T 为灾害发生时刻。

对汶川地震影响下的四川来说，若能模拟出无“举国体制”情景下的经济发展轨迹，并与当地灾后实际经济恢复轨迹进行对比，就能够评估出灾区由于“举国体制”的加速重建经济效益 Y（如图 6.18 中阴影部分面积）：

$$Y = \int_{i=T}^{t} (C_i - B_i)\,\mathrm{d}t \quad (t \geqslant T) \tag{6-38}$$

式中，T 为灾害发生的时间；C_i 和 B_i 分别为有“举国体制”和无“举国体制”下的 GDP 水平。同时，通过对比情景 B、情景 C 与无灾发展情景 A，可以评估灾害造成的间接经济损失和因灾获益情况，即灾后 GDP 水平低于灾前，意味着损失，反之，意味着获益。

在 ARIO 模型的基础上，针对上述我国应对汶川地震的“举国体制”，本书将“举国体制”加速生产能力项 a 引入到 ARIO 模型中，来评估有“举国体制”加速重建和无“举国体制”情况下地震造成的间接经济损失差异，并表征“举国体制”的经济效益。我国“举国体制”在加速灾后经济恢复中的作用及影响机制如下：①“举国体制”通过税收优惠减免、道路加速抢通等政策和措施缓解了重建资金缺乏与道路交通中断对生产的制约，保证了地区经济市场的稳定有序运行；②在灾害破坏导致部门生产能力下降的情况下，我国的“举国体制”

通过灾区以外设备、劳动力和资金的支援，使灾区生产能力得到提升或加速，部门加速生产能力参数 α 表示如下：

$$Y^{\max}(i)=Y(i)[1-\beta(i)][1+\alpha(i)] \tag{6-39}$$

式中，$Y^{\max}$为灾后部门的最大生产能力；$Y(i)$ 为部门灾前生产能力；$\beta(i)$ 为遭受灾害破坏后部门下降的生产能力比率，主要取决于灾害直接破坏的程度；$\alpha(i)$ 为灾后“举国体制”的加速生产能力项。

本书首先根据灾后实际经济发展数据，标定 ARIO 模型参数，进而根据灾区历史经济发展形势估计无“举国体制”下的模型参数，模拟无“举国体制”情景下的经济发展轨迹，从而可以根据方程（6-38）评估我国“举国体制”的经济效益。

6.3.7.3 结果分析

根据我国国家减灾委员会对 2008 年 5 月 12 日发生的汶川地震造成的损失评估报告（国家减灾委员会–科学技术部抗震救灾专家组，2008），估计该地震造成四川的直接经济损失为 7490 亿元，其他利用的数据包括四川省和中国 2000 ~ 2012 年的 GDP 及 GDP 指数，数据来源于国家统计局，进而利用 ARIO 模型进行有“举国体制”和无“举国体制”加速重建的情景模拟。

加速生产能力项 α 参数反映了“举国体制”加速重建能力的大小，与灾区灾后可以获得的资金、劳动力、设备等有关。鉴于上述“举国体制”中四川省获得的外部援助，当 $\alpha=0.5$ 时，即在“举国体制”下，四川省灾区的实际生产能力最大是灾前的 1.5 倍，通过 ARIO 模型可以按月模拟出灾后四川省经济发展（以 GDP 表示）的实际轨迹，2008 ~ 2012 年的 ARIO 模型年平均模拟误差为 −4.1%，可以认为 ARIO 模型模拟的有效性。在此基础上，结合四川省灾前经济发展形势，设定无“举国体制”情景下的 $\alpha=0.1$，即四川省根据自身的经济能力进行灾后恢复重建，灾后最大生产能力是灾前的 1.1 倍，则无“举国体制”下的 GDP 轨迹如图 6.19 所示，为了过滤掉通货膨胀和其他宏观经济政策对 GDP 序列的影响，图 6.19 以四川省 GDP 占全国 GDP 的比例来表示。

从图 6.19 可以看出，2008 年汶川地震发生前 3 年，四川省 GDP 占全国 GDP 的比例稳定在 4.0% 左右，可以假设如果不发生此次地震，灾后经济发展仍处于此水平。在“举国体制”下，从图 6.19 灾区实际 GDP 发展轨迹可以看出，除了

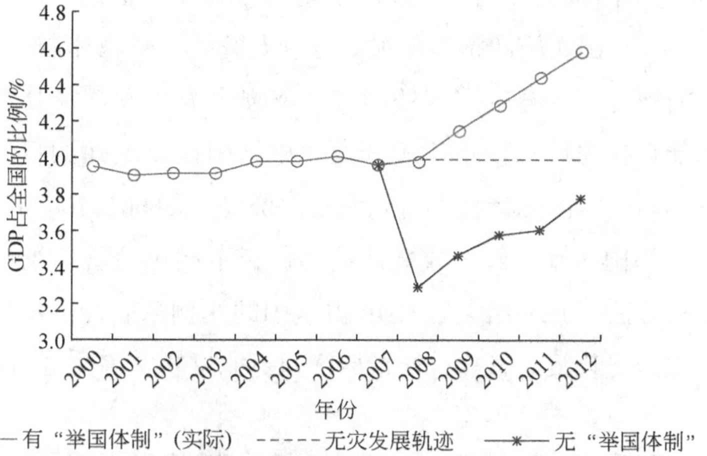

图6.19 “举国体制”有和无情况下的四川省GDP发展轨迹

2008年GDP水平略低于4.0%以外，2009～2012年四川省GDP占全国的比例一直上升，2012是2007年的近1.2倍，即由2007年的4.0%上升到2012年的4.6%，即从GDP水平来看，汶川地震明显加速了灾区总体经济发展的进程。根据实际GDP恢复轨迹和无灾发展轨迹的对比，以2008年价格为基准，根据方程(6-38)可以计算出灾区实际因灾损失为40.0亿元(2008年)，获益为4588.1亿元(2009～2012年)。

若没有举国体制的加速重建作用，则经过5年的恢复重建，灾区经济发展水平仍难以达到灾前水平，以2008年价格为标准，对比无“举国体制”和无灾发展轨迹，根据方程(6-38)可以计算出2008～2012年，地震可能造成的潜在间接经济损失为5592.3亿元。

综合对比四川省无“举国体制”和有“举国体制”下的经济发展轨迹，以2008年价格为基准，在2008～2012年，“举国体制”使灾区的间接经济损失减少了5552.3亿元，同时灾区因“举国体制”获益为4588.1亿元，即灾区因举国救灾体制获得的经济效益达10 140.4亿元。

本书在分析灾害对地区经济影响机理的基础上，探讨了我国“举国体制”在减轻地区经济影响中发挥的作用，并利用地区IO模型模拟了没有举国救灾体制下灾区的经济恢复进程，通过对比来评估“举国体制”发挥的经济效益。结果显示：以汶川地震发生的2008年价格为基准，在汶川地震后6年间，我国的举国救灾体制至少使灾害造成的间接经济损失减少约5552亿元，同时因灾获益约 4588 亿元，举国救灾体制总体经济效益约达 10 140 亿元。

综上所述，我国实施的举国救灾、对口支援等“举国体制”，可以有效保障灾区生产力的恢复，在减轻灾害的间接经济损失方面发挥极其重要的作用，这也是政府为什么在灾后加快重建规划及实施举国恢复重建的目的。因此，我国的举国救灾体制也在国际社会中得到积极评价（Mitchell，2008）。

本书的“举国体制”经济效益评估为进行不同风险管理策略情景的效益研究提供了一种方法，并利用灾区 GDP 占全国的比例来表征经济发展水平，便于剥离其他宏观经济政策的影响，使指标序列更能反映灾害冲击的影响。

6.4 案例：假设地震情景的间接经济损失模拟

每次大规模的灾难发生后，政府机构、保险市场和媒体主要关注灾难造成的直接经济损失。但是，灾害的直接经济损失不能表示灾难的总体影响。一个明显的例子是，当电力或运输系统等基础设施部门遭到破坏时，灾害的影响可能会通过供应链转移到经济系统内的其他部门。随着社会快速发展和产业部门之间的联系越来越紧密，区域经济增长可能会进一步受到影响。例如，2008 年汶川大地震导致输电线路遭到破坏，造成灾区以外的产业无法运转，相关企业停业及其他问题。因此，在恢复和重建期间，自然灾害间接经济损失评估对关注灾害总体和准确影响的政府提供帮助。必须将其纳入全部损失范围，以确保有效的减灾计划。在我国，对于防灾和社会经济发展每隔 5 年会做一次规划。这些规划应该考虑间接的灾害损失，以确保对基础设施保护措施或其他缓解措施进行公平的成本效益分析。此外，一旦发生灾害，灾后直接经济损失已经存在，不能减少，而通过增加政府投资、灾害保险赔偿和灾害管理模式则可以显著降低间接经济损失。例如，在汶川地震的恢复重建过程中，我国的对应援助政策［即灾区以外的 19 个援助省份向 24 个重灾县（市、区）提供财政援助］使重建期缩短 2～3 年，显著减少了间接经济损失。

为了研究不同经济发展水平（或经济结构差异）对重大灾害的响应，本节对我国两个经济发展水平不同的区域，评估假设性地震诱发的间接经济损失（IEL）。本书假定汶川里氏 8.0 级地震造成的直接经济损失发生在上海地区。使用上述 ARIO 模型估算由生产过程中断（IEL Ⅰ）和由产业关联效应（IEL Ⅱ）

引起的间接经济损失（图 6.20）。此外，还给出了两个地区的重建历时。本书的目的是发现两个地区发生不同间接影响的原因，为减灾提供可能的措施。

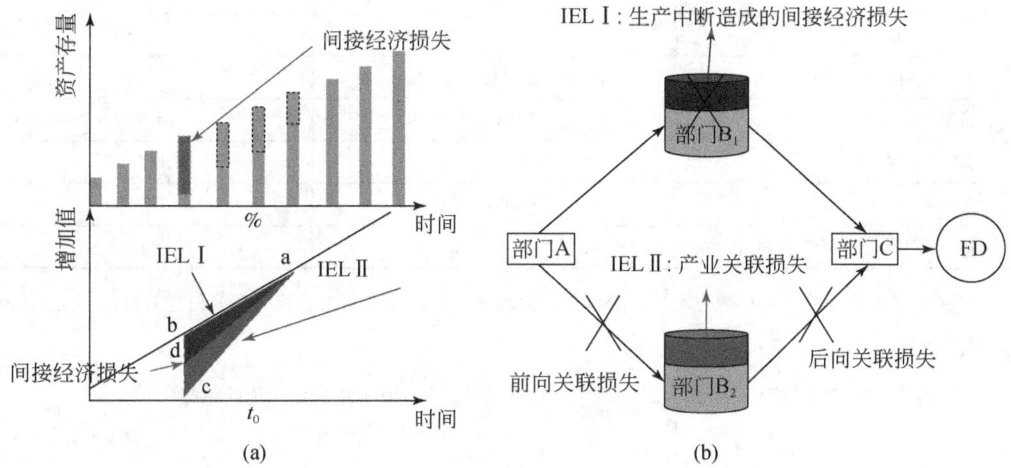

图 6.20　直接经济损失和间接经济损失

6.4.1　研究区

2008 年，我国汶川县发生里氏 8.0 级地震，造成 8 万多人死亡，四川、甘肃和陕西的直接经济损失总和达 8452 亿元，有学者评估指出四川省 IEL 达 3010 亿元（Wu et al.，2012）。此后，我国的减灾组织和研究者开始分析我国发达地区（如上海或北京）发生类似程度的地震造成的潜在后果。为了评估和比较在两个经济发展水平不同的地区发生同等级地震所带来的 IEL，本书研究选取发达的上海和相对欠发达的四川为研究区域。四川位于我国西南海拔较高的地区，而上海位于我国东部沿海地区，海拔较低。历史上，上海曾受到一次里氏 7.0 级以上的地震和 5 次海啸的袭击。根据历史资料，上海发生的大部分地震都是浅源地震，造成了严重的后果。重要的是，上海经济发达，与四川形成鲜明对比（表 6.13）。近年来，上海的 GDP 增长速度一直高于四川。在经济部门的构成中，两个地区的第二、第三产业所占比例均有所上升，但上海所占的比例大于四川。2010 年上海的人口密度是四川的 2.2 倍，2008 年上海的城市化率是四川的 3.5 倍，2010 年上海的人均 GDP 是四川的 3.6 倍。在我国的 31 个省份中，2010 年上海人均 GDP 位居全国第一位，而四川位于第二十五位。

表 6.13　两个地区 2010 年社会经济情况对比表

指标	上海	四川
土地面积/km^2	6 340.5	48 500.0
年末人口/万人	2 303	8 045
人口密度/（人/km^2）	3 632（2.2）**	1 659
城市化率/% *	85.71（3.5）	24.74
GDP/亿元	17 165.98	17 185.48
人均 GDP/元	76 074.49（3.6）	21 182.00
31 个省份人均 GDP 排名	1	25

*由于 2010 年非农业人口数据不足，2008 年以来城市化率由非农业人口除以总人口计算得出。**括号内的数字是上海与四川数量相比的倍数。

资料来源：DRCNET 统计数据库；2011 年《上海统计年鉴》；2011 年《四川统计年鉴》。

6.4.2　数据与方法

6.4.2.1　数据与参数

本书选取 4 组数据用于 ARIO 模型。第一，从国家统计局获得的 2002 年四川省和上海市投入产出表被用于建立 ARIO 模型。在投入产出表中，将 42 个部门合并成 17 个新部门，见表 6.14。也就是说，当地经济由 17 个部门。

第二，汶川地震的分布式直接经济损失数据来自国家减灾委员会和科学技术部（NCDR，2008）。这些数据对直接经济损失进行综合性的估计，已按产业部门进行了合并，并将任何无法修复、替换或重建的损失（例如生态损失）考虑在内，据此进行修改。

第三，以 2008 年汶川地震造成的每个产业部门的直接经济损失为例，2002 年假设里氏 8.0 级地震给上海和四川各产业部门造成的直接经济损失计算如下：

$$\mathrm{DL}(s,\ p,\ 2002)=\frac{\mathrm{DL}(s,\ \text{汶川},\ 2008)}{\mathrm{CAP}(s,\ \text{汶川},\ 2008)}\cdot \mathrm{CAP}(s,\ p,\ 2002) \tag{6-40}$$

式中，s 为表 6.14 中的产业部门；p 为上海或四川；DL（s，p，2002）为 s 产业部门在 p 地区 2002 年的直接经济损失；CAP（s，p，2002）为 2002 年 p 地区 s 产业部门资本存量值。当然，这种是计算每个部门直接经济损失的简单方法。本书研究旨在在给定相同的直接经济损失水平条件下，计算不同经济体系的 IEL 水平差异。因此，作为第一步，可以假定这种对部门直接经济损失的粗略估计是有效的。

表 6.14　ARIO 模型部门

部门序号	ARIO 部门
1	农业
2	采矿业
3	食品制造业
4	纺织、缝纫和皮革制造业
5	木材加工及家具制造业
6	煤炭、天然气和石油加工工业
7	化学工业
8	建筑材料及其他非金属矿物制造业
9	金属制品制造业
10	机械设备制造业
11	电力、蒸汽、热水生产和供应
12	建筑业
13	交通运输和通信
14	商业餐饮也
15	金融保险业
16	具体服务管理
17	公共事业与居民服务

第四，设定参数值（表 6.15）。我国中央财政建立的中央震后恢复重建基金和受灾地区以外的 19 个援助省份提供的配套资金，使地震后的最大产能定为 125%。建模时间步长为 1 个月。ARIO 模型所用的参数与汶川地震间接经济影响评估所使用的参数（Wu et al.，2012）相同，并且考虑我国特有的救灾政策。因此，选取的参数和所得的参数值是可靠的。

表 6.15　ARIO 模型的参数值

变量	赋值	描述
a_b	100%	震前生产能力
a_{max}	125%	震后最大产能
τ	6 月	适应时间
ε	0.9	商品价格的当地最终需求弹性

6.4.2.2 研究方法

根据 Przyluski 和 Hallegatte（2011）对间接经济损失的定义及 ARIO 模型的定义，本节进一步将 IEL 分为 IEL Ⅰ和 IEL Ⅱ两部分（图 6.20），并改进了 ARIO 模型以评估这两种损失。

（1）间接经济损失细分

直接经济损失是指必须专门用于重建而不是正常消费的支出，即损坏或破坏资产的修理或重置成本（Hallegatte，2008）。间接经济损失是指由于灾害而造成的经济增加值的总和下降，包括之后的商业中断，重建期间的生产损失和住房部门的服务损失（Hallegatte，2008）。图 6.20 显示了直接和间接经济损失之间的差异。这里假设资本存量和产值逐渐增加，经济水平回到灾前经济水平。例如，如果工厂从 t_0时刻遭到地震破坏，那么损失的资本可以从 t_0时刻通过重建逐步重新获得（例如，如果 10 台机器已经被破坏，最初 3 台，然后 5 台，然后 8 台，最后全部机器将被修好）；即将 t_0时刻下降的资本存量价值的下降（如上述 10 台机器的重置成本）指定为直接经济损失。间接经济损失是高度可变的，取决于经济中断的时间长短，通常也指恢复和重建的时期。间接经济损失是指这些时期下降的产出流量值，可以用数学积分方法计算，并等于图 6.20（a）中△abc 的面积。根据间接经济损失的原因，可以称△abc 为 IEL，其可以分为两部分：△abd 是由于生产过程中断造成的间接经济损失（IEL Ⅰ）（Bubeck and Kreibich，2011）；△acd 是由产业链扰乱引起的间接经济损失（IEL Ⅱ）（Przyluski and Hallegatte，2011）。

图 6.20 显示了 IEL 的原因。为简单起见，我们在复杂的产业网络中只选择一条产业链，假设经济体系中有 3 个部门 A、B 和 C 及最终需求（FD）。地震将给 A、B、C 3 个部门带来不同程度的破坏，造成直接和间接的损失。在这里，本书专注于部门 B 的 IEL。首先，把部门 B 分成部门 B_1（代表被完全破坏的部分）和部门 B_2（代表基本完好的部分）。由于部门 B_1已经被完全破坏，所以部门 A 对部门 B 的供应减少或部门 C 对部门 B 的需求得不到满足产生间接经济损失。因此，部门 B_1的 IEL 是由生产过程中断造成的。部门 B_1的 IEL 被命名为 IEL Ⅰ，用△abd 表示。由于部门 B_2基本完好，没有因生产过程中断而造成相应的 IEL。部门 B_2的 IEL 由部门 A 的原材料供应减少和部门 C 对上游产品的需求下

降，即产业链的干扰造成的。部门 B_2 的 IEL 被命名为 IEL Ⅱ，用△acd 表示。△abc 表示总的 IEL，由△abd 和△acd 组成。同样的，部门 A 和部门 C 产业的 IEL 可以分为 IEL Ⅰ和 IEL Ⅱ。

（2）ARIO 模型的改进

ARIO 模型考虑到生产资本损失导致的生产能力变化，经济体系内部前向关联和后向关联造成的生产瓶颈及灾害后的适应行为。可以通过评估生产能力变化来计算 IEL Ⅰ，通过评估生产瓶颈和适应行为来计算 IEL Ⅱ。

1）IEL Ⅰ。根据 Leontief 生产函数，由生产过程中断造成的间接经济损失直接与受损资本存量成比例。因此，IEL Ⅰ的公式为

$$\text{IEL}(\text{Ⅰ}) = \sum_{t} \sum_{i} \bar{Y}(i) \frac{\tilde{D}(i,\ t)}{\beta(i)\text{VA}(i)} \tag{6-41}$$

式中，t 为指时间长度；i 为产业部门；$\bar{Y}(i)$ 为产业部门 i 在灾难发生前的产量（月均）；$\frac{\tilde{D}(i,\ t)}{\beta(i)\text{VA}(i)}$ 可以看作为部门 i 在 t 时刻生产量减少的比例；$\tilde{D}(i,\ t)$ 为 t 时刻产业部门资本存量的灾害损失；$\beta(i)$ 为产业部门 i 平均生产率比率；VA（i）为产业部门 i 的增加值。

2）IEL Ⅱ。IEL Ⅱ是以图 6.20 的部门 B_2 为例来估计的。地震发生后，部门 A 的产量下降，已经不能满足部门 B_2 的需求。由于部门 A 的这种前向关联影响，部门 B_2 对 IEL Ⅱ做出部分贡献。由 ARIO 模型计算的 $Y^2(i)$ 是部门 B_2 在前向关联作用下的产量（Hallegatte，2008）。同样的，地震发生后，部门 C 的产量下降，可能会减少对部门 B_2 的需求。因为受到部门 C 后向关联的影响，部门 B_2 对 IEL Ⅱ做了部分贡献。由 ARIO 模型计算的 $Y^{\infty}(i)$ 是部门 B_2 在前向关联和后向关联作用下的产量。因此 IEL Ⅱ受后向关联影响的部分等于 $Y^{\infty}(i)$ 和 $Y^2(i)$ 之间的差异。本书还注意到部门 B_2 在受到部门 A 和部门 C 的首轮影响之后，可能面临减产的情况。但是当部门 A 或部门 C 受到其他部门的影响时，如部门 D、部门 E 或部门 F，可能会对部门 B_2 产生第二轮的影响。以此类推，部门 B_2 可能会受到无数轮的影响。部门 B_2 的 IEL Ⅱ似乎会被重复计算。事实上，只有当所有部门的供给等于需求的情况下，这个看似无止境的过程才会终结。在这种情况下，经济体系进入平衡状态，部门 B_2 的产量不会下降。在 ARIO 模型中，$Y^{\infty}(i)$ 和 $\text{TD}^{\infty}(i)$ 分别是经济体系均衡时各部门的最终供给和最终需求。两者是迭代计算的结果，当 $Y^{\infty}(i)$ 和 $\text{TD}^{\infty}(i)$ 相等时，计算结束。一般来说，ARIO 模型可避免任何潜在

的重复计算对各个部门的影响。

在对产业链上的前向关联和后向关联构建模型后，IEL Ⅱ可以表示为

$$\text{IEL Ⅱ} = \sum_{t} \sum_{i} \left[\bar{Y}(i) - \bar{Y}(i) \frac{\tilde{D}(i, t)}{\beta(i)\text{VA}(i)} - Y^{\infty}(i, t) \right] \tag{6-42}$$

3）IEL。根据 IEL 以前的定义和分类，计算如下：

$$\text{IEL} = \text{IEL Ⅰ} + \text{IEL Ⅱ} \tag{6-43}$$

$$\text{IEL} = \sum_{t} \sum_{i} [\bar{Y}(i) - Y^{\infty}(i, t)] \tag{6-44}$$

6.4.3 评估结果和归因分析

6.4.3.1 评估结果

基于 ARIO 模型和上述数据与参数，可以模拟上海和四川发生里氏 8.0 级地震后，增加值如何恢复到灾前水平及灾后重建需求如何变化。IEL 根据增加值来衡量，以避免重复计算。图 6.21（a）显示了上海和四川从受灾到完全恢复过程中增加值（以占震前水平百分率统计）的变化。在灾后的大部分时间里，上海增加值的下降幅度大于四川。值得注意的是，在整个重建时期，由于重建活动，总增加值有时会超过初始生产水平，而且由于适应过程不稳定，上海增加值的下降有时比四川要小（Hallegatte，2008）。图 6.21（b）的数据显示重建需求是如何改变的。重建期间，上海的重建资金需求一直大于四川。不管增加值或重建的资金需求如何变化，上海的重建工作大约在 121 个月后完成，而四川完成重建工作大约需要 115 个月。换句话说，上海比四川晚半年恢复。

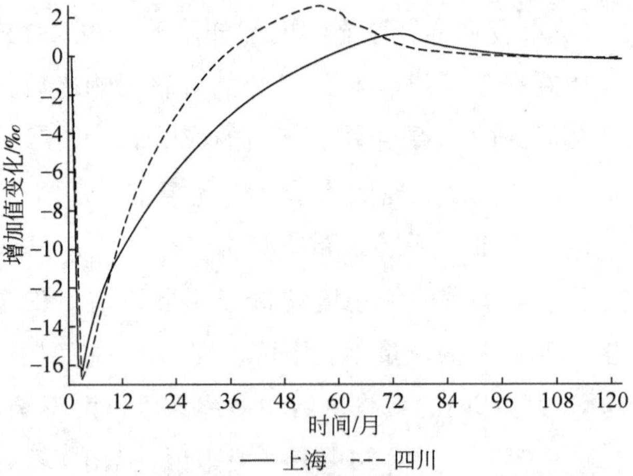

(a) 增加值

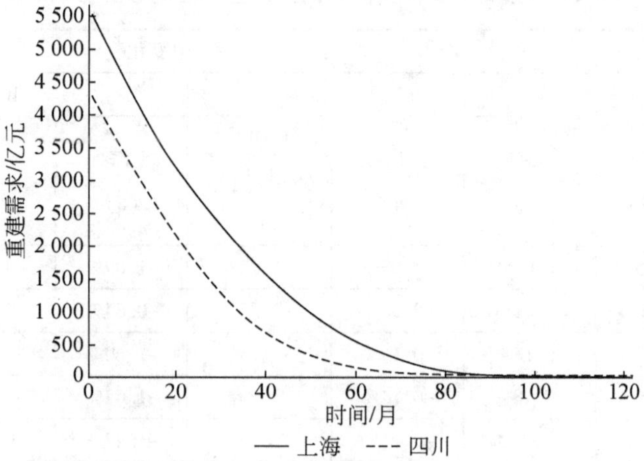

(b) 重建需求

图 6.21　假设上海和四川发生里氏 8.0 级地震的总增加值（占震前水平的比例）和重建需求随着时间函数的变化

地震发生后，上海和四川直接经济损失和间接经济损失见表 6.16。例如，当两地直接经济损失为 100 元时，四川的间接经济损失为 32 元，而上海是 44 元。换句话说，直接经济损失每 100 元，上海的间接经济损失要比四川多 12 元。这一比较表明，发达地区的间接经济损失可能更脆弱。

表 6.16　上海和四川直接经济损失和间接经济损失的比较

地区	直接经济损失/万元	间接经济损失/万元	间接/直接/%
上海	5 549.1	2 415.3	44
四川	4 311.3	1 382.8	32
Δ（上海—四川）	—	—	12

根据直接经济损失和间接经济损失的定义，特别是对间接经济损失的细分，本书研究运用 ARIO 模型评估上海和四川各产业部门的 IEL Ⅰ和 IEL Ⅱ，并比较两种 IEL 的数量关系。表 6.17 显示，上海和四川的每个部门都受 IEL Ⅰ的影响，如果直接经济损失占各部门固定资产的比例相同，那么上海每个产业部门的 IEL Ⅰ约为四川的 1.25 倍。上海第 8 和第 12 部门受益于 IEL Ⅱ；四川第 6、第 8 和第 12 部门也受益于 IEL Ⅱ。其余的部门都有 IEL Ⅱ方面的损失。

表 6.17　假想 2002 年上海和四川发生地震的经济影响对比

部门序号	产值基线		震后产值变化					
			IEL Ⅰ			IEL Ⅱ		
	上海/亿元 (1)	四川/亿元 (2)	上海* (3)	四川* (4)	上海/四川** (5) = (3) / (4)	上海* (6)	四川* (7)	上海/四川** (8) = (6) / (7)
1	249.8	1615.4	-0.03%	-0.03%	1.25	-1.09%	-0.90%	1.21
2	32.6	405.3	-0.10%	-0.08%	1.25	-0.84%	-0.54%	1.54
3	597.9	848.1	-0.18%	-0.14%	1.25	-1.60%	-1.04%	1.54
4	819.4	166.5	-0.18%	-0.14%	1.25	-1.67%	-1.08%	1.54
5	524.4	305.7	-0.18%	-0.14%	1.25	-1.47%	-0.58%	2.55
6	258.2	18.9	-0.08%	-0.06%	1.25	-0.41%	1.79%	-0.23
7	1 341.9	515.7	-0.18%	-0.14%	1.25	-1.57%	-0.42%	3.74
8	258.2	499.0	-0.18%	-0.14%	1.25	0.88%	0.60%	1.47
9	802.8	515.6	-0.17%	-0.14%	1.25	-0.75%	-0.26%	2.92
10	4 671.7	1 065.0	-0.18%	-0.14%	1.25	-1.59%	-0.90%	1.77
11	345.9	389.2	-0.18%	-0.14%	1.25	-1.40%	-0.76%	1.85
12	1 154.2	1 361.7	-0.10%	-0.08%	1.25	4.92%	3.61%	1.36
13	1 429.5	662.1	-0.16%	-0.13%	1.25	-0.97%	-0.78%	1.24
14	1 338.7	1 064.3	-0.16%	-0.13%	1.25	-1.12%	-0.75%	1.50
15	1 729.7	561.4	-0.14%	-0.11%	1.25	-1.25%	-1.08%	1.16
16	256.9	88.6	-0.07%	-0.05%	1.25	-0.77%	-0.99%	0.78
17	937.2	893.4	-0.18%	-0.14%	1.25	-1.63%	-1.41%	1.16
合计	16 748.9	11 510.8	-0.16%***	-0.11%***	1.44****	-0.90%***	-0.22%***	4.09****

* ARIO 模拟。** IEL Ⅰ或 IEL Ⅱ的倍数。*** 每个部门的加权平均损失率，权重等于每个部门的产出占总产出的比例。**** 由于上海部分产业部门的损失率和产值（即权重）较高，在总排序中上海/四川的比率高于单个部门的比率，而四川则相反。

综合来看，上海在 IEL Ⅰ的受损程度是四川的 1.44 倍，而 IEL Ⅱ方面的受损程度上海是四川的 4.09 倍。在这里，1.44 被定义为 IEL Ⅰ的倍数。同样，4.09 被定义为 IEL Ⅱ的倍数。显然，IEL Ⅱ（4.09）的倍数高于 IEL Ⅰ（1.44），表明除了 IEL Ⅰ之外，决策者需要重点关注通常是灾后主要减灾目标的 IEL Ⅱ。比较表 6.17 得出一个结论：无论在上海还是四川，IEL Ⅱ都高于 IEL Ⅰ，这表明 IEL Ⅱ是总的 IEL 的主要来源。

6.4.3.2　归因分析

本节通过分析上海与四川的产业关联、产业结构与区域贸易的差异，发现IEL与重建周期内相关的因素，以提高政府的灾害管理能力。

(1) 产业间联系

产业后向关联（IBL）是指利用初始单位投入增加或减少输出到任何一个产业部门所造成的系统总产出的增加或减少。产业前向关联（IFL）是任何一个产业部门的初始单位需求增减所造成的系统总产量的增加或减少（Jones，1976）。根据2002年上海和四川的投入产出表及Jones（1976）的IFL和IBL计算方法，计算出上海和四川17个产业部门的IFL和IBL，结果如图6.22所示。由图6.23（a）可知，上海17个产业部门中的16个部门的前向关联影响比四川更为显著（即16个产业部门中任何一个受损都将显著影响该产业对其他产业的供应）。即使在图6.23（a）中，上海一半以上的产业的后向关联程度等于或超过四川。后向关联的比较表明，地震后上游产业对原材料的需求下降，将长期抑制上游产业总产量，降低了各个行业的产量。也有一些文献指出，大部分的间接经济损失是由前向关联造成的（Haimes et al，2005；Okuyama，2007；Hallegatte，2008）。例如，上游产业由于工厂和设备的损坏，不能为下游产业提供足够的原料。这些前向关联效应比后向关联效应的影响更显著，值得重视。因此，就整个产业总产量的相对损失而言，上海的损失高于四川。由表6.17的比较可知，上海大部分产业的IEL Ⅱ高于四川。此外，IEL Ⅱ（4.09）的倍数高于IEL Ⅰ（1.44）的倍数。上海的产业联系更紧密，导致这种差异的产生，也减缓了重

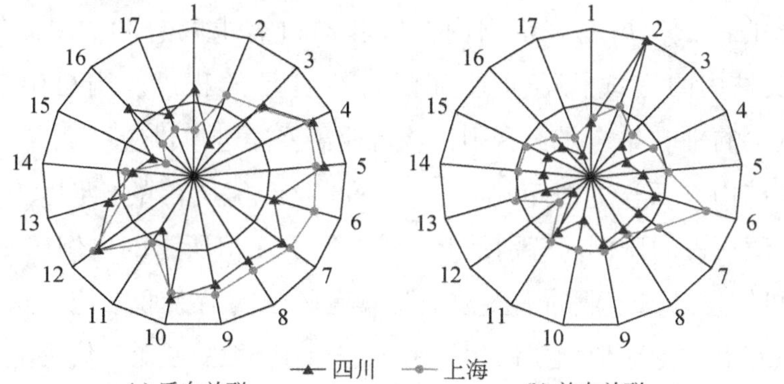

(a) 后向关联　　(b) 前向关联

图6.22　上海和四川17个部门产业后向关联和产业前向关联损失的比较

建。因此，同一时期，上海在修复受损工厂和设备等固定资本方面遇到较大的困难，这些困难反过来又增加了 IEL Ⅰ。

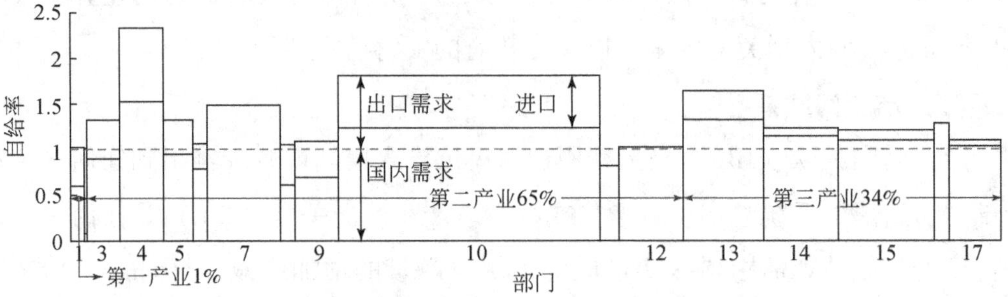

(a) 上海

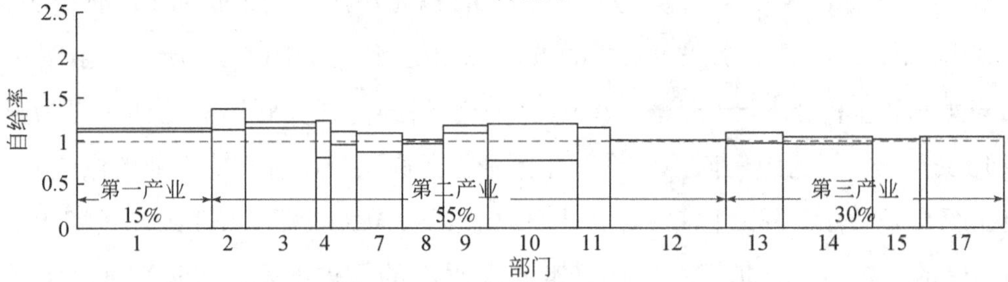

(b) 四川

图 6.23　上海和四川产业结构和贸易的比较（请参考上海第 10 部门）

注：第一产业，No. 1；第二产业，No. 2 ~ No. 12；第三产业，No. 13 ~ No. 17。

自给率是部门产出与国内需求的比值。

（2）产业结构与贸易

在产业关联方面，本书分析了 IEL 的相对差异。为了证明上海 IEL 的绝对值大于四川，重建完成需要的时间更长，需要分析两地区的产业结构和贸易情况。

图 6.24 显示上海和四川的产业结构和贸易情况，每一列的宽度表示部门产出占总产出的份额，高度表示国内需求和出口需求的总和，国内需求表现为 100%，各支柱内的实线代表产业部门自给自足的程度。当自给率高于内需（100%）时，行业自给自足；否则，该行业需要净进口供应。

在产业结构方面，上海市第二、第三产业产值所占的比例大于四川第二、第三产业产值所占的比例。特别是上海第二产业产值所占的比例比四川高 10%。由图 6.23 可知，第二产业的大多数部门具有较强前后关联效应。这两个现象证明，上海 IEL Ⅱ 的绝对值大于四川。另外，由图 6.23 可知，代表上海的柱形图高于四川，并且上海许多部门的自给率都低于 100%。这两个显著差异证明，上海的贸易强度更大。ARIO 模型模拟了灾区与外界相互贸易对间接经济损失的影响。对于贸易强度大的上海来说，交通运输等基础设施的破坏可能会损害区域贸易，导致重建材料的进口及产品出口困难。值得一提的是，对于间接经济损失来说，贸易就像是一把“双刃剑”：一方面它具有较低的乘数效应，另一方面在紧急情况下灾害容易阻碍灾区内外的贸易活动。以上海为例，贸易强度大的好处被产业技术等其他因素所抵消，决定了产业的乘数效应（图 6.22）。

一旦发生灾害，直接经济损失和 IEL Ⅰ都无法减少，而 IEL Ⅱ可以通过改善产业联系、产业结构和区域贸易等非工程性措施减少。此外，IEL Ⅱ比 IEL Ⅰ大得多。因此，为了减少重建期间的经济损失，建议可通过非工程性措施来降低 IEL Ⅱ。

6.4.4 讨论

通过 ARIO 模型的模拟，本书研究在发达的上海和发展相对较差的四川评估假想地震所造成的间接经济损失。根据产业结构、产业关联和区域贸易的比较，分析 IEL 不同关系变化的潜在原因。首先，图 6.21（a）上半部分说明直接经济损失和间接经济损失的区别；图 6.21（b）解释 IEL 可以被进一步分为由生产过程中断造成的 IEL Ⅰ和由产业链扰乱造成的 IEL Ⅱ。其次，通过改进版的 ARIO 模型对这两种 IEL 进行评估。模拟结果比较了从灾难发生到完全恢复，重建需求和恢复时间的变化。更重要的是，对 IEL Ⅰ和 IEL Ⅱ的倍数进行比较。再次，本书从产业关联、产业结构和贸易角度分析了 IEL 的成因，解释了为什么 IEL Ⅱ的倍数高于 IEL Ⅰ。从灾害风险管理出发，本书得出了 3 个结论。

假设同样的相对直接经济损失，上海比四川受到更多的相对间接经济损失。在每 100 元的直接经济损失中，上海的间接经济损失比四川多 12 元。在重建期间方面，上海需要再延长半年才能恢复。比较表明，发达地区在 IEL 方面可能更脆弱。因此，建议决策者更多地关注发达地区的间接经济损失。

上海和四川在 IEL Ⅱ方面比 IEL Ⅰ方面受损更大，这表明 IEL Ⅱ是 IEL 的主要构成。上海 IEL Ⅱ受损程度是四川的 4.09 倍，而 IEL Ⅰ上海受损程度仅是四川的 1.44 倍。这个比较表明，除了 IEL Ⅰ之外，决策者还需要重点关注通常是灾难发生后的主要减灾目标的 IEL Ⅱ。

上海近年来的发展表明，产业结构优化，进出口贸易量的提高，为区域经济发展做出显著的贡献。然而，这些因素也会增加灾害风险。因此，要实现区域可持续发展，需要在经济增长与防灾之间进行权衡。间接经济损失的减少应成为灾害风险治理整体过程的一部分：灾前，政府要调整和优化产业结构；灾难发生后，政府应优先恢复基础设施体系和产业多环节联动，促进经济复苏。

总体而言，本书评估和比较不同经济发展水平的两个地区的假想地震所造成的间接经济损失，试图为新的减灾措施提供依据。改进后的ARIO模型就像一个经济系统实验室一样，有很大发展空间，为评估经济发展水平不同的地区灾害间接经济损失的评估提供了工具。

6.5 本章小结

ARIO模型基于传统IO模型，将灾害破坏导致重建需求增加引入到投入产出关系中来，继承了列昂惕夫逆矩阵的特点，即可以反映需求侧变化对经济系统的影响，而更重要的是ARIO模型考虑了部门之间生产约束瓶颈，而且这种约束层层关联，一个部门生产能力的下降会影响到与其前后关联的数个生产部门，每个部门的灾后生产量通过层层迭代计算出来。因此，ARIO模型不仅能反映传统IO模型中需求侧变化的影响，更重要的是考虑了生产容量因素，这是已有IO模型应用于灾害损失评估中所未考虑到的。

从ARIO模型原理、计算方法及应用效果来看，该模型的应用适合于以下情形。

首先，ARIO模型适用于巨灾的间接经济损失评估。巨灾是小概率大损失灾害事件，其显著特点是突发性和破坏性。已发生的巨灾多是地震、洪水、飓风等突发性灾害类型，如1976年中国唐山地震、1994年美国北岭地震、1995年日本阪神地震、中国1998年大洪水、1999年中国台湾集集地震、2005年美国Katrina飓风、2008年中国汶川地震和2010年发生的海地地震等。这些巨灾的波及范围极广、破坏力极大、造成的损失极大，灾后恢复重建需要数年，灾区灾后经济发展模式存在很大的不确定性。这种不确定性也决定了灾害风险管理在灾后恢复重建过程中的关键作用，即灾后通过积极的政策措施，可以加速重建进程，通过重建过程中对直接经济损失的补偿减轻灾害对产出造成的影响，即降低了灾害造成的负面间接经济损失，同时，也为合理调整灾区经济结构提供了契机，使灾区未来经济发展水平走上新的台阶。而ARIO模型对灾后恢复重建过程的情景模拟和间接经济损失评估正好可以满足灾后风险管理的这种要求。

其次，ARIO 模型适合模拟灾害对地区经济的影响。ARIO 模型创建的 LIO 表为研究灾害对地区经济系统的影响创造了一种途径：一方面，随着经济的发展，地区之间贸易往来日益频繁，一个地区的生产很难靠本地生产完全得到满足，而在标准的投入产出表中很难反映这种差异；另一方面，灾害的发生及破坏具有局部性，如何分析这种局部破坏对当地经济的影响，就需要将投入产出表改进为 LIO 表。

总之，ARIO 模型基于投入产出分析的传统假设，区别在于：ARIO 模型基于 LIO 表，LIO 表则反映了地区内部产业部门之间的投入产出流量关系，从而使 ARIO 模型模拟灾后地区经济系统的响应成为可能。同时，ARIO 模型将灾害直接破坏造成的损失，作为重建需求引入到投入产出关系中，从而将灾害看作对经济系统的外生冲击扰动，使投入产出模型能将灾害问题引入到经济分析模拟中，转换为一个经济问题。

ARIO 模型主要考虑了灾后经济系统部门之间生产容量约束、灾后重建支出增多导致的居民正常消费水平下降、生产者和消费者灾后面对生产供给不足的适应性响应（包括从区外进口或加速生产等），以及灾后生产不足情况下，满足部门需求的比例配给体系。其对生产容量的考虑是以往 IO 模型评估灾害损失的研究中所没有加以重视的。从而使 ARIO 模型的模拟更切合实际。

虽然，ARIO 模型有 IO 模型本身固有的技术无进步刚性假设，以及基于价值型投入产出表的不足，但是，基于可获取的数据，ARIO 模型为评估灾害间接经济损失提供了一种可行的途径。

通过上述案例模拟可知，在重建资金不受约束情况下，各个部门的重建工作大约在 9 年后基本结束，即汶川地震的重建期大约为 9 年。在此期间，地震共造成 2628 亿元的间接经济损失，约占直接经济损失 7490 亿元的 35%。当然这里的估计只是基于震后恢复的理想假设，相当于估计了汶川地震对四川造成的间接经济损失下限值。实际的恢复重建受当地及外部经济环境、劳动力供给、建材价格、社会心理和长期财政负担等多种因素的制约。因此，汶川地震对四川造成的间接经济损失要比这里的估计大得多。通过成比例增加或减小汶川地震直接经济损失，模拟灾害间接经济损失的变化可知：随着灾害直接破坏程度的加大，灾害的间接经济损失占总损失比率呈非线性上升趋势，灾害的间接经济损失甚至超过灾害的直接经济损失。

对风险管理策略的情景模拟可知，加速重建和保险策略可以在减轻灾害的间接经济损失方面发挥极其重要的作用。通过灾后重建模拟和间接经济损失评估可知：①灾后，特别是汶川地震发生后的3年内，通过积极的财政政策、对口支援等措施，从物力、财力和人力方面帮助灾区加速重建，可以有效保障灾区生产力的恢复，生产力提高幅度越大，加速调整期越短，间接经济损失越小。灾后部门最大生产能力和加速调整时间是加速重建的两个重要指标，部门最大生产能力在灾后6个月内达到灾前的120%，与没有加速重建相比，间接经济损失可以减少35%。②灾前若通过保险策略，提高灾后企业和居民的保险补偿率幅度，可以明显减轻政府和家庭重建负担。地震的直接破坏全部由保险公司与政府承担与没有保险补偿相比，间接经济损失可以减少50%，大大降低了灾害造成的总损失。因此，为了有效减轻灾害的总损失，除了灾前采取工程型、非工程型措施外，还要在灾后弄清主导约束经济部门，合理配置重建资金和人员，满足重建需求，重视加速重建、保险补偿等灾害风险管理策略对减轻灾害总损失的作用，而间接经济损坏评估可以为这种策略的优化调整提供一种决策工具。

本书的间接经济损失模拟可以补充国内灾害间接经济损失评估案例缺乏的现状，为其他巨灾案例的评估提供参考。鉴于灾后重建过程中的不确定性，本书只是基于灾后恢复重建的理想假设，初步评估了汶川地震造成的间接经济损失及重建期，而没有考虑在重建过程中资金和劳动力不足对重建进程的影响，这也是下一步研究的内容。同时，灾后加速重建和保险策略的情景设置只是几组值，主要是对比分析实施这些策略的间接经济损失差别，而实际的灾害管理中，可以基于此进行更详尽更切合实际的情景模拟，从而有利于对比分析并作出科学合理的灾害管理决策。

第一，多部门合并可能会抹杀掉小企业和私营部门重建的困难影响。ARIO模型的分析是基于部门之间的投入产出关系，但是由于灾害直接破坏造成的直接经济损失数据统计往往不是按产业部门统计且比较粗略，因此在具体模拟分析中，需要合并已有投入产出表中的产业部门，而这种部门合并模拟的结果可能抹杀小企业或弱势企业部门重建困难的影响，造成间接经济损失评估值偏低。

第二，ARIO模型基于的是价值型投入产出表而不是数量型投入产出表。假设价值100元的某一设备遭灾害破坏需要重置，如果50元被重置，则该设备的生产能力为原来的50%，显然这种假设在现实中是不合乎逻辑的，即只有当重置100元全部用于购买此设备，才能使其具有生产能力。但是，已有的投入产出表多是价值型投入产出表，从可操作性来说，很难或不可能基于数量型投入产出表进行更好的计算。

第三，和传统IO模型一样，ARIO模型有技术无进步的刚性假设，这也是投入产出分析的前提，而对于巨灾造成的破坏，特别是像地震这样的灾害，往往造成部分毁灭性的破坏，这种破坏的重建往往带来新技术和设备的大量使用，甚至改善灾区经济结构，从而对该地区未来经济发展带来有益的一面，这种获益与总的损失相比就很小，Rose（2004）将其作为重复计算的一个来源进行讨论。另一方面，未受破坏的旧设备或工厂的寿命可能由于灾害而延长，阻止了原有技术和设备改进的轨道。灾害也可能导致一些小企业或弱势企业的破产或转移投资地，因为灾后重建过程中存在很大的不确定性，这种机制很难考虑。

第四，ARIO模型只能模拟当地经济系统的变化，没有评估地震对其他地区造成的影响。随着经济的发展，地区之间的经济联系日益紧密，如果灾区生产有对外部地区重要的产品投入，灾区的破坏可能波及灾区以外地区的生产，如1999年中国台湾集集地震使芯片业生产园区严重破坏，导致的全球芯片价格上涨的案例。另一方面，灾区灾害破坏引起重建需求导致的价格上涨，可能使灾区以外生产企业受益，这种获益和损失会有所抵消，对于具体的评估案例，需要进行详细调查分析。

在改进的IO模型ARIO模型的理论框架基础上，可以尝试从以下几个方面对其改进，可为更准确评估地震造成的间接经济损失提供一些思路，具体如下。

首先，进一步考虑重建资金限制，即不同保险赔付模式下地震间接经济损失的差异，以期为保险防范模式提供参考，同时考虑灾害导致“生命线”中断的生产约束。

其次，考虑地震的破窗效应，模拟地震重建促进当地经济结构优化的假设。本书中的模拟假设灾后经济结构恢复到灾前状态，而实际上，经过9年左右的重建期，灾区经济结构可能已经发生显著变化。通过在原始投入产出表基础上，加入误差矩阵，修正原始投入产出表的投入产出流量关系，从而考虑重建过程中经济结构的变化，可能会使模型更接近实际，这也是下一步的研究内容。

最后，搜集更多的数据来对 ARIO 模型参数进行调整和验证，提高 ARIO 模型参数的科学性和评估精度，使 ARIO 模型评估结果更有说服力。另外，适应地区投入产出分析的灾害间接经济损失评估模型是基于地区投入产出表，如何细化地区投入产出表，使其更好地反映灾害对经济系统影响的方方面面，是提高模型 ARIO 精度的一个关键。

主要参考文献

董承章 . 2000. 投入产出分析 . 北京：中国财政经济出版社 .

都吉夔，张勤，宋立军，等 . 2008. 四川汶川 8.0 级地震间接经济损失评估方法 . 灾害学，23（4）：130-133.

高建国 . 2010. 应对巨灾的举国体制 . 北京：气象出版社 .

国家减灾委员会–科学技术部抗震救灾专家组 . 2008. 汶川地震灾害综合分析与评估 . 北京：科学出版社 .

国家统计局国民经济核算司 . 2009. 2007 年中国投入产出表 . 北京：中国统计出版社 .

刘婧，史培军，葛怡，等 . 2006. 灾害恢复力研究进展综述 . 地球科学进展，21（2）：211-218.

卢永坤，周光全，安小伟，等 . 2008. 汶川 8.0 级地震四川灾区间接经济损失评估初探 . 地震研究，（增刊）：521-524.

史培军，刘燕华 . 2009. 巨灾风险防范的中国范式 . 美中公共管理，6（6）：18-28.

史培军 . 2005. 四论灾害系统研究的理论与实践 . 自然灾害学报，14（6）：1-7.

于庆东，沈荣芳 . 1995. 自然灾害绝对灾情分级模型及应用 . 自然灾害学报，4（3）：47-52.

郑伟 . 2008. 地震保险：国际经验与中国思路 . 保险研究，（6）：9-14.

中国建筑科学研究院 . 2008. 2008 年汶川地震建筑震害图片集 . 北京：中国建筑工业出版社 .

周旭霞 . 2007. 经济发展与防灾成本分析 . 灾害学，22（3）：125-129.

Benson C，Clay E. 1998. The Impact of Drought on Sub-Saharan African Economies. Washington：World Bank.

Brookshire D S，Chang S E，Cochrane H，et al. 1997. Direct and indirect economic losses form earthquake damage. Earthquake Spectra，13（4）：683-701.

Bubeck P，Kreibich H. 2011. Natural Hazards：Direct Costs and Losses Due to the Disruption of Production Processes. http://www. ufz. eu/export/data/2/122161_ CONHAZ% 20REPORT% 20WP01_2. pdf［2015-05-30］.

Freeman P K，Keen M，Mani M. 2003. Dealing with Increased Risk of Natural Disasters：Challenges and Options. Washington：International Monetary Fund.

Goes A，Skees R J. 2003. Financing Natural Disaster Risk Using Charity Contributions and Ex-Ante Index

Insurance. Montreal: American Agricultural Economics Association Annual Meeting.

Gordon P, Richardson H W, Davis B. 1996. The Business Interruption Effects of the Northridge Earthquake. Los Angeles: Lusk Center Research Institute, University of Southern California.

Grossi P, del Re D, Wang Z F. 2006. The 1976 Great Tangshan Earthquake: 30-Year Retrospective. http://www.doc88.com/p-678120447770.html [2015-05-30].

Haimes Y, Horowitz B, Lambert J, et al. 2005. Inoperability input-output model for interdependent infrastructure sectors. Ⅰ: Theory and methodology. Journal of Infrastructure Systems, 11 (2): 67-79.

Hallegatte S. 2008. An adaptive regional input-output model and its application to the assessment of the economic cost of Katrina. Risk Analysis, 28 (3): 779-799.

Hochrainer S. 2006. Macroeconomic Risk Management Against Natural Disasters. Wiesbaden: German University Press.

Horwich G. 2000. Economic lessons of the Kobe earthquake. Economic Development and Cultural Change, 48 (3): 521-542.

Jaramillo C R. 2009. Do Natural Disasters Have Long-Term Effects On Growth. http://www.indiaenvironmentportal.org.in/files/Do% 20natural% 20disasters% 20have% 20long-term% 20effects% 20on% 20growth.pdf [2015-05-30].

Jones L P. 1976. The measurement of hirschmanian linkages. Quarterly Journal of Economics, 90 (2): 323-333.

King S A, Kiremidjian A S, Basoz N, et al. 1997. Methodologies for evaluating the socio-economic consequence of large earthquake. Earthquake Spectra, 13 (4): 565-584.

Kunreuther H. 1996. Mitigating disaster losses through insurance. Journal of Risk and Uncertainty, 12 (2): 171-187.

Mechler R. 2005. Financing Disaster Risk in Developing and Emerging Economy Countries//OECD. Catastrophe Risks and Insurance. Paris: OECD.

Mitchell J K. 2008. Including the capacity for coping with surprises in post-disaster recovery policies: Reflections on the experience of Tangshan, China. A Journal on Civilisation, 1 (3): 21-38.

Moh Z C, Yao D T C. 2005. Natural disasters in Taiwan//Chu J, Phoon K K, Yong K Y. Geotechnical Engineering for Disaster Mitigation and Rehabilitation: Proceedings of the 1st International Conference Singapore. Singapore: World Scientific Publishing Company.

Munich R E. 2009. Topics Geo: Natural Catastrophes 2008-Analyses, Assessments, Positions. http://www.munichre.com/publications/302-06022_en.pdf [2015-05-30].

NCDR (National Commission for Disaster Reduction), MOST (Ministry of Science and Technology of China) 2008. Wenchuan Earthquake Disaster: A Comprehensive Analysis and Evaluation. Beijing: Science Press.

Okuyama Y. 2007. Economic modeling for disaster impacts analysis: past, present, and future. Economic Systems Research, 19 (2): 115-124.

Petak W, Elahi S. 2000. The Northridge Earthquake USA and its Economic and Social Impacts. Luxemburg: European Conference on Global Change and Catastrophe Risk Management.

Pollner J D. 2001. Catastrophe Risk Management: Using Alternative Risk Financing and Insurance Pooling Mechanisms. Washington DC: The World Bank.

Przyluski V, Hallegatte S. 2011. Indirect costs of natural hazards. http://www.docin.com/p-1394299565.html [2015-05-30].

Raschky P. 2008. Institutions and the losses from natural disasters. Natural Hazards and Earth System Sciences, 8 (4): 627-634.

Rose A, Benavides J, Chang S E, et al. 1997. The regional economic impact of an earthquake: direct and indirect effects of electricity lifeline disruptions. Journal of Regional Science, 37 (3): 437-458.

Rose A. 2004. Economic principles, issues, and research priorities in hazard loss estimation//Okuyama Y, Chang S. Modeling Spatial and Economic Impacts of Disasters. Heidelberg: Springer.

Slovic P. 2000. The Perception of Risk. London: Earthscan.

Veneziano D, Sussman J, Gupta U, et al. 2002. Earthquake Loss Under Limited Transportation Capacity: Assessment, Sensitivity and Mitigation. Boston: 7th USNCEE Conference.

Wu J D, Li N, Hallegatte S, et al. 2012. Regional indirect economic impact evaluation of the 2008 Wenchuan Earthquake. Environ Earth Science, 65 (1): 161-172.

Yuan Y F. 2008. Impact of intensity and loss assessment following the great Wenchuan Earthquake. Earthquake Engineering and Engineering Vibration, 7 (3): 247-254.

7

基于 CGE 模型的灾害间接经济损失模拟

在社会经济领域，CGE 模型已被大量用于模拟社会政策和评估经济影响。在自然灾害综合评估领域，也已有一些学者采用 CGE 模型评估灾害经济影响（张显东和梅广清，1999；Narayan，2003；Horridge et al.，2005；Tirasirichai and Enke，2008；Tatano and Tsuchiya，2008；Rose et al.，2009，2011；Guha，2011；Wittwer and Griffith，2011；曹玮和肖皓，2012；解伟等，2012）。本章构建的灾害经济影响评估模型，一个贡献在于既能评估地震灾害破坏财产带来的经济影响，又能评估气象灾害降低资本效率带来的经济影响；另一个贡献在于扩展了经济领域常用的 CGE 模型，增加了应急期和重建期恢复策略模块，以定量化模拟恢复策略。

7.1 灾害 CGE 模型建模

本节重点介绍基于经济学中的 CGE 模型如何构建能够模拟评估灾害经济影响的灾害 CGE 模型。

7.1.1 灾害 CGE 模型简述

现实生活中各个产业部门之间的联系非常复杂，图 7.1（a）是现实经济的一个缩影，如电力是火车运行的主要动力，火车给制造业提供原材料运输服务，制造业提供供水系统必需的管道设备，等等。经济系统中各个节点相互联系，形成大量的正反馈和负反馈关系，自然灾害在破坏某个、某几个节点的财产或者降低某个节点的效率之后，经济系统会产生产业链效应，会造成巨大的经济影响。例如，台风刮断电线，电力供给中断，下游工厂因停电停产，工人被迫歇业，进而产生各种经济和社会影响。各个国家调查和统计的投入产出表［图 7.1（b）］将现实经济数量化，揭示了每两个行业之间的供给与需求关系，如投

入产出表中 Z_{ij} 就表示 j 行业对 i 行业的需求量，同时也表示 i 行业对 j 行业的供给量。利用投入产出表，可以做一些简单的投入产出分析：假设第 j 个行业的总产出为 T_j，可以计算直接消耗系数矩阵 $\boldsymbol{A}$，其中的每个要素 $a_{ij}=Z_{ij}/T_j$，表示生产单位数量的 j，需要 i 行业提供的投入（董承章，2000；刘启运等，2006）。这里假设自然灾害破坏财产后，对经济系统的冲击是使最终需求减少了 ΔY，接下来对经济的第一轮影响为 $A\Delta Y$，第二轮影响直到无穷大的影响为 $A^2\Delta Y$，$A^3\Delta Y$，…，$A^\infty\Delta Y$。这正是自然灾害冲击在经济系统中的产业链效应。总效应为 $\Delta Y+A\Delta Y+A^2\Delta Y+A^3\Delta Y+\cdots+A^\infty\Delta Y$。根据数学算法，有如下等式：

$$\begin{aligned}&\Delta Y+A\Delta Y+A^2\Delta Y+A^3\Delta Y+\cdots+A^\infty\Delta Y\\&=(I+A+A^2+A^3+\cdots+A^\infty)\ \Delta Y\\&=(I-A)^{-1}\Delta Y\end{aligned}\tag{7-1}$$

式中，$(I-A)^{-1}$ 就是完全消耗系数。可见虽然自然灾害破坏财产只让经济系统总产出损失了 ΔY，但通过产业关联效应，总的损失达到了 $(I-A)^{-1}\Delta Y$。ΔY 为自然灾害经济影响定义中的自然灾害经济影响Ⅰ，$(I-A)^{-1}\Delta Y$ 为自然灾害经济总影响，两者的差为自然灾害经济影响Ⅱ。

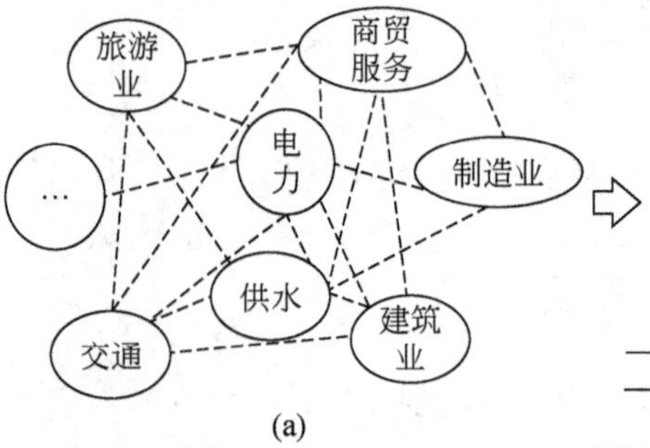

(a)

		中间需求									最终需求
		1	2	3	4	5	6	7	…	n	
中间投入	1	Z_{11}	Z_{12}	Z_{13}	Z_{14}	Z_{15}	Z_{16}	Z_{17}	…	Z_{1n}	Y_1
	2	Z_{21}	Z_{22}	Z_{23}	Z_{24}	Z_{25}	Z_{26}	Z_{27}	…	Z_{2n}	Y_2
	3	Z_{31}	Z_{32}	Z_{33}	Z_{34}	Z_{35}	Z_{36}	Z_{37}	…	Z_{3n}	Y_3
	4	Z_{41}	Z_{42}	Z_{43}	Z_{44}	Z_{45}	Z_{46}	Z_{47}	…	Z_{4n}	Y_4
	5	Z_{51}	Z_{52}	Z_{53}	Z_{54}	Z_{55}	Z_{56}	Z_{57}	…	Z_{5n}	Y_5
	6	Z_{61}	Z_{62}	Z_{63}	Z_{64}	Z_{65}	Z_{66}	Z_{67}	…	Z_{6n}	Y_6
	7	Z_{71}	Z_{72}	Z_{73}	Z_{74}	Z_{75}	Z_{76}	Z_{77}	…	Z_{7n}	Y_7
	⋮	⋮	⋮	⋮	⋮	⋮	⋮	⋮	⋮	⋮	⋮
	n	Z_{n1}	Z_{n2}	Z_{n3}	Z_{n4}	Z_{n5}	Z_{n6}	Z_{n7}	…	Z_{nn}	Y_n
初始投入		V_1	V_2	V	V_4	V_5	V_6	V_7	…	V_n	

(b)

图 7.1 从现实的产业关联到数量化的投入产出表

本书选用的 CGE 模型，原始数据是在投入产出表基础上扩展来的社会核算矩阵（social accounting matrix，SAM），CGE 模型功能比投入产出分析更强大，其在灾害经济影响评估与灾后恢复策略模拟方面可以刻画以下现象。

1）自然灾害对经济系统的冲击表现在破坏财产、降低财产效率，并且致使人员伤亡。CGE 模型的基本框架如图 7.2 所示。财产破坏、财产效率降低表现在 CGE 模型要素模块资本数量或者效率的变化，人员伤亡表现在劳动力数量的变化。在要素供给变化之后，生产模块中各行业的总产出就会发生变化，进而影响到经济系统中的企业、居民、政府和区外等各个经济主体，产生波及经济影响。

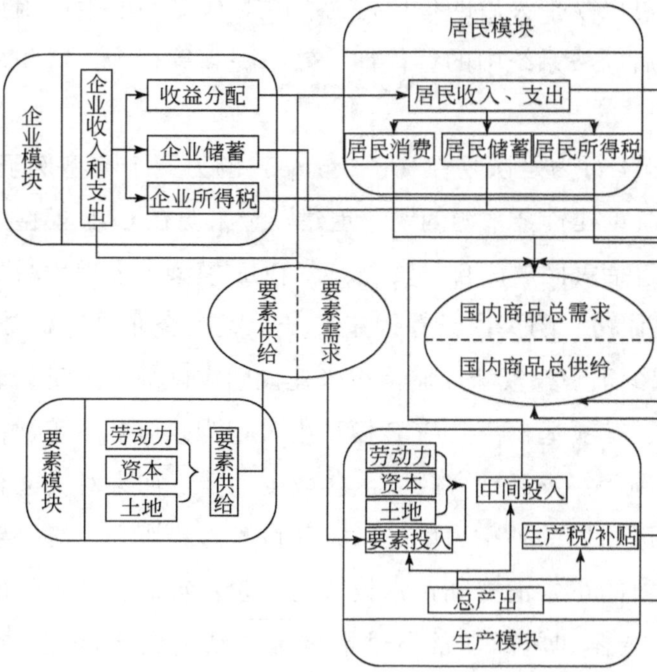

图 7.2　CGE 模型基本框架

资料来源：李善同和何建武，2010

2）由于 CGE 模型的数据和模块是在投入产出表和投入产出分析基础上扩展而来的，图 7.2 中 CGE 生产模块刻画了各个行业的生产行为，并通过中间投入将各个行业联系起来形成产业链。因此，CGE 模型的生产模块同样可以评估企业因自身财产破坏、效率下降导致的减产，即自然灾害经济影响Ⅰ，也可以评估企业因产业关联导致的减产，即自然灾害经济影响Ⅱ。

3）CGE 模型包含要素供给与要素需求相等、国内商品总供给与国内商品总需求相等、总投资与总储蓄相等均衡模块。这些模块能够达到均衡是价格在起作用，如劳动力供给与劳动力需求相等，是工资在起作用。因此，CGE 模型能够模拟灾后重建对劳动力需求突然增加，但劳动力供给无法立即满足，从而导致灾后建筑工人工资上涨等现象。例如 2008 年南方冰雪灾害之后，重灾地区消费者价格指数上升等也能在 CGE 模型中模拟，这其实是因为当地商品供给与需求的不匹配。

4）基于投入产出表的投入产出分析中生产函数表征的是线性过程，即铁路运输下降 $x\%$，下游制造业的损失为 $x\%$，无法刻画铁路运输下降后，下游制造业可能会选择公路运输替代，这样下游制造业的损失为 $x\%$ 的几次方，即生产函数用非线性方式表示的话，可以模拟灾后的替代行为。CGE 模型中的生产函数是非线性的，有利于刻画灾后经济系统中的替代性、效率提高等行为，这些行为是典型的灾后恢复性行为。

5）灾后重建期的重建施工行为是恢复性（resilience）的另一个典型例子。恢复重建策略制定中无法回避重建资金来源问题。重建资金来源在 CGE 模型中用各个来源的总储蓄刻画，包括灾区居民自筹资金，在 CGE 模型中表现为减少其他消费增加储蓄用来自建住房、购买家具等固定资产；灾区企业自筹资金，在 CGE 模型中表现为企业减少正常投资增加储蓄用来建设因灾破坏的厂房、设备等；灾区地方政府建立灾害专项基金，在 CGE 模型中表现为政府减少正常投资增加储蓄用来建设公共设施等；灾区地方政府也会减少消费，加大对灾区企业的减免税力度、加大对灾区居民的补贴力度。靠灾区自身筹集资金，必定要以减少灾区居民、企业、政府的正常消费和正常投资为代价；灾后，灾区外的中央政府、兄弟省份政府、企业和居民常常通过捐款捐物帮助灾区恢复，在 CGE 模型中表现在区外给灾区更多的储蓄。因此，CGE 模型的框架决定了其非常适合模拟灾后不同重建资金来源的恢复策略对灾后恢复的影响。

6）灾后重建涉及的另一个问题是筹集到重建资金之后，投资品从哪里购买的问题。图 7.2 的 CGE 模型基本框架图显示，投资品既可以本地生产，也可以从国外进口或者从灾区外调入；灾后灾区生产能力下降，超额生产能够缓解一些投资供不应求的状况；对于那些可以贸易的商品和服务，从区外调入是解决供不应求的主要渠道。因此，CGE 模型能够模拟超额生产、贸易是否顺畅等对灾后恢复的影响。

总之，从 CGE 模型基本框架图看，CGE 模型是一个牵一发而动全身的符合现实经济系统的模型。它可以很灵活地把各种灾害冲击引入到模型中，除上述引入外，也可以根据具体的灾情数据和研究问题的实际需要改变引入方法。另外，CGE 模型能够刻画经济系统中的各种链式反应，除了上述产业链之外，还可以刻画价格的链式反应，刻画企业、居民、政府和区外某一个、几个经济主体行为发生变化后，对其他经济主体及整个经济系统的影响。

7.1.2 灾害 CGE 模型建模流程

CGE 模型是社会政策和经济影响评估常用的经济学模型，已有规范的建模流程（郑玉歆和樊明太，1999；段志刚，2004；李善同等，2009；张欣，2010；李善同和何建武，2010）。灾害 CGE 模型建模流程大致可以分为以下几个步骤（图 7.3）。

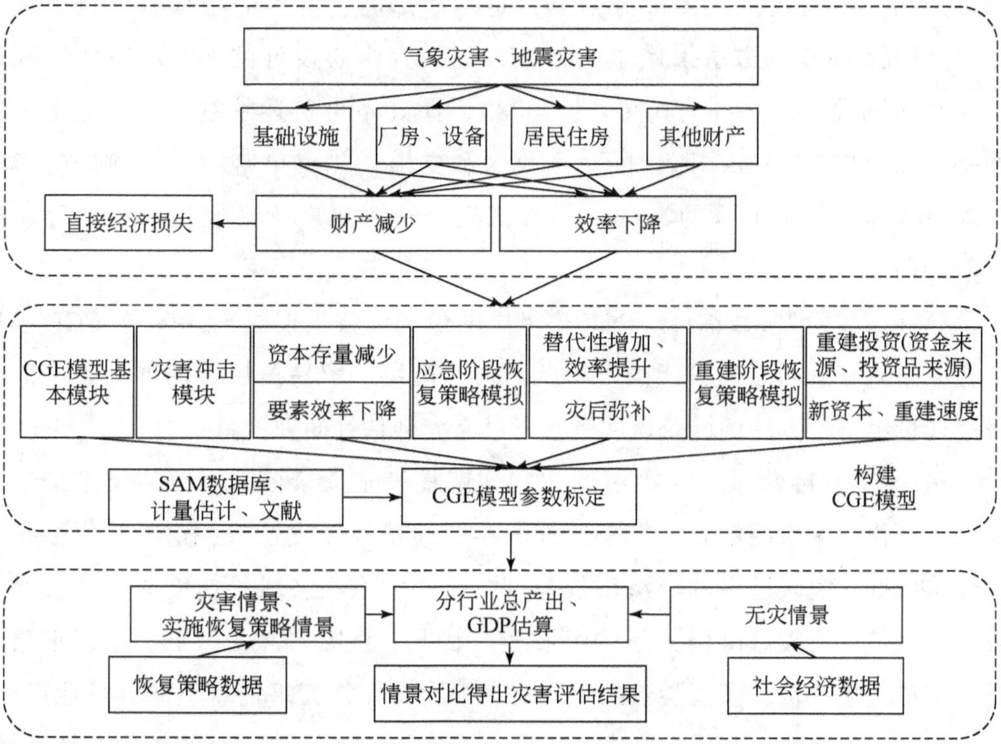

图 7.3　灾害 CGE 模型建模流程图

1）构建 CGE 模型基本模块。根据灾害经济影响评估和恢复策略模拟需要，决定 CGE 模型中行业类型和主体机构的细分程度。在国务院发展研究中心开发和维护的 DRC-CGE 模型基础上，为最大程度考虑行业差异并模拟产业关联导致的灾害经济损失，根据实际可获取的灾情数据，生产模块可将 42 部门投入产出表合并为 12 个生产部门。为刻画中央政府和灾区地方政府在重建中的差异，在省级区域 CGE 模型中，将政府细分为中央和地方两级政府。重建资金来源国内其他地区占主要份额。因此，将区外细分为国内其他地方和国外。根据本书研究需要，没有将居民类型和劳动力类型细分，要素中只包含资本和劳动力。

2）增加灾害冲击模块、应急阶段恢复策略模拟模块、重建阶段恢复策略模拟模块。新增加的三个模块，详细描述见7.1.3节CGE模型基本模块描述。

3）编制SAM。SAM是CGE模型的数据基础，在编制SAM之前，需要收集相应年份、相应区域的投入产出表。此外，因为SAM要求明确各个账户的收入和支出，在投入产出表上没有如储蓄、转移支付、关税等这些信息。因此，需要收集相应的年鉴，建立数据库。本书首先编制了宏观SAM，然后根据收集到的年鉴数据获得拆分依据，将生产部门、机构类型细分，获得微观SAM。编制SAM的方法采用了国务院发展研究中心设计的DRC-SAM编制方法（李善同等，1996；王其文等，2008），此处不再赘述编制方法。值得一提的是，充分理解SAM中账户的每项收入和支出，并与年鉴中统计数据的指标匹配，才能够编制准确的SAM。另外，充分理解账户意义也是准确估计模型参数的前提。

4）CGE模型参数估计。CGE模型中的份额参数是根据SAM赋予CGE模型方程中内生变量初始值，倒推求得的。生产模块、贸易模块等的弹性参数需要采用计量经济学方法估计获得或者参考已有参数估计研究文献。

5）无灾基准情景、灾害情景和实施恢复策略情景模拟。评估灾害经济影响，需要找一个参照情景，本书选择的参照情景为无灾情景，这就需要根据社会经济数据、灾区过去的经济增长速度、相邻省份经济增长速度或者社会经济发展规划估计无灾基准情景下的经济发展状况。将灾害冲击数据、恢复策略数据以调整外生变量、模型参数的方式引入模型，评估灾害情景下的分行业产出、GDP。CGE模型的参数标定和求解工作，因涉及非线性方程组的优化求解问题，所以选用运筹优化软件GAMS编程求解。

6）根据无灾情景和灾害情景下估计的GDP、分行业总产出对比，评估灾害经济影响和恢复策略的贡献。

7.1.3 CGE模型基本模块描述

本书构建的灾害经济评估与恢复决策支持CGE模型是在国务院发展研究中心开发和维护的DRC-CGE模型（李善同和何建武，2010）基础上改进而来的。本书选用该模型系统中省级尺度CGE模型，设定的模型特征有：①包括多个生产部门；②生产要素分为资本和劳动力；③机构账户有居民、企业、政府和贸易；④政府账户区分中央政府与省级政府；⑤贸易区分省际贸易和国际贸易；⑥模型的动态部分采用递推动态形式，意味着当期的资本总量，由上一期的资本存量去掉折旧后，加上上期的投资组成。设定的 CGE 模型基本模块有：生产模块、贸易模块、收入分配和需求模块、市场均衡模块、宏观闭合模块。上述模块构成 CGE 模型的静态部分，称为“静态 CGE 模型”。在此基础上，添加递归动态部分，称为“动态 CGE 模型”。CGE 模型基本模块如图 7.4 中非虚线部分。在这个框架图的帮助下，首先集中推导 CGE 模型中主要函数的最优化表达，然后详细介绍各个模块及其数学表达。

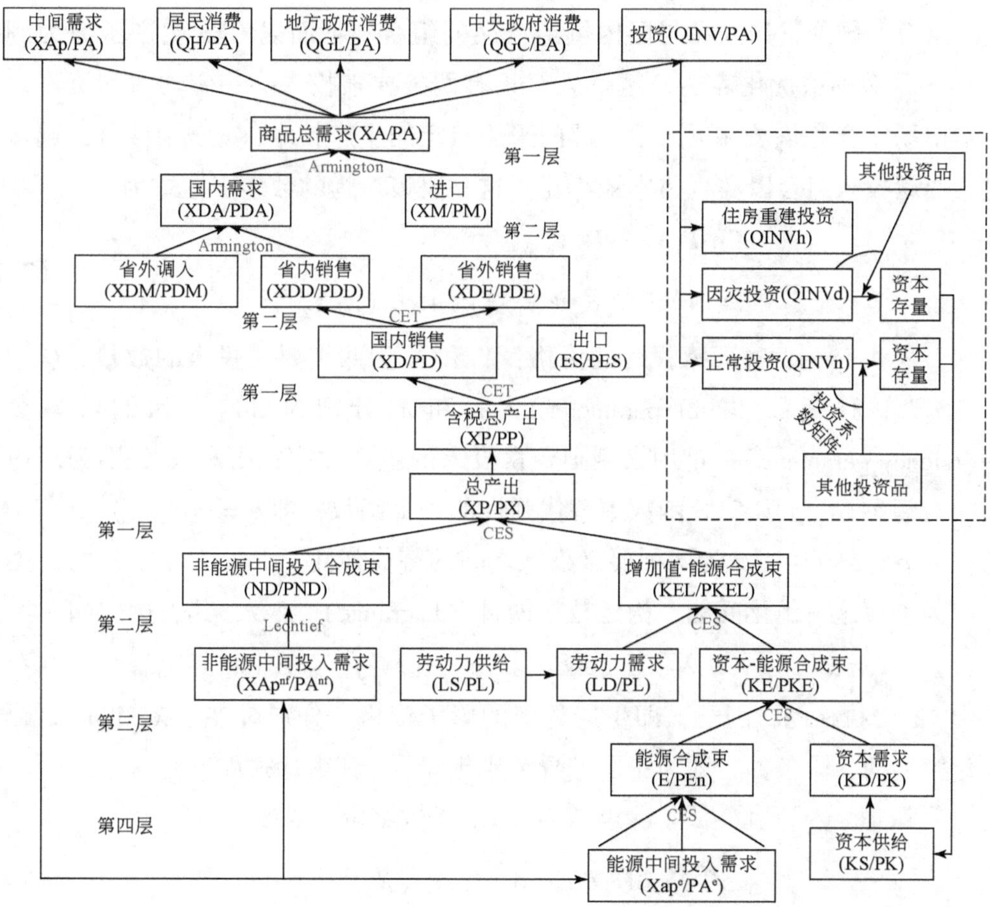

图 7.4　灾害经济影响 CGE 模型框架图

注：非虚线部分为基本 CGE 模型；虚线部分为灾害冲击和重建期恢复策略模块

7.1.3.1 CGE 模型中主要函数的最优化表达

CGE 模型中使用的主要函数有恒替代弹性（constant elasticity of substitute, CES）函数，列昂惕夫（Leontief）函数，不变转换弹性（constant elasticity of transformation, CET）函数和柯布–道格拉斯（Cobb–Douglas, C-D）函数。在建模过程中，为方便模型求解，一般采用这些函数的最优化形式。这里集中推导模型中主要函数的最优化表达。

（1）CES 函数

CES 函数主要用于刻画生产技术、要素合成、省外调入产品与省内供给产品的组合及国外进口产品与国内供给产品的组合。下面以 CES 生产函数为例推导 CES 函数的最优化表达，这里假定只有两类要素投入——劳动力和资本。在要素市场完全竞争条件下，生产部门采用特定的生产技术（CES 函数），选择最优的要素投入组合以实现成本最小化。这一决策行为的数学表达式为

$$\begin{aligned} &\min P_1X_1 + P_2X_2 \\ &\text{s.t.}\ \ Q = A\left[\alpha_1(\lambda_1X_1)^{\rho} + \alpha_2(\lambda_2X_2)^{\rho}\right]^{\frac{1}{\rho}} \end{aligned} \tag{7-2}$$

式中，P_1 和 P_2 为两类要素投入的价格；X_1 和 X_2 为两类要素投入的数量；Q 为产出；A 为转移参数（shift parameter），λ_1 和 λ_2 分别为对应要素的效率参数（efficiency parameter），都用来刻画要素投入的生产效率；α_1 和 α_2 分别为对应要素的份额参数；ρ 为 CES 函数中替代弹性的一个函数，即 $\rho = (\sigma - 1)/\sigma \rightarrow \sigma = 1/(1-\rho)$，其中，$\sigma$ 为两种要素投入之间的替代弹性。

为求解这一优化问题，构建拉格朗日（Lagrange）函数，其表达式如下：

$$L = (P_1X_1 + P_2X_2) + p\{Q - A\left[\alpha_1(\lambda_1X_1)^{\rho} + \alpha_2(\lambda_2X_2)^{\rho}\right]^{\frac{1}{\rho}}\} \tag{7-3}$$

式中，p 为拉格朗日因子，即生产约束的影子价格。分别对 X_1、X_2 和 p 求偏导，优化模型的一阶条件，即为三个偏导分别等于 0，其表达式如下：

$$\begin{cases} P_1 - p\cdot Q^{1-\rho}\alpha_1(A\cdot\lambda_1)^{\rho}(X_1)^{\rho-1} = 0 \\ P_2 - p\cdot Q^{1-\rho}\alpha_2(A\cdot\lambda_2)^{\rho}(X_2)^{\rho-1} = 0 \\ Q - A\left[\alpha_1(\lambda_1X_1)^{\rho} + \alpha_2(\lambda_2X_2)^{\rho}\right]^{\frac{1}{\rho}} = 0 \end{cases} \tag{7-4}$$

从式（7-4）中前两个方程可以解出 X_1 和 X_2：

$$X_1 = \left[\frac{P_1}{\alpha_1(A\cdot\lambda_1)^{\rho}p}\right]^{\frac{1}{\rho-1}}Q \tag{7-5}$$

$$X_2 = \left(\frac{P_2}{\alpha_2 \ (A \cdot \lambda_2)^{\rho} p}\right)^{\frac{1}{\rho-1}} Q \tag{7-6}$$

代入式（7-4）第三个方程，可以解出 p：

$$p = \frac{1}{A}\left[\alpha_1^{\frac{1}{1-\rho}}\left(\frac{P_1}{\lambda_1}\right)^{\frac{\rho}{\rho-1}} + \alpha_2^{\frac{1}{1-\rho}}\left(\frac{P_2}{\lambda_2}\right)^{\frac{\rho}{\rho-1}}\right]^{\frac{\rho-1}{\rho}} \tag{7-7}$$

在要素市场完全竞争条件下，生产约束的影子价格又表示生产的单位成本。所以，以上实际上已经求得了给定要素投入价格情况下 CES 函数的最优化表达，即最优的要素投入需求和单位生产成本的数学表达式。

为简洁起见，将式（7-5）~式（7-7）中 ρ 换为 σ ［$\sigma=1/(1-\rho)$］，则

$$X_1 = (A \cdot \lambda_1)^{\sigma-1}\alpha_1^{\sigma}\left(\frac{p}{P_1}\right)^{\sigma} Q \tag{7-8}$$

$$X_2 = (A \cdot \lambda_2)^{\sigma-1}\alpha_2^{\sigma}\left(\frac{p}{P_2}\right)^{\sigma} Q \tag{7-9}$$

$$p = \frac{1}{A}\left[\alpha_1^{\sigma}\left(\frac{P_1}{\lambda_1}\right)^{1-\sigma} + \alpha_2^{\sigma}\left(\frac{P_2}{\lambda_2}\right)^{1-\sigma}\right]^{\frac{1}{1-\sigma}} \tag{7-10}$$

因为 A、λ 和 α 都是常数，令 $(A \cdot \lambda_1)^{\sigma-1}\alpha_1^{\sigma}=a_1$，$(A \cdot \lambda_2)^{\sigma-1}\alpha_2^{\sigma}=a_2$，得到 CGE 模型中 CES 函数常用的简洁的最优化表达式：

$$X_1 = a_1\left(\frac{p}{P_1}\right)^{\sigma} Q \tag{7-11}$$

$$X_2 = a_2\left(\frac{p}{P_2}\right)^{\sigma} Q \tag{7-12}$$

$$p = [a_1 \ (P_1)^{1-\sigma} + a_2 \ (P_2)^{1-\sigma}]^{\frac{1}{1-\sigma}} \tag{7-13}$$

以上得到给定要素价格情况下要素投入需求函数和单位生产成本函数。当要素价格与单位生产成本的比例不变时，要素需求就是总产出的一个固定比例。当要素价格上升时候，对该要素的需求就会下降，下降幅度取决于替代弹性，弹性越大，要素需求下降幅度越大，反之亦然。

（2）Leontief 函数

Leontief 函数主要用于各种非能源中间投入的合成，将总投资分解为分行业的投资，将政府总需求分解为分行业的需求。Leontief 函数的基本形式为

$$Q = \min\left\{\frac{\lambda_1 X_1}{a_1}, \ \frac{\lambda_2 X_2}{a_2}\right\} \tag{7-14}$$

式中，Q 为产出；X_1 和 X_2 为两类要素投入的数量；λ_1 和 λ_2 分别为对应要素的效

率参数；a_1和a_2分别为对应要素的份额参数。当用于分解总投资或分解政府总需求时候，Q为总投资或者政府总需求，X_1、X_2为厂商对分行业投资品的需求或政府对分行业商品、服务的需求，α_1、α_2为分行业固定支出份额。

Leontief 函数刻画的生产函数中各类要素投入之间不可替代，可认为是 CES 函数的一种特殊形式，即替代弹性为 0 的情况。因此，令 CES 函数最优化表达式中的替代弹性 σ 等于 0，得到 Leontief 函数的最优化表达式：

$$X_1 = \frac{a_1}{\lambda_1}Q \tag{7-15}$$

$$X_2 = \frac{a_2}{\lambda_2}Q \tag{7-16}$$

$$p = a_1\left(\frac{P_1}{\lambda_1}\right) + a_2\left(\frac{P_2}{\lambda_2}\right) \tag{7-17}$$

式中，P_1和P_2为两类要素投入的价格。当用于分解总投资或分解政府总需求时候，P_1和P_2为投资品或商品、服务价格。

（3）CET 函数

CET 函数主要用于描述厂商如何将产品分解为国外出口与国内销售，以及企业如何将产品分解为省外调出与省内销售，以实现收益最大化。以厂商将总产出分解为出口产品与国内销售为例，这一决策行为可表达为

$$\begin{aligned} &\max\ P_1X_1 + P_2X_2 \\ &\text{s.t.}\ \ Q = (\alpha_1X_1^{\rho} + \alpha_2X_2^{\rho})^{\frac{1}{\rho}} \end{aligned} \tag{7-18}$$

式中，P_1、P_2、X_1、X_2和 Q 分别为出口供给价格、国内销售价格、出口供给数量、国内销售数量和国内总产出；α_1和α_2为份额参数；ρ 为 CET 函数中转化弹性的一个函数，即$\rho = (\sigma + 1)/\sigma \rightarrow \sigma = 1/(\rho - 1)$，其中，$\sigma$ 为转换弹性。

为求解这一优化问题，构建 Lagrange 函数：

$$L = (P_1X_1 + P_2X_2) + p[Q - (\alpha_1X_1^{\rho} + \alpha_2X_2^{\rho})^{\frac{1}{\rho}}] \tag{7-19}$$

式中，p 为拉格朗日因子，也是国内总产出的价格。分别对 X_1、X_2和 p 求偏导，优化模型的一阶条件，即为三个偏导分别等于 0，其表达式如下：

$$\begin{cases} P_1 - p \cdot Q^{1-\rho}\alpha_1X_1^{\rho-1} = 0 \\ P_2 - p \cdot Q^{1-\rho}\alpha_2X_2^{\rho-1} = 0 \\ Q - (\alpha_1X_1^{\rho} + \alpha_2X_2^{\rho})^{\frac{1}{\rho}} = 0 \end{cases} \tag{7-20}$$

从式（7-20）前两个方程可以解出 X_1 和 X_2：

$$X_1 = \left(\frac{P_1}{\alpha_1 p}\right)^{\frac{1}{\rho-1}} Q \tag{7-21}$$

$$X_2 = \left(\frac{P_2}{\alpha_2 p}\right)^{\frac{1}{\rho-1}} Q \tag{7-22}$$

代入式（7-20）第三个方程，可以解出 p：

$$p = [\alpha_1^{\frac{1}{1-\rho}} P_1^{\frac{\rho}{\rho-1}} + \alpha_2^{\frac{1}{1-\rho}} P_2^{\frac{\rho}{\rho-1}}]^{\frac{\rho-1}{\rho}} \tag{7-23}$$

为简洁起见，将式（7-21）~式（7-23）中 ρ 换为 σ ［$\sigma=1/(\rho-1)$］，则

$$X_1 = \alpha_1^{-\sigma} \left(\frac{P_1}{p}\right)^{\sigma} Q \tag{7-24}$$

$$X_2 = \alpha_2^{-\sigma} \left(\frac{P_2}{p}\right)^{\sigma} Q \tag{7-25}$$

$$p = [\alpha_1^{-\sigma} P_1^{1+\sigma} + \alpha_2^{-\sigma} P_2^{1+\sigma}]^{\frac{1}{1+\sigma}} \tag{7-26}$$

令 $\alpha_1{}^{-\sigma}=a_1$，$\alpha_2{}^{-\sigma}=a_2$，得到 CGE 模型中 CET 函数常用的简洁的最优化表达式如下：

$$X_1 = a_1 \left(\frac{P_1}{p}\right)^{\sigma} Q \tag{7-27}$$

$$X_2 = a_2 \left(\frac{P_2}{p}\right)^{\sigma} Q \tag{7-28}$$

$$p = (a_1 P_1^{1+\sigma} + a_2 P_2^{1+\sigma})^{\frac{1}{1+\sigma}} \tag{7-29}$$

以上得到国内与国际商品供应数量函数及国内总产出价格函数。可见，无论国内还是国际商品供给，其供给数量与该区域价格成正比例关系，当该地商品价格上升时候，对该地商品的供给就会增加，增加幅度取决于转换弹性，弹性越大，商品供给增加幅度越大，反之亦然。

（4）C-D 函数

C-D 函数形式主要用于居民的效用函数，居民的行为可以描述为在收入约束下，最大化自己的效用，这一决策行为可用下列数学表达式刻画：

$$\begin{aligned} &\max\ U = X_1^{\delta_1} X_2^{\delta_2} \\ &\text{s.t.}\ \ P_1 X_1 + P_2 X_2 = Y \end{aligned} \tag{7-30}$$

式中，U 为居民效用；X_1、X_2 分别为居民对分行业商品的需求数量；P_1、P_2 分别为对应商品的价格；δ_1、δ_2 分别为分行业商品的效用弹性参数（$\delta_1+\delta_2=1$）。

为求解这一优化问题，构建 Lagrange 函数：

$$L = X_1^{\delta_1} X_2^{\delta_2} + \lambda [Y - (P_1 X_1 + P_2 X_2)] \tag{7-31}$$

式中，λ 为拉格朗日因子。分别对 X_1、X_2 和 λ 求偏导，优化模型的一阶条件，即为三个偏导分别等于 0：

$$\begin{cases} \delta_1 X_1^{\delta_1 - 1} X_2^{\delta_2} - \lambda P_1 = 0 \\ \delta_2 X_1^{\delta_1} X_2^{\delta_2 - 1} - \lambda P_2 = 0 \\ Y - (P_1 X_1 + P_2 X_2) = 0 \end{cases} \tag{7-32}$$

整理得到居民对分行业商品的需求，即 C-D 函数的最优化表达形式如下：

$$X_1 = \frac{\delta_1 Y}{P_1} \tag{7-33}$$

$$X_2 = \frac{\delta_2 Y}{P_2} \tag{7-34}$$

可见，居民对某种商品的需求与收入成正比，与该商品的价格成反比。

7.1.3.2 生产模块

生产过程用四层嵌套的恒替代弹性生产函数（如 CES 函数）或列昂惕夫生产函数（如 Leontief 函数）描述（图 7.5），这种设计方式能够规避所有的投入按照同样的替代弹性组合生产。因为，资本与能源之间存在替代性，因此将中间投入区分为能源中间投入与非能源中间投入。能源与资本采用 CES 技术组合为资本-能源合成束，然后与劳动力组合为增加值-能源合成束。各类

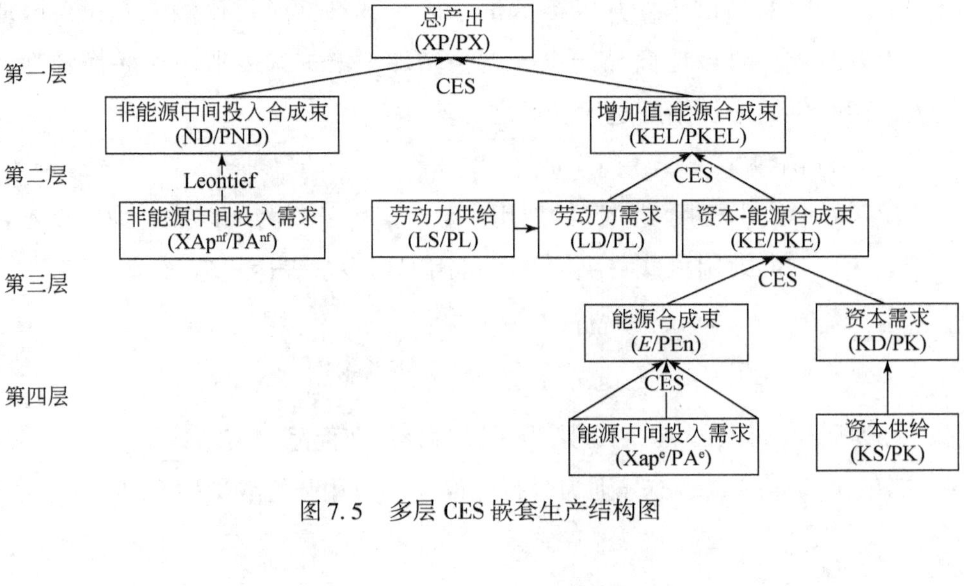

图 7.5　多层 CES 嵌套生产结构图

非能源中间投入之间不存在替代性，以 Leontief 函数形式合成为非能源中间投入合成束。最终，增加值-能源合成束与非能源中间投入合成束以 CES 技术组合为总产出。

（1）第一层嵌套

在第一层嵌套中，根据 CES 函数，总产出由非能源中间投入合成束与增加值-能源合成束共同决定。根据前述 CES 函数的最优化表达，可得总产出对非能源中间投入合成束的需求［式（7-35）］，总产出对增加值-能源合成束的需求［式（7-36）］，以及总产出的单位生产成本［式（7-37）］。

$$\mathrm{ND}_i = \alpha_i^{\mathrm{nd}} \left(\frac{\mathrm{PX}_i}{\mathrm{PND}_i}\right)^{\sigma_i^p} \mathrm{XP}_i \tag{7-35}$$

$$\mathrm{KEL}_i = \alpha_i^{\mathrm{kel}} \left(\frac{\mathrm{PX}_i}{\mathrm{PKEL}_i}\right)^{\sigma_i^p} \mathrm{XP}_i \tag{7-36}$$

$$\mathrm{PX}_i = (\alpha_i^{nd} \mathrm{PND}_i^{1-\sigma_i^p} + \alpha_i^{\mathrm{kel}} \mathrm{PKEL}_i^{1-\sigma_i^p})^{1/(1-\sigma_i^p)} \tag{7-37}$$

式中，下标 i 为各个行业部分；XP、PX，ND、PND，KEL、PKEL 分别为总产出数量、价格，非能源中间投入合成束数量、价格，增加值-能源合成束数量、价格；α^{nd}和 α^{kel}分别为非能源中间投入合成束和增加值-能源合成束的 CES 函数份额参数；σ^{p}为非能源中间投入合成束与增加值-能源合成束之间的替代弹性。

（2）第二层嵌套

在第二层嵌套中，第一分支为各种非能源中间投入按照列昂惕夫生产函数组合为非能源中间投入合成束，即各种非能源中间投入之间不存在替代性。根据前述 Leontief 函数的最优化表达，可得各种非能源中间投入需求［式（7-38）］及非能源中间投入合成束的价格［式（7-39）］。

$$\mathrm{XAp}_{i,j}^{\mathrm{nf}} = \alpha_{i,j}^{\mathrm{nf}} \mathrm{ND}_i \tag{7-38}$$

$$\mathrm{PND}_i = \sum_j \alpha_{i,j}^{\mathrm{nf}} \mathrm{PA}_j^{\mathrm{nf}} \tag{7-39}$$

式中，上标 nf 代表非能源行业部门；$\mathrm{XAp}_{i,j}$为 i 行业生产过程中对 j 行业的中间投入需求，PA_j为中间投入商品 j 的价格；$\alpha_{i,j}$为 i 行业生产过程中 j 行业中间投入的份额参数。

第二分支为劳动力和资本-能源合成束按照 CES 技术组合为增加值-能源合成束，根据 CES 函数的最优化表达，可得劳动力需求［式（7-40）］、资本-能源合成束需求［式（7-41）］及增加值–能源合成束的价格［式（7-42）］。

$$LD_i = \alpha_i^{ld}\left(\frac{PKEL_i}{PL_i}\right)^{\sigma_i^{kel}} KEL_i \tag{7-40}$$

$$KE_i = \alpha_i^{ke}\left(\frac{PKEL_i}{PKE_i}\right)^{\sigma_i^{kel}} KEL_i \tag{7-41}$$

$$PKEL_i = (\alpha_i^{ld} PL_i^{1-\sigma_i^{kel}} + \alpha_i^{ke} PKE_i^{1-\sigma_i^{kel}})^{1/(1-\sigma_i^{kel})} \tag{7-42}$$

式中，LD、PL，KE、PKE 分别为劳动力需求的数量、价格，资本–能源合成束的数量、价格；α^{ld}和 α^{ke}分别为劳动力和资本–能源合成束的 CES 函数份额参数；σ^{kel}为劳动力与资本–能源合成束之间的替代弹性。

(3) 第三层嵌套

在第三层嵌套中，资本与能源合成束以 CES 技术合成资本–能源合成束。同样根据 CES 函数的最优化表达，得出能源合成束的需求［式（7-43）］，资本的需求［式（7-44）］，以及资本–能源合成束的价格［式（7-45）］。

$$E_i = \alpha_i^{e}\left(\frac{PKE_i}{PEn_i}\right)^{\sigma_i^{ke}} KE_i \tag{7-43}$$

$$KD_i = \alpha_i^{kd}\left(\frac{PKE_i}{PK_i}\right)^{\sigma_i^{ke}} KE_i \tag{7-44}$$

$$PKE_i = (\alpha_i^{e} PEn_i^{1-\sigma_i^{ke}} + \alpha_i^{kd} PK_i^{1-\sigma_i^{ke}})^{1/(1-\sigma_i^{ke})} \tag{7-45}$$

式中，E、PEn，KD、PK 分别为能源合成束的数量、价格，资本需求的数量、价格；α^{e}和 α^{kd}分别为能源合成束和资本的 CES 函数份额参数；σ^{ke}为能源合成束与资本之间的替代弹性。

(4) 第四层嵌套

在第四层嵌套中，能源合成束以 CES 函数形式分解为对各种能源的需求。根据 CES 函数最优化表达，得出生产过程对各种能源的需求［式（7-46）］，以及能源合成束的价格［式（7-47）］。

$$XAp_{i,j}^{e} = \alpha_{i,j}^{e}\left(\frac{PEn_i}{PA_j^{e}}\right)^{\sigma_i^{e}} E_i \tag{7-46}$$

$$PEn_i = \left[\sum_j a_{i,j}^{e}\,(PA_j^{e})^{1-\sigma_i^{e}}\right]^{1/(1-\sigma_i^{e})} \tag{7-47}$$

式中，上标 e 为能源行业部门；$XAp_{i,j}$为 i 行业生产过程中对 j 类能源的中间投入需求；PA_j为 j 类能源的价格；$\alpha_{i,j}$为 i 行业生产过程中 j 类能源中间投入的份额参数；σ^{e}为不同能源之间的替代弹性。

生产过程中，除了上述投入外，中央政府和地方政府还会征收各种生产税［式（7-48）］。

$$PP_i = PX_i(1 + tpc_i + tpl_i) \tag{7-48}$$

式中，PX 为不含税的产品单位成本；PP 为含税价格；tpc 和 tpl 分别为中央政府和地方政府征收生产税的税率。

7.1.3.3 贸易模块

商品在省内、省外、国外之间的流向如图 7.6 所示。关于省内总产出，首先，一部分用于出口，另一部分用于国内销售。然后，国内销售进一步细分，一部分用于省外销售，一部分用于省内销售。关于省内总需求，首先，一部分来自进口，一部分来自国内。然后，国内需求进一步细分，一部分来自省外调入，一部分来自省内销售。

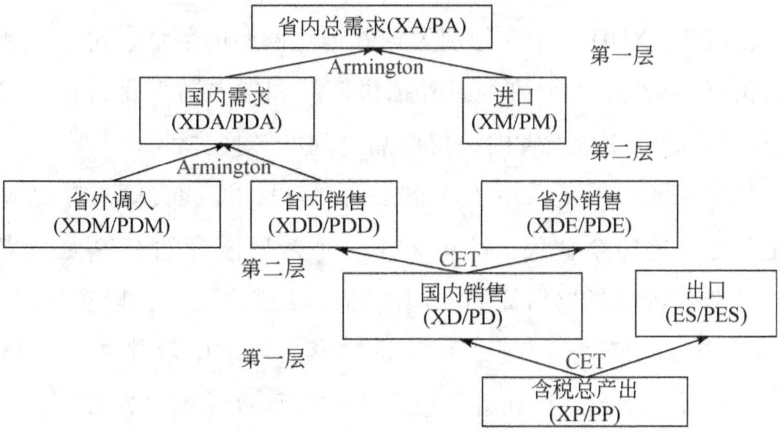

图 7.6　商品在省内、省外、国外之间流向图

厂商对于商品的销售采用两层嵌套的 CET 函数刻画。第一层，厂商选择出口和国内销售的最优组合，以实现收入最大化。根据前述 CET 函数的最优化表达，可得出口供给函数［式（7-49）］、国内销售函数［式（7-50）］和总产出的价格函数［式（7-51）］：

$$ES_i = \alpha_i^{es}\left(\frac{PES_i}{PP_i}\right)^{\sigma_i} XP_i \tag{7-49}$$

$$XD_i = \alpha_i^{d}\left(\frac{PD_i}{PP_i}\right)^{\sigma_i} XP_i \tag{7-50}$$

$$\mathrm{PP}_i = (\alpha_i^{\mathrm{es}} \mathrm{PES}_i^{1+\sigma_i} + \alpha_i^d \mathrm{PD}_i^{1+\sigma_i})^{1/(1+\sigma_i)} \tag{7-51}$$

式中，ES、PES，XD、PD 分别为出口商品的数量、价格，国内销售商品的数量、价格；α^{es}和 α^d分别为出口商品和国内销售商品的 CET 函数份额参数；σ 为进口商品与国内销售商品之间的转换弹性。

在第二层中，国内销售按照 CET 函数分解为省外销售和省内销售，厂商选择二者的最优组合，以实现收入最大化。根据前述 CET 函数的最优化表达，可得省外销售函数［式（7-52）］、省内销售函数［式（7-53）］和国内销售的价格函数［式（7-54）］：

$$\mathrm{XDE}_i = \alpha_i^{\mathrm{de}} \left(\frac{\mathrm{PDE}_i}{\mathrm{PD}_i}\right)^{\sigma_i^{\mathrm{xd}}} \mathrm{XD}_i \tag{7-52}$$

$$\mathrm{XDD}_i = \alpha_i^{\mathrm{xdd}} \left(\frac{\mathrm{PDD}_i}{\mathrm{PD}_i}\right)^{\sigma_i^{\mathrm{xd}}} \mathrm{XD}_i \tag{7-53}$$

$$\mathrm{PD}_i = (\alpha_i^{\mathrm{de}} \mathrm{PDE}_i^{1+\sigma_i^{\mathrm{xd}}} + \alpha_i^{\mathrm{xdd}} \mathrm{PDD}_i^{1+\sigma_i^{\mathrm{xd}}})^{1/(1+\sigma_i^{\mathrm{xd}})} \tag{7-54}$$

式中，XDE、PDE，XDD、PDD 分别为省外销售商品的数量、价格，省内销售商品的数量、价格；α^{de}和 α^{dd}分别为省外销售商品和省内销售商品的 CET 函数份额参数；σ^{xd}为省外销售商品与省内销售商品之间的转换弹性。

对于商品的来源，模型采用了 Armington 假设，即假设区外商品和区内商品非同质，也就是不能完全替代，这里采用一个两层嵌套的 CES 函数来表示。第一层，省内的购买者选择进口商品和国内商品的最优组合，以实现成本最小化。根据前述 CES 函数的最优化表达，可得进口商品需求函数［式（7-55）］、国产商品需求函数［式（7-56）］和省内总需求价格函数［式（7-57）］：

$$\mathrm{XM}_i = \alpha_i^m \left(\frac{\mathrm{PA}_i}{\mathrm{PM}_i}\right)^{\sigma_i^a} \mathrm{XA}_i \tag{7-55}$$

$$\mathrm{XDA}_i = \alpha_i^{\mathrm{da}} \left(\frac{\mathrm{PA}_i}{\mathrm{PDA}_i}\right)^{\sigma_i^a} \mathrm{XA}_i \tag{7-56}$$

$$\mathrm{PA}_i = (\alpha_i^m \mathrm{PM}_i^{1-\sigma_i^a} + \alpha_i^{\mathrm{da}} \mathrm{PDA}_i^{1-\sigma_i^a})^{1/(1-\sigma_i^a)} \tag{7-57}$$

式中，XM、PM，XDA、PDA 分别为进口商品的数量、价格，国内商品的数量、价格；α^m和 α^{da}分别为进口商品和国内商品的 CES 函数份额参数；σ^a为进口商品与国内商品之间的替代弹性。

在第二层中，国内商品的需求根据 CES 函数被进一步分解为对省外商品的需求和对省内商品的需求。根据前述 CES 函数的最优化表达，可得省外商品的需求函数［式（7-58）］、省内商品的需求函数［式（7-59）］和国商品价格函数［式（7-60）］：

$$\mathrm{XDM}_i = \alpha_i^{\mathrm{dm}} \left(\frac{\mathrm{PDA}_i}{\mathrm{PDM}_i}\right)^{\sigma_i^{\mathrm{da}}} \mathrm{XDA}_i \tag{7-58}$$

$$\mathrm{XDD}_i = \alpha_i^{\mathrm{dd}} \left(\frac{\mathrm{PDA}_i}{\mathrm{PDD}_i}\right)^{\sigma_i^{\mathrm{da}}} \mathrm{XDA}_i \tag{7-59}$$

$$\mathrm{PDA}_i = (\alpha_i^{\mathrm{dm}} \mathrm{PDM}_i^{1-\sigma_i^{\mathrm{da}}} + \alpha_i^{\mathrm{dd}} \mathrm{PDD}_i^{1-\sigma_i^{\mathrm{da}}})^{1/(1-\sigma_i^{\mathrm{da}})} \tag{7-60}$$

式中，XDM、PDM，XDD、PDD 分别为省外调入商品的数量、价格，省内商品的数量、价格；α^{dm}和 α^{dd}分别为省外调入商品和省内商品的 CES 函数份额参数；σ^{da}为省外调入商品与省内商品之间的替代弹性。

模型采用“小国假设”，即省内商品的进口、出口不会对国际市场同类商品价格造成影响，同时省内商品的调入、调出也不会对国内其他地区同类商品的价格造成影响。由于一个省出口、进口的商品数量在国际市场上所占的份额非常小，同时一个省调入、调出的商品数量在全国市场来说所占份额也非常小，因此这一假设对于一个省份来说是成立的，即出口商品、进口商品的价格是国际价格的接受者，调入商品、调出商品是国内其他地区产品价格的接受者。CGE 模型设定了关税和出口退税，同时受汇率的影响，认为商品的国际价格和国内价格存在差异。我国市场一体化程度较高，认为省内商品与国内其他地区商品价格无差异。

$$\mathrm{PM}_i = \overline{\mathrm{WPM}}_i (1 + t_i^m) \mathrm{ER} \tag{7-61}$$

式（7-61）描述了进口商品的国际价格与国内价格的关系。其中，$\overline{\mathrm{WPM}}_i$ 为进口商品的国际价格；t_i^m为关税；ER 为汇率。

$$\mathrm{PES}_i = \overline{\mathrm{WPE}}_i \cdot \mathrm{ER}/(1 - t_i^{\mathrm{re}}) \tag{7-62}$$

式（7-62）描述了出口商品的国际价格与国内价格的关系。其中，$\overline{\mathrm{WPE}}_i$为出口商品的国际价格；$t_i^{\mathrm{re}}$为出口退税。

$$\mathrm{PDE}_i = \overline{\mathrm{WPDE}}_i \tag{7-63}$$

式（7-63）描述了调出商品的价格与国内其他区域同类商品价格（$\overline{\mathrm{WPDE}}_i$）的关系，即两者相同。

$$\mathrm{PDM}_i = \overline{\mathrm{WPDM}}_i \tag{7-64}$$

式（7-64）描述了调入商品的价格与国内其他区域同类商品价格（$\overline{\mathrm{WPDM}_i}$）的关系，即两者相同。

7.1.3.4　收入分配和需求模块

要素（劳动力和资本）回报在居民、企业和政府三类主体之间分配。

具体而言，居民收入一部分主要来自劳动报酬，另一部分来自企业转移支付［式（7-65）］。居民的可支配收入由居民向中央政府和地方政府缴纳个人所得税后的收入与地方政府转移支付共同构成［式（7-66）］。

$$\mathrm{YH} = \sum_i (\mathrm{LD}_i \cdot \mathrm{PL}_i) + \beta \cdot \mathrm{YE} \cdot (1 - \mathrm{tec} - \mathrm{tel}) \tag{7-65}$$

$$\mathrm{YD} = \mathrm{YH} \cdot (1 - \mathrm{thc} - \mathrm{thl}) + \overline{\mathrm{TR}}_{\mathrm{h,\ gl}} \tag{7-66}$$

式（7-65）为居民的总收入，式中，左边 YH 为居民总收入；右边第一项为劳动报酬；第二项为企业转移支付。其中，YE 为企业总收入，tec、tel 分别为企业向中央政府和地方政府缴纳企业所得税的税率，β 为企业税后收入向居民转移支付的比例。式（7-66）代表居民的可支配收入，式中，左边 YD 为居民可支配收入；右边第一项为居民税后收入，其中 thc、thl 分别为居民向中央政府和地方政府缴纳个人所得税的税率；第二项$\overline{\mathrm{TR}}_{\mathrm{h,gl}}$为地方政府向居民的转移支付，其中，下标 h 为居民，gl 代表地方政府。一般而言，中央政府不直接向居民提供转移支付。

居民的可支配收入以固定储蓄率储蓄外，其余全部用于对各种商品和服务的消费，居民在满足预算约束的条件下，选择最优的商品消费组合以实现效用（C-D 效用函数描述）最大化。根据前述 C-D 函数最优化表达形式，可得居民对各种商品或服务的需求量：

$$\mathrm{QH}_i = \frac{\alpha_i^{\mathrm{h}}}{\mathrm{PA}_i}(1 - \overline{\mathrm{MPS}}) \cdot \mathrm{YD} \tag{7-67}$$

式中，QH_i为居民对 i 商品的消费数量；PA_i为第 i 种商品的价格；$\overline{\mathrm{MPS}}$为居民储蓄率；α_i^{h} 为居民对 i 商品消费的份额参数。

企业收入来自资本回报［式（7-68）］。企业需要向中央政府和地方政府缴纳企业所得税，税后收入以固定份额转移给居民，这一固定份额根据居民占有资本比例确定。企业收入扣除税收、居民转移支付后的剩余部分即为企业留成，在 CGE 模型中为企业储蓄，用于下一期投资［式（7-69）］。

$$YE = \sum_i (KD_i \cdot PK_i) \quad (7\text{-}68)$$

$$ESAV = (1 - tec - tel) \cdot YE \cdot (1 - \beta) \quad (7\text{-}69)$$

式（7-68）给出了企业从资本收益获得的总收入，其中，YE 为企业总收入。式（7-69）给出了企业储蓄，其中，ESAV 为企业储蓄。

中央政府对分行业部门的商品或服务需求，CGE 模型采用列昂惕夫函数刻画其消费结构［式（7-70）~式（7-72）］。中央政府收入来源为生产税、个人所得税、企业所得税、关税和地方政府上缴中央政府所得［式（7-73）］。中央政府的支出为对购买公共商品支出，以及中央政府对地方政府的转移支付［式（7-74）］。

$$QGC_i = \alpha_i^{gc} \cdot \overline{TQGC} \quad (7\text{-}70)$$

$$PGC = \sum_i (\alpha_i^{gc} \cdot PA_i) \quad (7\text{-}71)$$

$$VGC = TQGC \cdot PGC \quad (7\text{-}72)$$

$$YGC = \sum_i (tpc_i \cdot XP_i \cdot PX_i) + thc \cdot YH + tec \cdot YE + \sum_i (t_i^m \cdot XM_i \cdot \overline{WPM_i} \cdot ER - t_i^{re} \cdot ES_i \cdot PES_i) + \overline{TR}_{gc,\ gl} \quad (7\text{-}73)$$

$$EGC = VGC + \overline{TR}_{gl,gc} \quad (7\text{-}74)$$

式（7-70）为中央政府对分行业公共物品的购买数量（QGC_i），其中，$\overline{TQGC}$为中央政府购买的公共物品总数量；α_i^{gc}为中央政府购买 i 商品的份额参数。式（7-71）为中央政府购买公共物品的平均价格（PGC）。式（7-72）为中央政府购买公共物品的总价值（VGC）。式（7-73）给出了中央政府的所有收入，式中，左边为中央政府总收入（YGC）；右边第一项为生产税；第二项为个人所得税；第三项为企业所得税；第四项为关税扣除出口退税剩余收入；第五项$\overline{TR}_{gc,gl}$为地方政府向中央政府上缴部分，其中，下标 gc 代表中央政府，gl 代表地方政府。式（7-74）给出了中央政府总支出（EGC），等式右边$\overline{TR}_{gl,gc}$为中央政府对地方政府的转移支付。

地方政府对分行业部门的商品或服务需求，CGE 模型采用列昂惕夫函数刻画其消费结构［式（7-75）~式（7-77）］。地方政府收入来源为生产税、个人所得税、企业所得税、中央政府对地方政府的转移支付［式（7-78）］。地方政府的支出为对购买公共商品支出、对居民的转移支付，以及地方政府上缴中央政府的支出［式（7-79）］。

$$QGL_i = \alpha_i^{gl} \cdot \overline{TQGL} \tag{7-75}$$

$$PGL = \sum_i (\alpha_i^{gl} \cdot PA_i) \tag{7-76}$$

$$VGL = TQGL \cdot PGL \tag{7-77}$$

$$YGL = \sum_i (tpl_i \cdot XP_i \cdot PX_i) + thl \cdot YH + tel \cdot YE + \overline{TR}_{gl,\ gc} \tag{7-78}$$

$$EGL = VGL + \overline{TR}_{gc,gl} + \overline{TR}_{h,gl} \tag{7-79}$$

式（7-75）为地方政府对分行业公共物品的购买数量 QGL_i，式中，$\overline{TQGL}$为地方政府购买的公共物品总数量；α_i^{gl}为地方政府购买 i 商品的份额参数。式（7-76）为地方政府购买公共物品的平均价格（PGL）。式（7-77）为地方政府购买公共物品的总价值（VGL）。式（7-78）给出了地方政府的所有收入，式中，左边为地方政府总收入（YGL）；右边第一项为生产税；第二项为个人所得税；第三项为企业所得税；第四项为中央政府对地方政府的转移支付，其中，下标 gc 代表地方政府，gl 代表地方政府。式（7-79）给出了地方政府总支出。

投资需求在行业部门之间的分配，采用列昂惕夫函数刻画［式（7-80）~式（7-82）］。根据前述列昂惕夫函数最优化形式的表达，可得分行业的投资需求、投资需求总价格、投资总额：

$$QINV_i = \alpha_i^{inv} \cdot TQINV \tag{7-80}$$

$$PQINV = \sum_i (\alpha_i^{inv} \cdot PA_i) \tag{7-81}$$

$$VINV = TQINV \cdot PQINV \tag{7-82}$$

式（7-80）为分行投资数量（$QINV_i$），式中，TQINV 为投资总数量；α_i^{inv}为对 i 商品投资的份额参数。式（7-81）为投资商品的平均价格 PQINV。式（7-82）为投资总额 VINV。

7.1.3.5 市场均衡模块

CGE 模型的均衡包括要素市场的均衡和商品市场的均衡，这里分别介绍。

要素的需求已在生产模块求得，下面描述要素的供给和要素市场均衡。对于劳动力的总供给在行业之间如何分配，CGE 模型选用 CET 函数形式刻画，根据前面求得的 CET 函数最优表达，可得分行业的劳动力供给及平均工资，其表达式如下：

$$
\begin{cases}
\mathrm{LS}_i = \alpha_i^{\mathrm{ls}} \left(\dfrac{\mathrm{PL}_i}{\mathrm{TPL}}\right)^{\sigma^{\mathrm{ls}}} \overline{\mathrm{TLS}} & \text{if } \sigma^{\mathrm{ls}} \neq \infty \\
\sum\limits_i \mathrm{LS}_i = \overline{\mathrm{TLS}} & \text{if } \sigma^{\mathrm{ls}} = \infty
\end{cases}
\tag{7-83}
$$

$$
\begin{cases}
\mathrm{TPL} = \sum\limits_i \left(\alpha_i^{\mathrm{ls}} \left(\mathrm{PL}_i\right)^{1+\sigma^{\mathrm{ls}}}\right)^{1/(1+\sigma^{\mathrm{ls}})} & \text{if } \sigma^{\mathrm{ls}} \neq \infty \\
\mathrm{PL}_i = \mathrm{TPL} & \text{if } \sigma^{\mathrm{ls}} = \infty
\end{cases}
\tag{7-84}
$$

$$
\mathrm{LD}_i = \mathrm{LS}_i \tag{7-85}
$$

式中，LS_i为分行业的劳动力供给；TPL 为平均工资；$\overline{\mathrm{TLS}}$为劳动力总供给；α_i^{ls}为 i 行业劳动供给的 CET 函数份额参数；σ^{ls}为转换弹性。当转换弹性不为无穷大时候，劳动力在行业之间非完全流动。此外，当转换弹性为无穷大时候，劳动力在行业之间完全流动，各行业部门的工资一致。式（7-85）描述了分行业的劳动供给和需求达到均衡，分行业的工资内生以实现这种均衡。这里选择劳动为的总供给外生，平均工资内生以实现劳动力供求平衡，这就是典型的“新古典宏观闭合”。还可根据实际的经济结构，选择平均工资外生，劳动力总供给内生，以实现均衡，即允许失业存在，这就是典型的“凯恩斯宏观闭合”。

对于资本的总供给在行业之间如何分配，类似劳动力供给，CGE 模型选用 CET 函数形式刻画，根据前面求得的 CET 函数最优表达，可得分行业的资本供给及平均资本回报率：

$$
\begin{cases}
\mathrm{KS}_i = \alpha_i^{\mathrm{ks}} \left(\dfrac{\mathrm{PK}_i}{\mathrm{TPK}}\right)^{\sigma^{\mathrm{ks}}} \overline{\mathrm{TKS}} & \text{if } \sigma^{\mathrm{ks}} \neq \infty \\
\sum\limits_i \mathrm{KS}_i = \overline{\mathrm{TKS}} & \text{if } \sigma^{\mathrm{ks}} = \infty
\end{cases}
\tag{7-86}
$$

$$
\begin{cases}
\mathrm{TPK} = \sum\limits_i \left(\alpha_i^{\mathrm{ks}} \left(\mathrm{PK}_i\right)^{1+\sigma^{\mathrm{ks}}}\right)^{1/(1+\sigma^{\mathrm{ks}})} & \text{if } \sigma^{\mathrm{ks}} \neq \infty \\
\mathrm{PK}_i = \mathrm{TPK} & \text{if } \sigma^{\mathrm{ks}} = \infty
\end{cases}
\tag{7-87}
$$

$$
\mathrm{KD}_i = \mathrm{KS}_i \tag{7-88}
$$

式中，KS_i为分行业的资本供给；TPK 为平均资本回报率；$\overline{\mathrm{TKS}}$为资本总供给；α_i^{ks}为 i 行业资本供给的 CET 函数份额参数；σ^{ks}为转换弹性。当转换弹性不为无穷大时候，资本在行业之间非完全流动。此外，当转换弹性为无穷大时候，资本在行业之间完全流动，各行业部门的资本回报率一致。式（7-88）描述了分行业的资本供给和需求达到均衡，分行业的资本回报率内生以实现这种均衡。同样，资本市场也可选择“新古典宏观闭合”或“凯恩斯宏观闭合”。

商品市场的均衡包括当地市场的产品供求平衡［式（7-89）］、国际市场的产品供求平衡、省际市场的产品供求平衡。后两个市场均衡，因为国际贸易和省际贸易模块均为“小国假设”，即对于进口或调入，当地需求多少，就可进口或调入多少；对于出口或调出，当地供给多少，区外就需求多少，因此国际市场和省际市场的商品可以实现供求平衡。

$$XA_i = \sum_j XAp_{i,j} + QH_i + QGL_i + QGC_i + QINV_i \tag{7-89}$$

式（7-89）给出了当地市场的商品供求均衡，商品价格内生以实现这一均衡。

7.1.3.6 宏观闭合模块

CGE 模型宏观闭合模块实现了以下三类宏观账户的闭合：政府财政收支平衡、国际收支平衡、投资-储蓄平衡。

（1）政府财政收支平衡

$$GLSAV = YGL - EGL \tag{7-90}$$

$$GCSAV = YGC - EGC \tag{7-91}$$

式（7-90）和式（7-91）给出了地方政府的储蓄（GLSAV）和中央政府的储蓄（GCSAV），等于收入减去支出的剩余部分。政府财政收支平衡的闭合规则为：各种税率和转移支付固定，政府对商品的总消费数量外生，政府的储蓄内生以实现政府财政收支平衡。还可根据实际的经济结构，选择政府储蓄外生，政府对商品的总消费数量内生以实现政府财政收支平衡。

（2）国际收支平衡

$$ROCSAV = \sum_i XDM_i PDM_i - \sum_i XDE_i PDE_i \tag{7-92}$$

$$\overline{FSAV} = \left(\sum_i XM_i \overline{WPM_i} - \sum_i ES_i \overline{WPE_i}\right) \cdot ER \tag{7-93}$$

式（7-92）给出了省外账户的储蓄（ROCSAV），等于调出额减去调入额。式（7-93）给出了国外账户的储蓄（FSAV），等于进口额减去出口额，然后转换为本币。对于区外储蓄，可以理解为区外的各种收入（要素回报加税收）用于消费、投资、进口之后剩余的部门，以贷款等形式转移给本地账户，本地账户利用这笔储蓄购买进口商品（对区外而言是出口）进行投资。对于国际收支平衡的宏观闭合方式，这里选择国外储蓄外生，汇率内生以实现国际收支平衡。还可以根据对经济原理的认识或者实际经济情况，选择汇率外生，国外储蓄内生，从而实现国际收支平衡。

（3）投资–储蓄平衡

投资总额等于各种储蓄总和，储蓄来源有居民储蓄、企业储蓄、地方政府和中央政府储蓄、省外储蓄和国外储蓄。CGE 模型选择居民储蓄率外生，投资总额内生以实现这一均衡，即“储蓄驱动”模型。也可以根据实际经济结构或者对经济原理的理解，选择总投资商品总数外生，总储蓄内生，从而实现投资–储蓄平衡，即“投资驱动”模型。

$$VINV=\overline{MPS}\cdot YD+ESAV+GLSAV+GCSAV+ROCSAV+\overline{FSAV} \qquad (7\text{-}94)$$

式（7-94）给出了投资–储蓄平衡关系。其中，左边 VINV 为投资总额；右边第一项为居民储蓄；ESAV 为企业储蓄；GLSAV 为当地政府储蓄；GCSAV 为中央政府储蓄；ROCSAV 为国内其他区域储蓄；FSAV 为国外储蓄。

7.1.3.7 静态部分

生产模块、贸易模块、收入分配和需求模块、市场均衡模块，在选择宏观闭合规则基础上，汇总得到 CGE 模型方程组。

分模块的方程、变量、参数统计见表 7.1。上述 CGE 模型规模为等式数量达到 609，内生变量个数达到 609，外生变量个数达到 57，参数个数达到 535。满足等式数量和内生变量数量相等，形成 CGE 模型的静态部分。

表 7.1 CGE 模型各模块中方程、变量和参数统计

模块名称	方程个数	方程对应的内生变量个数	新出现的外生变量个数	新出现的参数个数
生产模块	$12\times i+i\times j$	$12\times i+i\times j$	0	$12\times i+i\times j$
贸易模块	$16\times i$	$16\times i$	$4\times i$	$14\times i$
收入分配和需求模块	$4\times i+14$	$4\times i+14$	6	$4\times i+5$
市场均衡模块	$5\times i+2$	$5\times i+2$	2	$2\times i+2$
宏观闭合模块	5	5	1	0
合计	$37\times i+21+i\times j=609$	$37\times i+21+i\times j=609$	$4\times i+9=57$	$32\times i+7+i\times j=535$

注：表中，$i=j=12$（生产部门的数量）。

后续添加的动态模块，以及灾害冲击模块、应急阶段恢复策略模块、重建阶段恢复策略模块或是更新静态模型中的参数、外生变量；或者是选择不同的宏观闭合方式；或者是根据经济学原理，将 CGE 模型中的内生变量外生化，为保证等式和内生变量数量相等，重新添加新的内生变量。总之，动态模块或是针对具体问题改进后的 CGE 模型，都能保证等式数量和内生变量数量相等。

7.1.3.8　递归动态部分

CGE 模型的动态特征来源于资本的积累。当期的资本总量（KStock），等于上一期的资本存量（KStock_{-1}）扣除折旧部分（δ 为折旧率），再加上上期固定资本形成 QINV［式（7-95）］。

$$\text{KStock}_i = (1 - \delta_i)\,\text{KStock}_{i,-1} + \text{QINV}_{i,-1} \tag{7-95}$$

$$\frac{\text{KStock}_i}{\text{KStock}_{i,-1}} = \frac{\text{KS}_i}{\text{KS}_{i,-1}} \tag{7-96}$$

相邻两期，资本存量和资本供给的关系见式（7-96）。

递归动态部分，每一期的劳动力供给和技术进步靠外部数据更新。静态部分加上递归动态部分称为动态 CGE 模型。

7.1.4　灾害 CGE 模型新增模块描述

7.1.4.1　灾害冲击模块

1）气象灾害：对于气象灾害，从统计部门获得的数据经常是某个行业（尤其基础设施）的产出下降幅度，美国 Hazus 系统评估出的基础设施损失也是以产出下降幅度来表示，这就需要设置气象灾害冲击模块，将灾害冲击引入 CGE 模型。尽管 CGE 模型与其他模型相比有许多优点，但是控制某个行业对其他行业提供的中间投入对 CGE 模型求解提出了挑战。在应用 CGE 模型评估某个行业总产出下降带来的经济影响时，本书做了一些改进：给该行业对每个行业提供中间投入的价格引入松弛价格。这样每个行业不再服从零利润假设或者亏本或者获利。这一额外的亏本或者获利从资本收益扣除或者增加资本收益。

2）地震灾害：地震灾害破坏了每个行业资本，从民政部门获得的灾情数据通常是每个行业的财产破坏数据，这就需要设置地震灾害冲击模块，将灾害冲击引入 CGE 模型。本书设置资本在行业之间不流动，地震灾害对财产的破坏以每个行业资本存量的减少衡量，并建立资本存量与每期资本供给的关系，即可引入地震灾害冲击。

7.1.4.2 应急阶段恢复策略模拟模块

应急阶段常用的恢复策略有：提高效率、增加替代性、利用存货、重要性、灾后弥补。①对于提高效率，可以直接改变要素的效率参数或者为某种中间投入新增效率参数；②对于增加替代性，可以直接改变某种要素或者某种中间投入与其他类似商品的替代弹性参数；③利用存货，如干旱灾害来临时人们使用自己挖池子储藏的水临时供生产、生活使用，对于这种现象，可以放松要素或者中间投入的限制，以模拟利用库存对减轻经济影响的贡献；④重要性，类似利用库存，如每个行业对电的依赖程度不一样，同时公交车、电车对汽油、对电力的依赖程度就高，可以根据每个行业对某种要素或者某种中间投入的自然依赖程度，放松该要素或该中间投入的限制，以模拟重要性对减轻灾害经济影响的贡献；⑤灾后弥补对减轻灾害经济影响非常重要，如公路中断，灾后会重新组织运输弥补灾害期间的损失，这是根据每个行业灾后弥补的可能性及可能程度，直接将灾害经济影响减去这种弥补效应，作为灾后弥补对减轻灾害经济影响的贡献。

7.1.4.3 重建阶段恢复策略模拟模块

基于基本的CGE模型，灾害冲击和重建阶段恢复策略模拟模块如图7.4中的虚线部分。具体改进主要体现在CGE模型基本模块中的市场均衡、宏观闭合和动态模块：

（1）市场均衡

为区分正常投资、因灾投资、住房重建投资，将市场出清与宏观闭合模块中式（7-89）改为式（7-96）。住房损失是灾害损失中的主要部分，并且住房投资在重建投资中占比例较大的份额，但住房在下一期的生产活动中对于资本和劳动力等生产要素的贡献比较小（Hallegatte，2008），因此认为住房投资主要影响需求侧，对于供给侧影响不大。所以，本模型将重建投资区分为因灾投资和住房投资。

$$XA_i = \overbrace{\sum_j XAp_{i,j} + QH_i + QGL_i + QGC_i + QINVn_i}^{\text{灾区正常需求}} + \overbrace{QINVh_i + \sum_j QINVd_{i,j}}^{\text{因灾重建需求}} \tag{7-97}$$

式中，将总投资区分为正常投资（QINVn）、因灾投资（QINVd）、住房重建投资（QINVh）。

传统 CGE 模型中通常采用凯恩斯假设（不充分就业，劳动力工资固定）或新古典假设（充分就业，劳动力供给固定）闭合劳动力市场。然而，灾害既对劳动力的供给有影响，又对劳动力的工资有影响，因此，两种传统的劳动力闭合方式都不能刻画灾害对经济系统过的冲击。因此，CGE 模型设定劳动力供给采取向上倾斜供给曲线［式（7-97)]，劳动力的总供给依赖工资发生变化［式(7-98)]。同时，设定劳动力在部门之间不能完全流动，采用 CET 函数形式在行业之间分配。巨灾往往造成各行业都有存量损失且各行业在重建期都会增加投资，为刻画这一现象，本书设计的动态模型假定在每个很短的时间步长内，资本在部门之间不流动。

$$LS = \overline{LS} \cdot W^{\omega_L} \tag{7-98}$$

式中，LS 为劳动力供给量；$\overline{LS}$为基期劳动力的供给量；W 为工资；ω_L为劳动力供给价格弹性。

(2）宏观闭合

汇率内生，国外储蓄外生。每个行业投资数量外生，总储蓄由投资内生决定。重建资金来源在 CGE 模型中由总储蓄反映，重建投资品来源由总投资反映。本书分两类介绍如何设定重建资金和重建投资品来源：一是假设所有的重建资金由灾区外提供，这样灾区的总储蓄并没有因为要为重建筹集资金而减少，从而灾区可以保证较为正常的消费和投资。对于增加的重建投资品需求，认为也全部由灾区外提供，这样既能保证灾区较为正常的消费和投资，也能保证灾区外的收入和支出一致。需要说明的是重建投资商品并没有通过贸易条件的变化进口到灾区，而是直接给予。二是假设有部分重建资金由灾区提供，这样灾区的总储蓄会因为要为重建筹资而减少，进而灾区的正常消费、投资受到影响，可见，灾区出资的重建工作对重建投资商品的来源也正好是正常消费和正常投资影响的那部分。

(3）动态模块

将投资分为正常投资、因灾投资、住房重建投资。正常投资数据可以根据灾前投资增长率确定。正常投资依照投资系数矩阵（$\boldsymbol{B}$）（廖明球和马晓东，2009）或者灾前各行业资本存量占总资本存量的比例［式（7-99）］，转化成模型下一期的资本存量［式（7-95）］。因灾投资数据和住房重建投资数据根据政府制定的重建规划确定，因灾投资和住房重建投资形成的资本存量在行业之间的分配参照各行业和住房直接经济损失占总直接经济损失比例确定，因灾投资和住房重建投资对投资商品的需求按照投入产出表的总投资在投资商品之间的分配结构确定或者根据投资系数矩阵（$\boldsymbol{B}$）确定（廖明球和马晓东，2009），见式（7-100）和式（7-101）。

$$\mathrm{XCn}_i = B_{i,j}^{-1}\mathrm{QINVn}_i \tag{7-99}$$

$$\mathrm{XCd}_i = B_{i,j}^{-1}\sum_j \mathrm{QINVd}_{i,j} \tag{7-100}$$

$$\mathrm{XCh} = B_{h,j}^{-1}\mathrm{QINVh}_i \tag{7-101}$$

为刻画恢复重建的贡献，CGE 模型将上期固定资本的形成分为正常资本形成（XCn）和因灾资本形成（XCd）。灾害造成的各行业的资本存量的减少（Damage）只发生在灾害当年，见式（7-102）。

$$\mathrm{KStock}_i = (1-\delta_i)(\mathrm{KStock}_{i,-1} - \mathrm{Damage}_{i,-1}) + \mathrm{XCn}_{i,-1} + \mathrm{XCd}_{i,-1} \tag{7-102}$$

7.1.5 灾害 CGE 模型求解与计算机编程

无论是评估气象灾害或地震灾害经济影响，还是评估应急期和重建期的恢复策略，只选用灾害 CGE 模型静态部分或者选用动态 CGE 模型加新增的应急阶段恢复策略模拟模块或者选用动态 CGE 模型加新增的重建阶段恢复策略模拟模块，都能保证所选用的部分等式数量和内生变量的数量一致，因此能够使 CGE 模型有解。难点在于 CGE 模型各个模块中的等式多是非线性的，求解非线性方程组难度较大，本书在运筹优化软件 GAMS 中求解等式数量和变量数量相等的非线性方程组。有关 GAMS 的使用请参考 Brooke 等（1998）。

灾害冲击和实施恢复策略对经济的影响通过调整 CGE 模型新增加模块中的参数和外生变量实现。在参数或者外生变量发生变化之后，经济系统达到一种新的均衡状态。在 GAMS 软件中，通过迭代求解过程，CGE 模型能够计算出新的均衡状态下的一组价格和数量。对比前后两次价格和数量，能够评估灾害冲击和实施恢复策略对经济的影响。

7.1.6 灾害 CGE 模型基础数据及参数标定

本书构建的 CGE 模型包含 12 个行业部门。国家统计局公布的各省份投入产出表包含 42 个行业部门，本书依据研究案例需要和直接经济损失数据中的行业分类，将 42 个行业部门合并为 12 个行业部门，42 部门与 12 部门的对应关系见表 7.2。后续地震案例中因对居民住房造成重大损失且居民住房与企业住房相比并不是生产性资本，因此将居民住房单独列出。后续雪灾案例中，为评估公路交通中断的经济影响，也为模拟公路交通与铁路、民航的替代性，将交通行业细分为公路交通与其他交通，拆分依据湖南省 144 行业投入产出表。

表 7.2 CGE 模型行业分类与 42 部的投入产出表对应表

本书行业部门	对应的投入产出表行业部门
01 农业	农林牧渔业
02 采掘业	煤炭开采和洗选业、石油和天然气开采业、金属矿采选业、非金属矿及其他矿采选业
03 制造业	食品制造及烟草加工业、纺织业、纺织服装鞋帽皮革羽绒及其制品业、木材加工及家具制造业、造纸印刷及文教体育用品制造业、石油加工、炼焦及核燃料加工业、化学工业、非金属矿物制品业、金属冶炼及压延加工业、金属制品业、通用、专用设备制造业、交通运输设备制造业、电气机械及器材制造业、通信设备、计算机及其他电子设备制造业、仪器仪表及文化办公用机械制造业、工艺品及其他制造业、废品废料
04 电力、热力	电力、热力的生产和供应业
05 燃气	燃气生产和供应业
06 水	水的生产和供应业
07 建筑业	建筑业
08 交通运输	交通运输及仓储业、邮政业
09 计算机服务业	信息传输、计算机服务和软件业
10 商贸服务业	批发和零售业、住宿和餐饮业、金融业
11 房地产	房地产业
12 科教文卫、政府	租赁和商务服务业、研究与试验发展业、综合技术服务业、水利、环境和公共设施管理业、居民服务和其他服务业、教育、卫生、社会保障和社会福利业、文化、体育和娱乐业、公共管理和社会组织
13 居民住房	无

用 CGE 模型进行灾害经济影响评估，主要的数据是 SAM。SAM 能够反映各

个行业之间的投入产出数量化关系，以及政府、企业、居民、省外、国外之间的收入与支出关系，为评估因产业链中断导致的灾害经济影响提供了数据基础，同时能够模拟不同机构（政府、企业还是灾区外）援助灾区情况下恢复策略的差异。国务院发展研究中心在国家统计局公布的投入产出表基础上开发的SAM编制方法，是目前国内公认的中国SAM编制方法之一。本书在收集湖南省和四川省2007年投入产出表基础上，依据国务院发展研究中心开发的SAM编制方法（高颖，2008；李善同和何建武，2010），编制了湖南省和四川省2007年社会核算矩阵，见表7.3。

CGE模型中需要的参数可以分为两类：份额参数和弹性参数。份额参数主要出现在生产模块的CES函数和贸易模块的CET函数中，以生产模块的CES函数为例，有3个等式，2个份额参数。这3个等式中的变量可以从基准的SAM找到，只需要将SAM的数据带入前2个等式，即可反推出份额参数。CET函数与CES函数相比，只是因弹性不同写法有差异，对于份额参数的标定过程完全相同。此外，生产模块的CES函数和贸易模块的CET函数包含的弹性参数，像标准CGE模型运行时候的处理方式一样，一般来自实证研究或其他学者的研究成果（李善同和何建武，2010）。本书弹性参数在综合该参数估计的权威文献基础上获得（Rose and Lao，2005；贺菊煌等，2002；Vennemo et al.，2009；李善同和何建武，2010）。

汶川地震灾害经济影响评估中需用到CGE模型的动态模块。其中，基期各行业资本存量采用标准的永续盘存法估计（张军和章元，2003；计志英，2003）。资本的折旧率选用0.05，住房部门选用农村住房和城市住房的评估值0.03（宋旭光等，2008）。2007～2011年的投资数据来源于《四川统计年鉴》，按照基期投资需求结构将总投资分配到各行业，2011年以后的各行业投资增长率假定恢复到灾前水平，为19%。正常投资的投资商品转化为资本存量时候依据基期各行业资本存量结构确定。住房重建投资只发生在2008～2010年。住房重建投资在各行业之间的分配份额按照各行业遭受直接经济损失的比例确定，各行业重建对投资品的需求依照2007年四川省投入产出表中投资商品的行业组成结构确定。

在上述构建的自然灾害经济影响CGE模型基础上，以下将选择地震灾害为案例检验模型的适用性。具体案例为评估2008年汶川地震中各行业财产破坏对四川省造成的经济影响。为清晰展示自然灾害经济影响概念和评估过程，以介

表 7.3　湖南省(上)、四川省(下)2007 年社会核算矩阵

(单位:亿元)

项目	商品	活动	劳动	资本	居民	企业	地方政府	中央政府	国外	区外	投资	合计
商品		11 763. 5			3 961. 6		854. 2	518. 2	500. 7	4 409. 9	4 034. 8	26 042. 9
活动	20 963. 5											20 963. 5
劳动		4 112. 2										4 112. 2
资本		3 885. 3										3 885. 3
居民			4 112. 2	0. 0		2 880. 0	147. 3					7 139. 6
企业				3 885. 3								3 885. 3
地方政府		342. 3			25. 0	133. 5		851. 3				1 352. 2
中央政府	28. 7	860. 1			37. 5	66. 5	17. 3					1 010. 1
国外	274. 7			0. 0								274. 7
区外	4776. 0											4 776. 0
储蓄					3 115. 4	805. 3	333. 4	−359. 4	−226. 0	366. 1	89. 3	4 124. 1
合计	26 042. 9	20 963. 5	4 112. 2	3 885. 3	7 139. 6	3 885. 3	1 352. 2	1 010. 1	274. 7	4 776. 0	4 124. 1	
商品		14 759. 8			4 285. 2		1 117. 7	268. 7	561. 5	2 652. 1	5 185. 5	28 830. 5
活动	25 265. 1											25 265. 1
劳动		4 804. 1										4 804. 1
资本		4 449. 4										4 449. 4
居民			4 804. 1	466. 9		1 398. 9	181. 4					6 851. 4
企业				4 001. 2								4 001. 2
地方政府		510. 1			38. 1	155. 5		1042. 8				1 746. 5
中央政府	50. 0	741. 7			57. 2	123. 2	4. 3					976. 5
国外	370. 5			−18. 7								351. 8
区外	3 144. 8											3 144. 8
储蓄					2 470. 8	2 323. 6	443. 1	−335. 0	−209. 7	492. 7	180. 0	5 365. 5
合计	28 830. 5	25 265. 1	4 804. 1	4 449. 4	6 851. 4	4 001. 2	1 746. 5	976. 5	351. 8	3 144. 8	5 365. 5	

绍这个案例的具体评估流程开始。在评估过程中，为对比得出灾害经济影响，在每个案例中都构建了无灾情景和灾害情景。不同灾种影响经济的机理不同：如气象灾害（如雪灾）对公路交通并没有造成路面损坏，但却影响了货物运输和旅客出行，地震灾害通过破坏各行业的财产影响经济系统。因此，在自然灾害经济影响评估模型具体应用的时候，阐述了如何刻画这两种灾害经济影响机制。评估结果展示了地震对区域经济的影响，并评估了财产破坏对各自行业造成的减产，以及因产业关联对各行业造成的减产。本章最后对比了 CGE 模型模拟结果与实际数据的差异，以验证 CGE 模型的可靠性。

7.1.7　自然灾害经济影响评估流程

自然灾害经济影响评估流程如图 7.7 所示。第一步需测量致灾因子强度，并收集承灾体数据。对于本书的地震灾害案例，一般要绘制地震烈度图等致灾因子强度。地震案例中要评估各个行业受到地震破坏后带来的经济影响，所以承灾体数据方面要收集各类住房面积、企业固定资产等数据。第二步在收集到的致灾因子和承灾体数据基础上检验基层统计上报灾情的可信度或者直接采用易损性模型、脆弱性模型等评估灾害造成的实物量损失。第三步，结合物价水平，

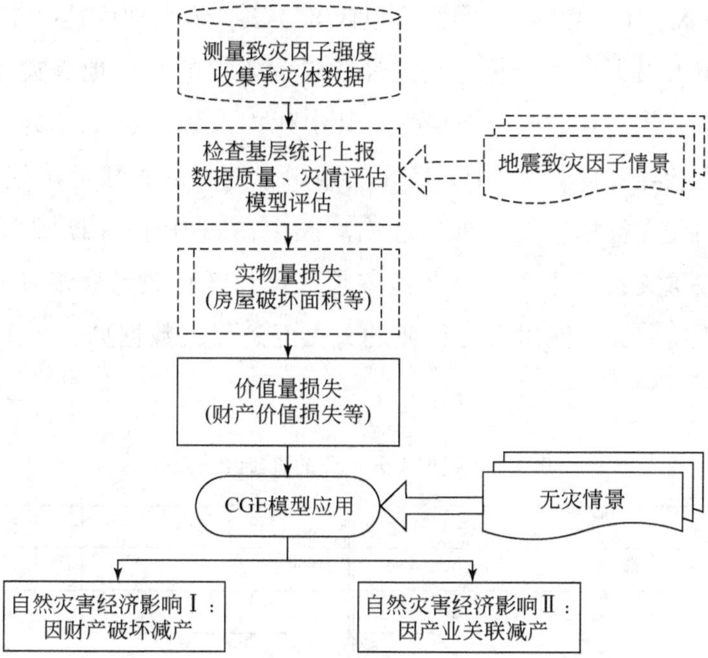

图 7.7　自然灾害经济影响评估流程图

将实物量损失转换为价值量损失。在中国，公布灾情数据的机构一般有民政系统和统计局系统，民政系统一般公布各行业遭受的财产损失。统计局系统一般公布各行业的减产水平，如公路货物周转量损失等。为采用 CGE 模型评估自然灾害经济影响。地震案例中，本书直接采用民政部公布的 2008 年汶川地震中各行业遭受的直接财产损失。

地震案例中，地震导致各行业减产，从 CGE 模型中提取出生产模块，评估各行业因为财产破坏遭受的产量损失；利用 CGE 模型评估各行业因财产破坏同时减产情况下因产业关联造成的继续减产。对比各行业因自身财产破坏或效率降低造成的减产与因产业关联造成的减产，并评估灾情放大效应，能够为灾后重建过程中优先支持哪些行业快速恢复提供科学参考。

7.2 案例：2008 年汶川地震模拟

7.2.1 汶川地震研究区及灾情数据

汶川地震于 2008 年 5 月 12 日发生在我国四川省，震中位于四川省汶川县映秀镇（31.01°N，103.40°E），震级为里氏 8.0 级，最大烈度达到 11 度。此次地震是我国历史上损失最为严重、救灾经验最为丰富的一次地震灾害。汶川地震造成了重大人员伤亡和财产经济损失，其中死亡人数为 69 226 人，失踪人数为 17 923 人，直接经济损失为 8451 亿元。四川省遭受的直接经济损失占四川省、甘肃省和陕西省 3 省总损失的 90% 左右。震中在四川省，四川省遭受直接经济损失最大、极重灾县（市、区）和重灾县（市、区）数量最多，本书选择四川省为汶川地震研究区。四川省分行业的直接经济损失数据见表 7.4（史培军等，2008）。

表 7.4 四川省分行业的直接经济损失 （单位：亿元）

产业部门	直接经济损失	产业部门	直接经济损失
01 农业	120.0	05 燃气	40.8
02 采掘业	205.8	06 水	43.4
03 制造业	524.2	07 建筑业	17.6
04 电力、热力	634.4	08 交通运输	895.5

续表

产业部门	直接经济损失	产业部门	直接经济损失
09 计算机服务业	365.4	12 科教文卫、政府	1 258.4
10 商贸服务业	800.3	13 居民住房	2 025.8
11 房地产	200.0	合计	7 131.5

资料来源：经《汶川地震灾害综合分析与评估》中估算的分类别直接经济损失调整得到。

在四川省，极重灾区有 10 个县（市、区），重灾区有 29 个县（市、区），两者合计约占全省 181 个县（市、区）的 20%。在四川省，极重灾区面积有 2.64 万 km^2，重灾区有 6.15 万 km^2，两者之和约占四川全省面积 48.5 万 km^2 的 18%（史培军等，2008）。灾前的 2007 年，极重灾区与重灾区 GDP 约占全省 GDP 的 26%（史培军等，2008）（图 7.8）。灾区县（市、区）的个数、面积占比均少于 20%，但 GDP 占比超过 20%（史培军等，2008），可见灾区对于四川省的经济发展而言较为重要。这一对比的另一个好处是在灾后能够较快判断灾害对经济影响的大致程度，以本次地震为例，假如极重灾县（市、区）和重灾县（市、区）资产全部破坏，对于四川省 GDP 的影响也至多在 20% 左右。

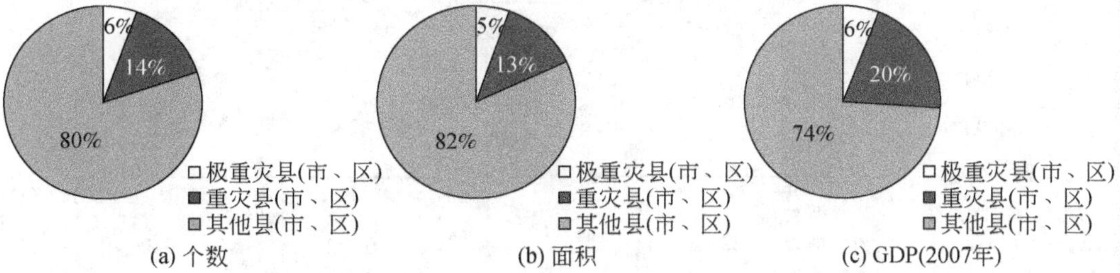

图 7.8　灾区个数、面积和 GDP（2007 年）占四川省比例

将四川省分为极重灾县（市、区）、重灾县（市、区）和其他县（市、区），3 个区域灾后 GDP 走势如图 7.9 中实线所示。极重灾县（市、区）在 2008 年和 2009 年都呈下降态势，直到 2010 年才和灾前水平大体一致，并且极重灾县（市、区）在此期间失去了 3 年的经济增长机会［图 7.9（a）实线］。重灾县（市、区）的情况也类似，2008 年 GDP 略微下降，2009 年才超越灾前水平，重灾区也失去了经济增长的机会［图 7.9（b）实线］。四川省其他县（市、区）和四川全省 GDP 在灾后呈增长态势［图 7.9（c）和（d）实线］。根据灾前这 3 个区域经济增长速度相似这一事实，假定四川省其他县（市、区）几乎不受灾害影响［实际上因为这些区域也有少量财产受损，且在灾后重建过程周边区域

需要给灾区提供原材料等反倒促进四川省其他县（市、区）经济略微增长]，根据四川省其他县（市、区）在2008~2011年的经济增长［图7.9（c）虚线，与实线重合］估算无灾情况下极重灾县（市、区）和重灾县（市、区）的经济状况［图7.9（a）和（b）虚线］，然后相加极重灾县（市、区）、重灾县（市、区）和四川省其他县（市、区）在无灾情况下的经济状况，这样可以得到四川省无灾情况下的GDP情况［图7.9（d）虚线］。对比无灾情况与实际情况，极重灾县（市、区）GDP在2008年可能增长15.8%，实际为负增长-28.1%，GDP损失为43.9百分点，重灾县（市、区）GDP在2008年可能增长15.8%，实际为负增长-2.5%，GDP损失为18.3百分点；四川省GDP在2008年可能增长为15.8%，实际增长为9.5%，GDP损失为6.3百分点。总的来说，2008~2011年，与无灾情况相比，汶川地震导致四川省GDP损失约为5.2%，大约为3000亿元。

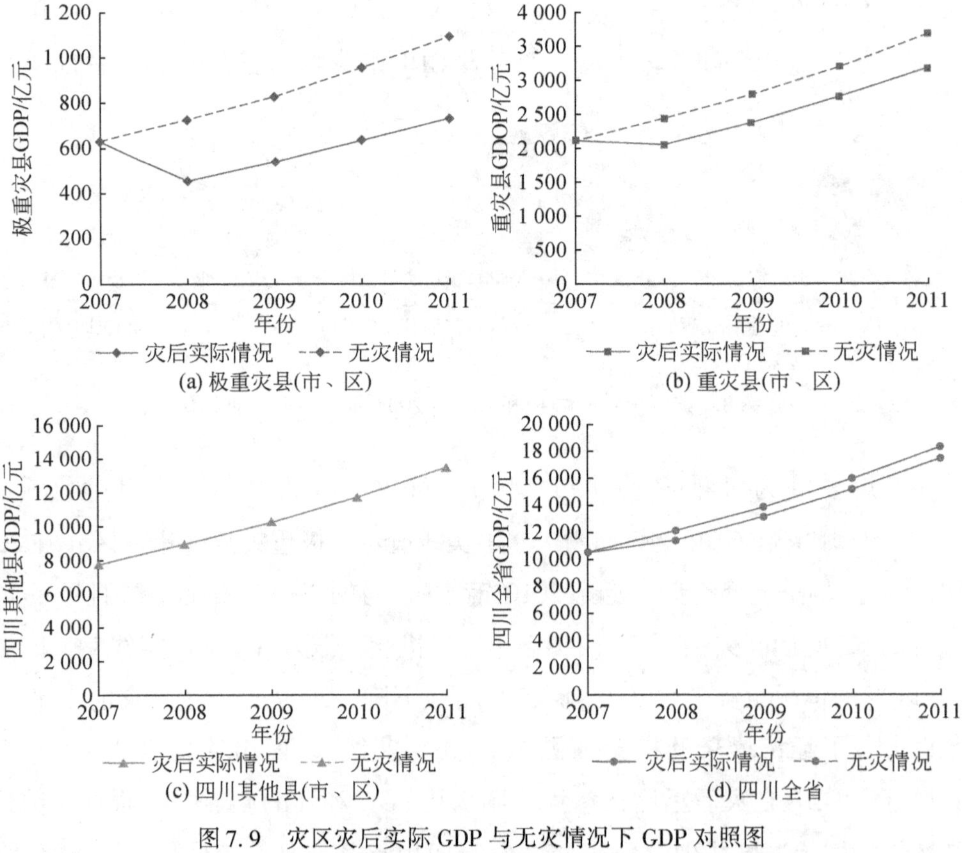

图7.9　灾区灾后实际GDP与无灾情况下GDP对照图

注：假定四川其他县GDP不受灾害影响。

以上分析是2012年查到灾后4年的实际经济数据时候做出的评估，实际上，灾害在2008年刚发生之后，决策者就希望看到本次灾害的经济影响，以制定恢复重建策略。本书构建的CGE模型，不仅能够在灾害发生后立即评估本次灾害可能造成的经济影响，而且能够模拟实施不同的恢复策略时候灾后经济能够减轻的幅度，从而可作为灾后重建决策支持系统供灾后经济影响评估与制定重建策略参考。

2008年汶川地震后，我国政府实施了一系列积极的政策以加快恢复重建和减轻灾害经济影响。2008年9月，灾害发生后的第4个月，国务院就印发了《汶川地震灾后恢复重建总体规划》，其中要求中央财政建立地震灾后恢复重建基金。灾区外的省份通过对口援助支援灾区受灾县（市、区），要求19个支援省份按每年不低于本省份上年财政收入的1%支援灾区24个受灾县（市、区）（国务院，2008）。国内外发扬“一方有难、八方支援”的精神，积极为灾区捐款捐物。地震保险在本次地震中也发挥了一些作用。各种来源的重建资金总结在表7.5中，表中无数据的单元格代表当年数据无从获得。由此可以看到灾区外中央政府、地方政府、灾区外捐赠等占了总重建资金的90%以上；以中央政府年度投资比例为例，灾后3年年度投资比例大约为2∶4∶4；与巨灾保险赔偿占直接经济损失国际平均水平（40%）相比，地震保险为本次灾害赔偿很少，不足本次灾害直接经济损失的1%。

表7.5　汶川地震灾后3年各种来源重建资金汇总表　（单位：亿元）

项目	2008年	2009年	2010年	小计
中央政府	498.9	1 086.0	618.5	2 203.4
省级财政	—	177.5 *	55.5	233.0 **
对口援助	—	—	—	843.8
捐赠	—	—	—	760.2 ***
保险	—	—	—	16.6
合计	—	—	—	3 296.8

*2008年和2009年累计。**仅四川省。***其中，特殊党费为97.3亿元、其他捐款为555.82亿元，物资折旧为107.1亿元，且大部分已经包括在政府投资中。

7.2.2 地震灾害经济影响评估

1）情景设置。在经济高速增长的国家（如中国），即使在灾后，每年形成的固定资产也远超过灾害破坏的资本存量，因此，灾害不会导致经济下降，而只是导致经济增长速度下滑。显然，假如选定灾前为评估经济影响的参照，那么灾后经济总量往往超越灾前，这并不能说明灾害对经济没影响，也不能说明经济已经恢复。本书研究建议以无灾情景为参照标准评估灾害的社会经济影响，而这一情况往往是不存在的，本书构建的动态 CGE 模型正好可以评估这一情景下的社会经济情况。为评估汶川地震灾害经济影响，这里构建“无灾情景”和“灾害情景”两种情景（表7.6）。“无灾情景”：资本存量没有因灾减少，投资增长率维持在过去5年平均水平。“灾害情景”：资本存量因灾减少，只有正常投资，没有重建投资。本书将以“无灾情景”为参照，“灾害情景”与“无灾情景”的差别认为是灾害造成的经济影响。

表7.6 汶川地震经济影响评估情景描述

情景类别	情景设定
无灾情景	①2008～2011 年四川省 GDP 增长率外生，参考发展程度与四川省相似省份的 GDP 增长率，即 14.0% ②2008～2011 年四川省投资增长率假定仍维持在过去 5 年平均水平，即 19% ③全要素生产率（total factor productivity，TFP）内生
灾害情景	①各行业资本存量因灾减少。灾害发生在 2008 年 6 月，因此设定地震当年各行业资本存量减少量为直接经济损失的一半，2009 年起资本存量减少量恢复为直接经济损失正常值 ②TFP 外生，以基准情景给定的速度增长 ③只有正常投资，无因灾投资。正常投资数据来源于《四川统计年鉴》，假定在行业之间的分配维持在 2007 年水平

2）模型应用。在评估 2008 年汶川地震带来的经济影响时候，选用的 CGE 模型模块为改进后的静态部分和改进后的动态模块。地震灾害造成各行业资本存量减少，通过调整模型中 $Damage_{i,t}$ 变量实现，具体调整量为各行业因灾财产破坏比例。在模型参数或者外生变量发生变化之后，经济系统达到一种新的均衡状态。在 GAMS 软件中，通过迭代求解过程，CGE 模型能够计算出新的均衡

状态下的一组价格和数量。对比前后两次价格和数量，能够评估灾害冲击对经济的影响。

为观察各行业因自身财产破坏和产业关联带来的减产，先把生产模块从CGE模型中提取出来，降低各行业资本存量，从而获得各行业因自身财产破坏遭受的产量损失。从CGE模型评估出来的各行业灾害经济总影响扣除因自身财产破坏遭受的产量损失认为是各行业产业关联减产损失。

3）评估结果。四川省地震发生前后（2007~2011年）无灾和有灾（但无重建）两种情景下的灾区GDP如图7.10所示。一方面在经济高速增长的国家，像中国，即便在有灾情景下，每年正常形成的固定资产（甚至不包括因灾重建投资）也常常超过灾害破坏的资本存量；另一方面要素效率逐年提高。因此，即便有灾情景下灾后经济也继续增长，只是经济增长速度回落。图7.10中2007~2011年，有灾情景下，每年经济均呈现增长态势。这里需要说明的是，2010年经济增长率远高于2009年，是因为2010年固定资产的形成较2009年高21.4%；而2009年固定资产的形成较2008年仅高出14.5%。然而，可以看到有灾情景下，其GDP远低于无灾基准情景。与“无灾情景”相比，尽管有灾情景也有正常固定资产的形成，并且投资数量甚至超越灾害破坏的资产，但有灾情景毕竟部分资产因灾破坏，经济增长速度还是远远低于无灾情景。因此，本书认为有灾情景下的GDP与“无灾情景”下的GDP的差异即为灾害经济影响。

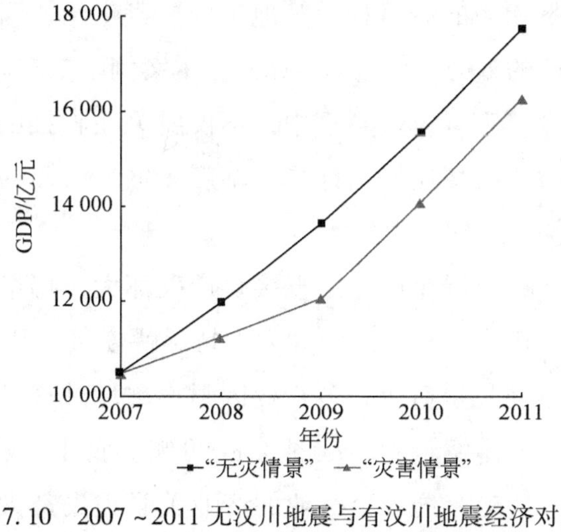

图7.10　2007~2011无汶川地震与有汶川地震经济对比

GDP损失是一个流量概念，具有时间属性，直到无灾情景和有灾情景下的

GDP一致时候，才算经济恢复，统计恢复期内两种情境下GDP的差异才是GDP损失。可以预见，两种情景下 t 年以后资本存量的差异仅为 $(1-\delta)^t$Damage，几乎为0，所以相当长的一段时间后有灾情景下的经济也一定能够恢复到和"无灾情景"下的经济水平一致。总的来说，2008~2011年，四川省因灾GDP损失约为5249.3亿元，造成GDP年均增长率由14%下降为11.6%，GDP增长率年均下滑2.4%。与当时全国经济增长目标仅为GDP年均增长8%相比，汶川地震对四川省造成的经济影响巨大，不容忽视。换算为年均GDP绝对值损失为1312.3亿元，约占直接经济损失的18%。

图7.11为CGE模型评估的分行业结果。一方面，各行业因财产破坏减产幅度小于各行业因灾财产破坏比例，但是这里的减产并没包括产业关联导致的减产，并且这只是一年的减产。可以预见，加上产业关联减产，且这场灾害的经济影响延续数年的话，灾害经济影响会更大。另一方面，说明了灾害经济影响具有时间属性，恢复时间越长，灾害经济影响就越大；快速弥补灾害造成的财产破坏，经济影响就会较小。可见，高效快速地重建对弥补灾害经济影响具有非常重要的作用。经由CGE模型评估得出，产业关联绝对损失是各行业因财产破坏减产损失的2倍，与雪灾案例中产业关联损失为交通运输损失的40倍相比（xie et al.，2014），汶川地震案例中这一倍数变小，这是由于雪灾案例中只有交通中断，而在这个案例中每个行业都有因财产破坏减产，有些减产的行业正好不再需要与正常水平相当的原材料及其他生产要素供给，因此产业关联损失只是因灾财产破坏减产的2倍。但是即便如此，本案例中，产业关联损失仍然大于各行业因灾减产幅度。灾害风险管理中，不仅要关注直接的、显性的各行业财产破坏，也要根据财产破坏比例估计减产幅度，更为重要的要关注产业关联造成的减产。

从公平角度讲，哪个行业遭受的直接财产破坏大，哪个行业就应该得到更多的灾后补偿，哪个行业就应该给予大力支持尽快恢复。从CGE模型的评估结果看，这种公平性原则只是适用于各行业因财产破坏减产，没有考虑各行业因为产业关联原因减产。本案例中，从图7.11可知，农业、采掘业、制造业、燃气、计算机服务业、房地产这6个行业的产业关联损失都大于相应行业因财产破坏减产。这就说明考虑产业关联损失和因财产破坏减产构成的各行业总减产的话，并不是哪个行业因灾直接财产破坏比例大，该行业总的减产幅度就大。

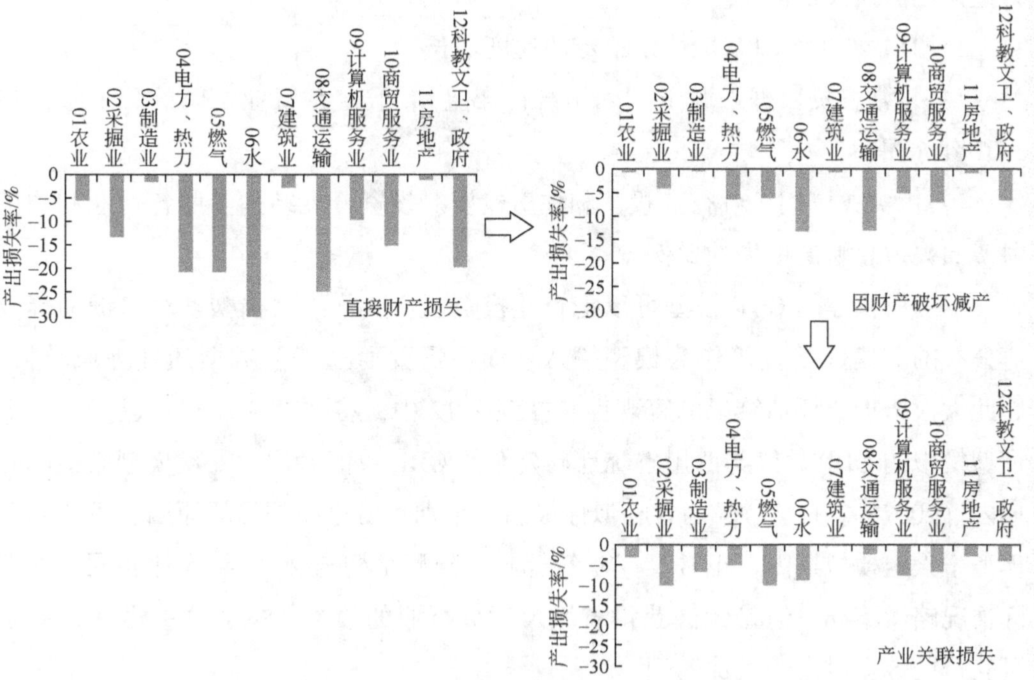

图 7.11　汶川地震造成的经济影响

因此，在灾害救灾和重建资金、人力分配过程中，仅依据各行业直接财产损失比例的分配规则并不利于减轻灾害经济影响。灾害风险管理过程中，政府、企业可以依据本书构建的 CGE 模型等救灾决策支持模型，在制定政策之前，首先评估哪些行业受到的总的经济影响较大，哪些行业的先行恢复对于整个经济系统的恢复具有杠杆作用。

7.2.3　模型评估结果可靠性检验

汶川地震案例中，有灾情景评估了各个行业遭受财产破坏后四川省 2008 ~ 2011 年的经济总量大小（以 GDP 表示），但是从四川省统计局获得的 2008 ~ 2011 年 GDP 数据为灾后重建情况下调查获得的数据。因此，这里构建一个与真实情况一致的情景（“有灾、有重建情景”），对比模型评估结果与实际调查数据之间的差异，以检验本书构建 CGE 模型在评估前述两个案例时候的可靠性。“有灾、有重建情景”设定为以下情景。

1）各行业资本存量因灾减少。灾害发生在 2008 年 5 月，因此设定地震当年各行业资本存量减少量为直接经济损失的一半，2009 年起资本存量减少量恢复为直接经济损失正常值。

2）TFP 外生，以基准情景给定的速度增长。

3）正常投资数据来源于《四川统计年鉴》，假定在行业之间的分配维持在 2007 年水平。

4）因灾投资用于各行业投资和住房投资。投资分配结构参照各行业和住房财产损失占总财产损失的比例。

本书所构建的 CGE 模型可以把重建投资、税收优惠、捐赠、对口援助等政府公布的重建数据直接作为模型输入，而不需要通过任何数据的处理或转换，因此大大增加了评估结果的客观性。在图 7. 12 中，将“有灾、有重建情景”下模型模拟的 GDP 数值与四川省统计局公布的 GDP 数值对比，发现模型模拟的时期内（2007 ~ 2011 年），两者相似性极高。个别年份存在差异的原因，可能是在模型中设定模拟期内，正常投资在各行业的分配结构与 2007 年大体相同，而实际情况略微不同，但是无法获得省级尺度分行业的投资数据，这一做法是基于可获得的数据设定的最优模型。

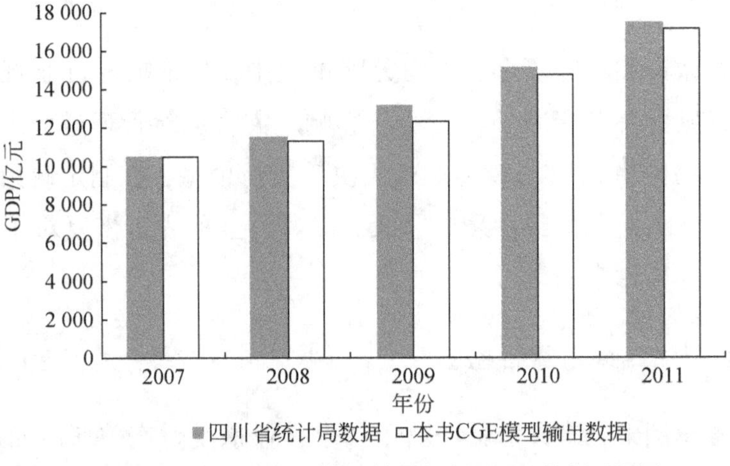

图 7. 12　本书 CGE 模型模拟结果与实际调查数据对照图

同时，也可以从另一个角度检验模型的可靠性。设定有灾、有重建情景下的 GDP 采用四川省统计局公布的数据，无灾情景下的 GDP 估计思路为：将四川省分为极重灾区、重灾区、非灾区，参照非灾区 2008 ~ 2011 年的 GDP 年度增长率，测算极重灾区和重灾区 2008 ~ 2011 年的 GDP，三个区域加总后即为四川省 GDP。采用真实数据估计的灾后 4 年间 GDP 损失率为 5. 2% 。按照之前研究的结论（Okuyama，2004），四川省其他区域由于需要源源不断地给灾区供给重建原材料等，其经济应该加速增长，所以上述简单办法高估了 GDP 损失。本书 CGE 模型对照有灾有重建情景下与无灾情景下的 GDP 损失率为 5.1%，略低于这一简单办法估计的损失，因此本书 CGE 模型具备一定的可靠性。

7.2.4 灾后重建阶段恢复策略贡献评估

7.2.4.1 重建阶段恢复策略选择

为数量化评估恢复策略在减轻灾害经济影响中所作的贡献，首先需要列举汶川地震灾后重建阶段可能或已经采取的具体的恢复策略，并分析这些恢复策略如何减轻灾害经济影响。

1）对口援助：汶川地震中实施的对口援助政策是重建阶段恢复策略的典型例子。19 个灾区外的省份对口支援灾区的 24 个县（市、区），不仅要提供人力、物力援助，而且要提供技术援助。这项措施对加快恢复速度、缩短恢复期、减轻灾害经济影响的作用表现在：①这项措施可以确保重灾县（市、区）能得到及时救助。同时可以避免灾区外的省份因信息不对称，只去援助震中或者灾区的一个或者几个县（市、区），造成救灾物资浪费。②汶川地震中处在极重灾区和重灾区的部分县（市、区）恰巧是中国西部贫困地区，但是提供援助的灾区省份多来自我国东部、中部发达地区。这项措施确保在重建施工过程和灾后生产恢复过程中能够用到我部、东部地区的先进技术。③对口援助政策要求灾区外的省份按照每年不低于本地上年财政收入 1% 的实物工作量援助灾区县（市、区）（国务院，2008）。这就能够保证有部分重建资金来自灾区外部，而不是灾区自身的财政收入。

2）较大比例的重建资金由灾区外部提供：汶川地震中，中央政府建立的地震灾害恢复重建基金、对口援助提供的资金支持、社会各界捐赠的物资，均体现了中华民族“一方有难、八方支援”的优良传统。这项措施确保了有较大比例的重建资金由灾区外部提供。由表 7.5 的重建资金来源统计得出大约 93% 的灾后资金来自灾区外部。若由灾区自身提供重建资金，会进一步挤占灾区因灾已经下降的投资数量，进一步恶化灾区经济，增大灾害的经济影响。而较大比例的重建资金由灾区外部提供，对灾区的生产能力会有一个额外的促进作用，减轻灾害经济影响。

3）迅速清理废墟，尽快开始重建：自然灾害灾后首要的任务是应急救援，这就是一般所说的应急阶段。接下来为清理废墟，一般为过渡阶段。灾后较长一段时间都在组织重建，即重建阶段。在应急阶段和过渡阶段，并没有重建投资，因此为减轻自然灾害经济影响，以灾区政府为主组织的废墟清理等工作，具备完善的应急预案并管理得当，尽可能快速清理废墟，缩短应急期和过渡期，尽快开始重建，能够缩短整个恢复期，减轻灾害经济影响。

4）迅速的保险理赔：汶川地震中地震灾害保险理赔只占到直接经济损失的0.3%，而全球巨灾保险赔偿占直接经济损失的平均比例高达40%（解伟等，2012）。我国专门的巨灾保险制度正在制定中。巨灾保险制度实施以后，不仅可以增加灾后资金基金的数量，而且能够让灾区快速得到重建资金，尽快开始组织重建。

5）快速筹集重建资金：汶川地震中政府支持的恢复重建时段为2008～2011年。重建资金来源及年度分配数据统计得出2008～2010年重建资金分配比例为2∶4∶4。2008年重建投资数量较少：一方面因重建初期原材料受限、施工进度较为缓慢，另一方面因地震发生的突然性与政府支出的有计划性相违背，地震当年较难筹集到数额较大的重建资金。然而，灾后快速筹集到重建资金、尽可能快的组织施工，弥补破坏的财产等，会减轻倒损厂房、设备和基础设施影响灾区经济的时间，缩短灾害恢复期，减轻灾害经济影响。

6）重建资金优先分配给关键行业：在筹集到重建资金之后，面临的一个问题是重建资金如何分配给各个行业。灾害对经济系统中的财产破坏后，若能找出关键行业，优先对这些行业进行投资与重建，就能起到事半功倍的效果，减轻灾害经济影响。一般而言，这个行业具备如下特征，应尽快给予重建支持。①在产业链上，该行业对其他行业非常重要。优先恢复这个行业，会消除其他行业因原材料短缺等阻碍生产的瓶颈，促进经济恢复。②与其他行业相比，该行业本身的生产力很高，对整体经济而言，固然恢复这些行业，宏观经济恢复就较为快速。③该行业劳动力充足、但资本亏缺。灾害破坏企业资产后，常常导致资产和劳动力数量不匹配。对于严重不匹配的行业，优先给予恢复，会加快经济恢复。

7）新技术：重建过程中，采用先进的施工措施，无疑会加快重建速度、提高重建质量。重建结束后，新的厂房、设备，升级的产业结构也会进一步提高生产效率，减轻灾害经济影响。

为在CGE模型中刻画以上恢复策略，这里对以上措施做一个归类，并介绍数据来源及在CGE模型中的设置方法。以上重建阶段恢复性措施可以归纳为重建阶段工程性恢复策略与重建阶段非工程性恢复策略。这里，工程性策略定义为需要资金组织重建施工的措施，非工程策略定义为不需要额外的资金，但可以加快重建进度、缩短恢复期、减轻灾害经济影响的措施。

8）重建阶段工程性恢复策略：中央政府建立的地震恢复重建基金、对口援助政策中灾区外地方政府提供的重建资金、四川省政府提供的重建基金、捐赠提供的款物，是在重建资金的支持下组织的重建施工。因此，在CGE模型中设置了“有灾，有工程性恢复策略”情景，依靠表7.5中资金来源组织重建施工。

9）重建阶段非工程性恢复策略：上述恢复策略中“迅速清理废墟，尽快开始重建”“快速筹集重建资金”在工程性恢复措施的投资基础上，并不需要额外资金，在CGE模型中，通过调整总重建资金在灾害3年（2008~2010年）的分配比例实现，从前述可知工程性恢复策略情景中重建资金3年分配比例为2∶4∶4，这里为体现非工程措施的作用，参照美国ArkStorm灾后重建资金年度分配比例（USGS，2011），在非工程性措施情景中将灾后3年重建资金年度分配比例设置为5∶2.5∶2.5。新技术对灾害经济的减轻作用，并不需要额外的资金，在CGE模型中，参照正常年份技术进步促使TFP提高这一事实（李善同等，2011），为体现非工程措施的作用，将TFP设置为在工程措施情景基础上每年额外提高1%。“迅速的保险理赔”也属于非工程恢复措施，在CGE模型中，参照国际平均水平，将保险理赔占直接经济损失的比例扩大到20%。用CGE模型评估非工程措施对减轻灾害经济影响贡献时候，设定的区外提供资金比例数据来源见表7.5，大约灾区外资金占比为93%，满足“较大比例的重建资金由灾区外部提供”，在以下敏感性分析部分模拟其他比例重建资金由灾区外部提供时的灾害经济影响。综上，在CGE模型中设置了“有灾，有工程性、非工程性恢复策略”，依靠以上3种模型设置方法评估非工程性恢复策略对减轻灾害经济影响的贡献。

7.2.4.2 重建阶段恢复策略贡献评估

汶川地震发生在2008年，政府为主的灾后重建投资发生在2008~2010年。

2010年的投资在2011年才形成新的基础设施、厂房等，进而对2011年经济有影响。因此，在图7.13中展示了汶川地震发生前后（2007~2011年）“无灾”、“有灾，有工程性、非工程性恢复策略”“有灾，有工程性恢复策略”“有灾，无恢复策略”4种情景下GDP的走势。在恢复策略实施情景下（包括工程性恢复策略和非工程性恢复策略），地震当年（2008年）主要是灾后应急救援、清理废墟、制定重建规划等，重建工作推进缓慢，即便地震当年筹集到部分重建资金，也需要花费时间投资及施工，一般在下一年才能形成新的资本。因此，恢复策略情景下灾害当年的经济状况与“有灾，无恢复策略”情景下大致相等，远低于无灾情景下的经济状况。2009年以后，重建工作大面积展开，显然有恢复策略情景的经济状况与无灾情景更接近。对比恢复策略实施情景下2009~2011年的经济状况：由于灾害的突然发生与政府的有计划支出相违背，地震当年（2008年）筹集的重建资金小于2009年和2010年，这3年投资比例大约为2：4：4。于是这3年的投资在下一年形成新的资本时，2010年和2011年比2009年有更多的新资本，图7.13显示恢复性情景下2010年和2011年灾后经济快速恢复。对比“有灾，有工程性、非工程性恢复策略”和“有灾，有工程性恢复策略”，前者更加接近无灾情景。工程性策略一般需要重建资金的投入，而非工程策略一般并不需要额外的资金投入，只是强调重建过程中的资金来源、

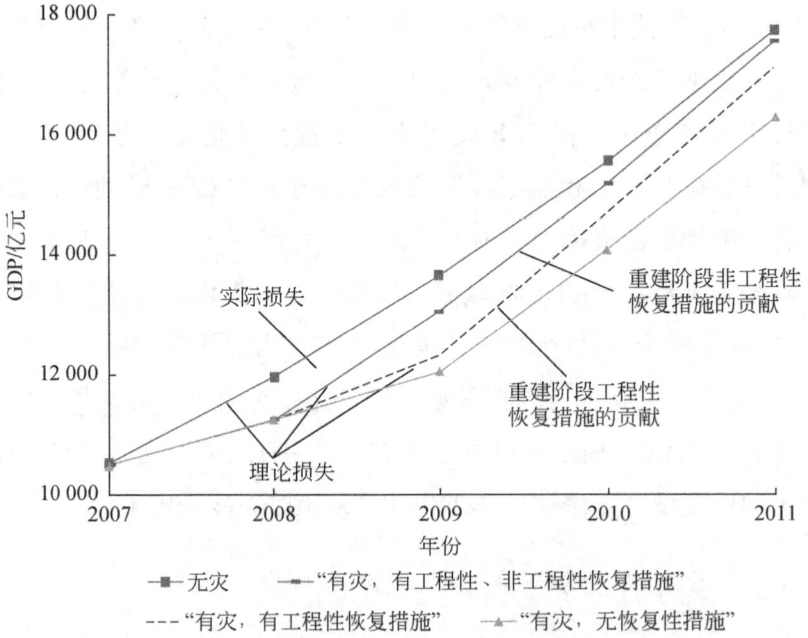

图7.13　重建阶段恢复策略对减轻灾害经济影响的贡献评估

分配和管理等，但研究发现非工程性恢复策略的实施大大增加了工程性恢复策略对加快经济恢复的效果。“有灾，无恢复策略”情景下的灾后经济状况，由于每年正常形成的固定资产（不包括因灾重建投资）弥补了灾害破坏的资本存量，另一方面在技术进步的作用下要素效率逐年提高，因此，经济继续增长。然而，与无灾情景相比，尽管都有正常固定资产的形成，但“有灾，无恢复策略”情景毕竟部分资产因灾破坏，经济增长速度远远低于无灾情景。

图 7.13 中，重建阶段的工程性策略和非工程性策略将汶川地震灾害经济影响的理论损失减轻为实际损失。按照地震灾害经济影响评估结果，与无灾情景相比，2008~2011 年，四川省因灾 GDP 理论损失约为 5249.3 亿元，GDP 年均增长率下滑 2.4%。而从四川省统计局获得的灾后实际数据看，该地震灾害经济影响并没有这么大，这就是灾后重建阶段恢复策略的贡献。同时也是灾害刚刚发生后，一些机构常常高估灾害经济影响的原因。经由本书构建的 CGE 模型评估，在重建阶段工程性恢复策略的作用下，与无灾情景相比，2009~2011 年四川省 GDP 损失为 3532.1 亿元，GDP 年均增长率下滑 1%；在重建阶段工程性和非工程性恢复策略共同作用下，与无灾情景相比，2009~2011 年，四川省因灾 GDP 实际损失降为 1859.2 亿元，GDP 年均增长率仅下滑 0.3%。可见，尽管与当时全国经济增长目标年均增长 8% 相比，汶川地震导致四川省年均 GDP 下滑 2.4%，对四川省经济影响巨大。但是在重建阶段工程性恢复策略的作用下，四川省 GDP 年均增长率仅下滑 1%。若注重开展巨灾保险、优化灾后重建基金年度分配比例及新技术的采用，在重建阶段工程性和非工程性策略的共同作用下，汶川地震对四川省的经济影响有望降为年均 GDP 仅下滑 0.3%。其中，工程性恢复策略的贡献将灾害经济影响减轻 33% [(5249.3-3532.1)/5249.3]；非工程性恢复策略进一步将灾害经济影响减轻 32% [(3532.1-1859.2)/5249.3]；两者的总贡献为将灾害经济影响减轻 65% [(5249.3-1859.2)/5249.3]。

除了灾害经济影响，灾后恢复期的长短也是灾害管理的指标之一。在图 7.14 中，以 GDP 损失率为纵坐标去观察恢复策略实施情景下（包括工程性恢复策略和非工程性恢复策略）和恢复策略不实施情境下灾后的经济恢复情况。图 7.14 显示，“有灾，无恢复策略”和“有灾，有工程性恢复策略”两种情景下，灾害经济最糟糕的年份都出现在 2009 年，而非地震发生的当年（2008 年）。这是由于汶川地震发生在 2008 年 5 月，一年中的中间时刻，破坏的厂房、设备和基础设施等对2008年的经济只影响了半年，而对2009年的经济影响了一整年。“有灾，无恢复策略”情景下，由于没有重建投资，在正常投资下2009年形成的新的资本较少，而“有灾，有工程性恢复策略”情景下，除了正常投资，还有部分重建投资在2009年形成新的资本，因此，有工程性恢复策略情景下较无恢复策略情景下的经济损失少。但即便这样，由于有工程性恢复策略情景下2009年因重建形成的新资本数量较少，仅占总投资的20%，因此，恢复策略没能阻碍经济影响继续增大的趋势。在“有灾，有工程性、非工程性恢复策略”情景下，由于调整了灾后重建投资年度分配比例，2009年因重建形成的新资本数量较多，占总投资的50%，加上巨灾保险拓宽了重建基金的来源，对口援助政策也保证了灾区重建过程及恢复生产过程中能利用到东部发达地区的新技术，因此，工程性策略与非工程性策略同时使用时，灾后经济最糟糕的年份出现在2008年，2009年开始经济就快速恢复。

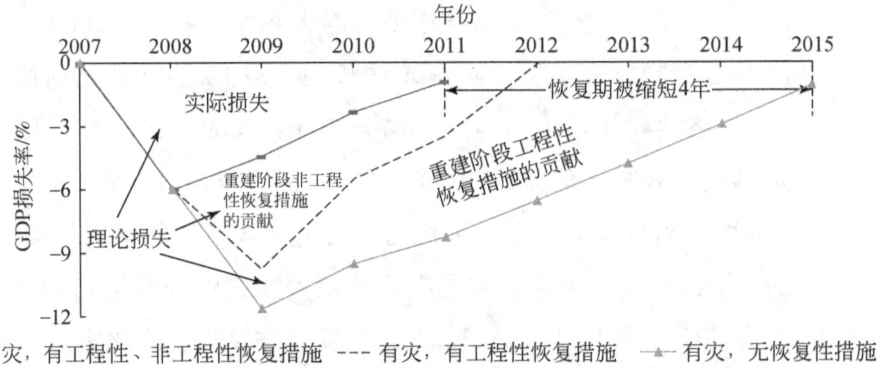

图7.14　重建阶段恢复策略对缩短灾后恢复期的贡献评估

注：图中情景均与无灾情景相比而来。

图7.14中显示“有灾，有工程性、非工程性恢复策略”情景下，与无灾情景相比，2011年时候的GDP损失率已经很小，可以说到2011年灾后经济已经恢复到无灾水平。但是“有灾，有工程性恢复策略”和“有灾，无恢复策略”情景下，2011年的GDP损失率依然很大。前述评估重建阶段恢复策略对灾害经济影响减轻作用时候，选用的灾害经济影响时间段为2007～2011年。为模拟2011年以后“有灾，有工程性恢复策略”和“有灾，无恢复策略”情景的灾害损失率，需要延长模拟期。前述评估中2007～2011年的投资数据从四川省统计局可以获得，这里新增的设定为2012年以后的正常投资数据同无灾基准情景，年均增长为19%，并且不再有重建投资（因政府为主的重建投资已经停止），其他设

定不变。从图7.14，看到“有灾，有工程性恢复策略”情景下，到2012年GDP损失率几乎降为0，灾害经济水平恢复到与无灾情景一致，恢复期比“有灾，有工程性、非工程性恢复策略”情景长1年。而对于“有灾，无恢复策略”情景，灾区的GDP损失率要降为0，需要到2015年。因此，重建阶段的恢复策略能使汶川地震灾后恢复期缩短4年，到2011年灾后经济即可恢复到无灾水平。其中，工程性恢复策略的贡献为3年，可以将恢复期的终点从2015年提前到2012年；非工程性策略的贡献为1年，可以进一步将恢复期的终点从2012年提前到2011年。

表7.7将把重建阶段恢复策略对减轻灾害经济影响的总贡献分解为各种恢复策略单独作用时对减轻灾害经济影响的独立贡献。第一列与第二列分别为与无灾情景相比，各种恢复策略独立使用时GDP损失的绝对值与GDP损失的比例。第三列为各种恢复策略对减轻灾害经济影响的贡献，每种策略的贡献为该策略实施情景下与所有策略都不实施情景下（第一行）GDP损失的减轻比例。表7.7显示工程性恢复策略中中央政府的贡献最大，可以将灾害经济影响减轻15%。对口援助和捐赠的贡献大致相当，约为9%。尽管四川省政府对灾区的贡献较低，但这一策略是正确的，灾区投资能力因灾降低，若继续为重建付出更多，就会挤占灾区已经较弱的投资能力，进一步恶化灾区经济，不利于灾区经济恢复。但这里的贡献较少，只是从重建资金投入角度讲，灾区在重建工作实施和组织等方面付出了很多。

表7.7　各种恢复策略对减轻灾害经济影响的贡献对比

恢复情景		GDP损失/亿元	GDP损失比例/%	贡献[①]
有灾，无恢复策略		-5 249.3	-7.6	—
有灾，有工程性恢复策略	对口援助	-4 780.3	-6.9	-9%
	中央政府	-4 476.8	-6.4	-15%
	四川政府	-5 130.4	-7.4	-2%
	捐赠	-4 818.7	-6.9	-8%
有灾，有工程性恢复策略	—	-3 532.1	-5.1	-33%
有灾，有工程性、非工程性恢复策略	巨灾保险	-2 840.0	-4.1	-46%（-13%）[②]
	年度分配	-3 171.3	-4.6	-40%（-7%）
	新技术	-3 056.8	-4.4	-42%（-9%）
有灾，有工程性、非工程性恢复策略	—	-1 859.2	-2.7	-65%（-32%）

注：①贡献指各种恢复策略对减轻灾害经济影响的比例；②括号里的数字代表在工程性策略基础上，各种非工程性策略额外的贡献。

非工程策略中巨灾保险的贡献与中央政府的贡献大致相当，约为15%。重建资金在时间上合理分配及新技术的采纳对经济恢复的贡献与捐赠、对口援助的贡献大致相当，约为8%。因巨灾保险也需要额外资金的投入，其贡献较大理所应当。但是重建资金在时间上的分配，重建施工过程和灾后生产恢复过程中使用较为先进的技术，不需要额外的资金投入，只是改进了重建的管理方式，就可以对减轻灾害经济影响产生较大贡献。另外，对比工程性恢复策略和非工程性恢复策略，发现工程性恢复策略的贡献为33%，非工程性恢复策略可以在工程性恢复策略基础上将灾害经济影响继续减轻32%。可见，非工程性策略的实施代价较小且贡献很大，因此灾后重建过程中除了要非常重视工程性恢复策略，也要重视非工程策略的使用。

总的来说，汶川地震灾害在已有的工程性恢复策略基础上，已经使本次灾害的经济影响降低了33%，若发挥非工程性恢复策略的作用，可以使本次灾害经济影响继续减轻32%，使汶川地震的经济影响总共减轻65%。自然灾害经济影响与直接财产损失相比，数额巨大。灾害发生之后，直接财产损失已不可减轻，但灾害经济影响因其具有时间属性，就为减灾提供了机会。虽然不能阻止灾害的发生，但是重建阶段恢复策略的合理使用可以大大减轻灾害经济影响。

7.2.4.3 重建阶段恢复策略敏感性分析

以上评估中，通过政府、保险公司、居民增加重建资金额度难度较大，重建过程和灾后生产恢复过程中先进技术的采纳也是有限制的，然而调整灾害重建资金年度分配比例较为容易，本节首先分析灾后3年重建资金年度分配比例的敏感性。以上分析中，重建资金较多来自灾区以外的中央政府、地方政府和灾区外的居民捐赠，本节接着分析重建资金从灾区外和灾区内筹集比例发生变化对灾后经济影响的敏感性。以上分析中，灾害管理资金全部用于灾后重建，本节最后分析将有限资金在灾前提高设防水平与灾后加快恢复重建之间分配发生变化对灾后经济影响的敏感性。

(1) 灾后3年重建资金年度分配比例敏感性分析

制定灾后重建政策时，常常遇到灾后重建资金在灾后数年内如何分配的问题。以2008年汶川地震为例，若能够模拟灾后3年（政府在2008~2011年提供重建资金支持）重建资金在年度之间各种分配比例情况下的灾后经济影响大小，决策者将能选择最优的分配比例，进而制定重建资金筹集渠道与速度，并规划重建进度。情景 B 中 2008 年、2009 年和 2010 年重建投资的比例和此次地震灾后真实情况一致，为 2 : 4 : 4。本书将设置 2008 年、2009 年和 2010 年重建投资的比例为 5 : 2.5 : 2.5（情景 C）和 3 : 4 : 3（情景 D），模拟灾后 GDP 的恢复情况及损失情况。本书选用这些比例不是来自实际案例，其目的是展示模型能够分析这些不确定性，为风险管理者提供决策支持。

情景 B、情景 C、情景 D 下前 2 年重建资金占总重建资金的比例分别为 60%、75% 和 70%。图 7.15 中，看到情景 C 下，灾后任何一年灾害经济影响（以 GDP 损失率表示）都小于情景 B。情景 D 下，灾后任何一年灾害经济影响（以 GDP 损失率表示）也都小于情景 B。并且，情景 C 和情景 D 相比的话，情景 C 更优。这和预期的一样，灾后越快筹集重建资金、越快实施重建，灾后经济影响会越小。因此，在灾后，在重建原材料购买渠道畅通的情况下，应该确保重建质量，迅速筹集资金，加快重建速度，这些都能够减轻灾后经济影响，对于缓解灾区就业、增加财政收入、提高居民福利也都非常有利。

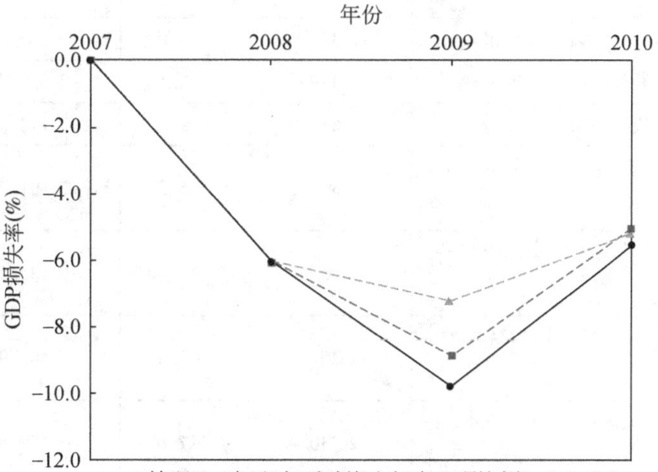

图 7.15　灾后 3 年重建资金年度分配比例敏感性分析

注：以上情景均与无灾情景比。

表 7.8 统计了这两种情景灾后 2 年和 3 年尺度的 GDP 损失绝对值与相对值。情景 C 下，2 年尺度 GDP 损失率为 6.1%，3 年尺度的 GDP 损失率降低到 5.2%。情景 D 下，2 年尺度 GDP 损失率为 6.9%，3 年尺度的 GDP 损失率降低

到5.6%。情景B下灾后2年尺度GDP损失减少了28%［（3065.4－2198.8）/3065.4］。情景C下灾后2年尺度GDP损失减少了42%［（3065.4－1780.5）/3065.4］，即与情景B相比，灾后2年尺度GDP损失又减少了14个百分点（42%－28%）。情景B与情景C下重建资金总额一致，仅是将更多的重建资金用于灾后前2年，即加快重建投资，GDP损失就可再减少一半，换句话说，情景C与情景B相比，不需要额外的资金支持，只是改变恢复策略，灾后经济影响就能够再减轻一半，可见灾后恢复性策略的效益非常明显。

表7.8　敏感性分析汇总表

恢复情景	灾后2年GDP损失		灾后3年GDP损失	
	绝对值/亿元	相对值/%	绝对值/亿元	相对值/%
情景A有灾，无恢复策略	−3 065.4	−10.5	−4 529.3	−9.6
情景B有灾，有工程性恢复策略	−2 198.8	−7.5	−2 812.0	−6.0
情景C灾后三年重建资金年度分配比例5∶2.5∶2.5	−1 780.5	−6.1	−2 451.2	−5.2
情景D灾后三年重建资金年度分配比例3∶4∶3	−2 003.0	−6.9	−2 651.2	−5.6
情景E 75%的重建资金由灾区外提供	−2 343.7	−8.0	−3 119.6	−6.6
情景F 50%的重建资金由灾区外提供	−2 489.6	−8.5	−3 429.7	−7.3
情景G 25%的重建资金由灾区外提供	−2 636.6	−9.0	−3 742.5	−8.0
情景H全部资金用于灾前提高设防水平，高防灾效益	−1 560.9	−5.3	−2 391.2	−5.1
情景I 50%的资金用于灾前提高设防水平，高防灾效益	−1 863.5	−6.4	−2 585.1	−5.5
情景J全部资金用于灾前提高设防水平，低防灾效益	−2 267.9	−7.8	−3 403.9	−7.2
情景K 50%资金用于灾前提高设防水平，低防灾效益	−2 230.4	−7.6	−3 100.8	−6.6

（2）重建资金筹集渠道（灾区、灾区外）敏感性分析

2008年汶川地震中大多数重建资金来源于灾区以外的中央政府、其他地方政府（因对口援助政策）和捐赠等，事实上，若有部分重建资金由灾区提供，必将占用灾区已经因灾减少的投资资金，进一步恶化灾区经济。这里将对比重建资金只有一部分（75%，情景E；50%，情景F；25%，情景G）由灾区外提供，其他部分由灾区提供的话，灾后GDP的恢复情况和损失情况。这将有利于政府制定重建政策时决定是只由中央政府提供资金支持，还是需要灾区外其他省份的援助，还是灾区自身可以解决重建资金筹集问题。

图7.16中，情景B下重建资金全部由灾区外提供，为本次地震灾后真实情景。在灾后任何一年，其GDP损失都要低于情景E、情景F、情景G。并且，发现情景E优于情景F，情景F优于情景G。正如我们分析，灾区提供的重建资金越多的话，会进一步恶化灾区经济。汶川地震中采取的由中央政府建立灾后重建专项基金，由区外省份通过对口援助提供资金和技术支持，并鼓励全民捐赠的一系列策略，正是帮助灾区从区外争取更多的重建资金，以最大限度减轻灾害对灾区的经济影响。

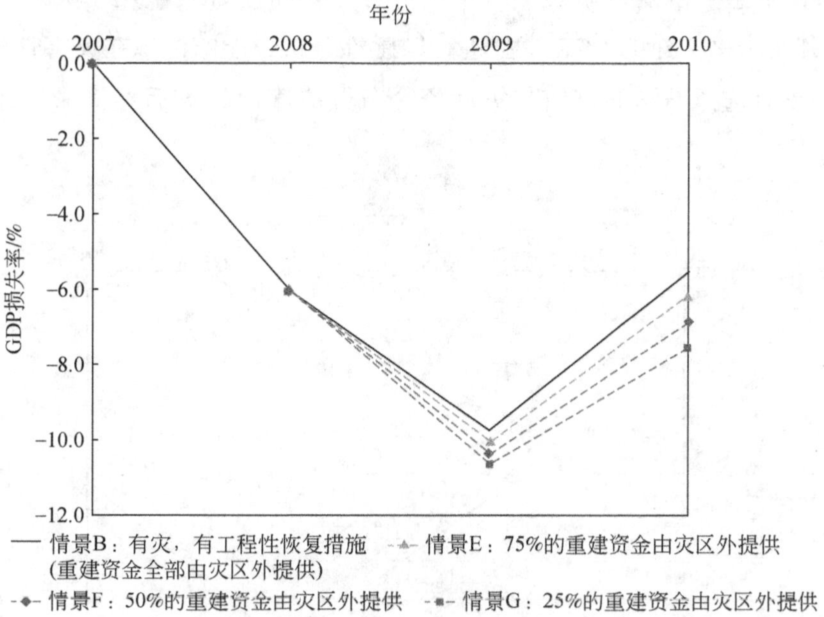

图7.16 重建资金筹集渠道（灾区、灾区外）敏感性分析

注：以上情景均与无灾情景比。

重建资金筹资渠道敏感性分析结果汇总在表7.8中，情景E、情景F、情景G下灾后2年尺度GDP损失率逐个增加0.5%，3年尺度GDP损失率逐个增加0.7%。情景B下灾后2年尺度GDP损失减少了28%［(3065.4－2198.8)/3065.4］。情景G下灾后2年尺度GDP损失只减少了14%［(3065.4－2636.6)/3065.4］，即与情景B相比，在重建资金总额度不变的情况下，只让大部分重建资金由灾区外帮助筹集的话，灾后经济影响可以再减少一半。同样可见，这些

非工程恢复策略不再需要额外的资金，即可进一步减轻灾害经济影响。

(3) 将有限资金在灾前提高设防水平与灾后加快恢复重建之间分配的敏感性分析

近年来，在灾前提高设防水平以降低承灾体的脆弱性和在灾后加快恢复重建以提高承灾体的恢复性逐渐成为灾害风险管理的两种重要手段（White and Haas，1975；Cutter，2008；Zhou et al.，2010）。脆弱性和恢复性的关系，不同的学者看法不同（Cutter，2008；Rose，2007）。也有学者提出要加强灾害风险综合管理，统筹灾前、灾中和灾后管理（史培军等，2012）。本书认为这一问题的实质为在灾害管理总资金约束下，如何向灾前降低脆弱性和灾后提高恢复性两种策略分配资金。恢复策略模拟时采用的方案为将全部资金用于灾后重建（图7.17）。利用本书构建的CGE模型进行敏感性分析，能够模拟在灾害管理总资金约束下，政府选择不同的灾前与灾后资金分配方案时，灾后经济影响是增大还是缩小。

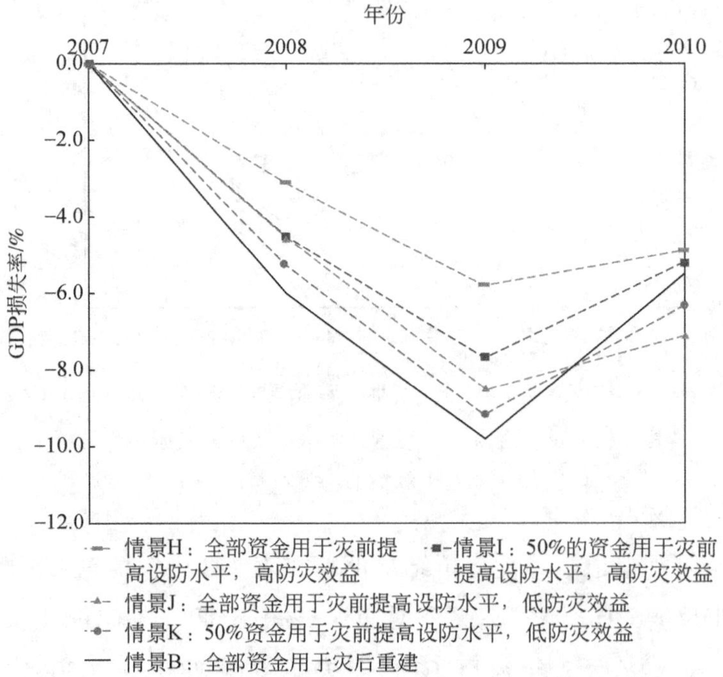

图7.17　灾前提高设防水平与灾后加快恢复重建对比

情景B中，全部资金用于灾后重建。这里，将汶川地震中重建投资的50%或100%用于灾前提高设防水平以降低脆弱性，假如提高设防水平的资金投入与直接财产损失的减少数量一样，研究发现把有限的资金全部用于灾前提高设防水平，与情景 B 相比，GDP 的损失会越少（图 7. 17）。可见，提高设防水平比灾后加快重建对减轻灾害经济影响效果更好。然而，我们知道，地震等级不同，承灾体类型不同，防灾资金带来的效益会有差异。以 100% 资金用于灾前提高设防水平为例，当受到地震等级、承灾体类型及工程技术共同约束时候，若损失减少幅度大约为提高设防水平投入资金的一半，与情景 B 相比，灾后 2 年 GDP 损失较低，第 3 年 GDP 将有较大的损失（图 7. 17）。利用本书构建的 CGE 模型多次模拟发现，将全部资金用于灾前，若直接经济损失幅度较小（小于提高设防水平投入资金的一半），将这些资金用于灾后恢复重建是明智的。将总资金的 50% 用于灾前提高设防水平，剩余的 50% 用于灾后加快恢复重建，得出同样的结论（图 7. 17）。因此，若防灾效益较低（即直接经济损失减轻幅度小于提高设防水平投入资金的一半），灾后加快重建比灾前提高设防水平对减轻灾害经济影响效果更好。

上述 4 种情景灾后 2 年和 3 年两种时间尺度的损失汇总在表 7. 8 中。在情景 H、情景 I 中，直接经济损失减少数额与提高设防水平投入资金数额一致，无论哪个时间尺度，GDP 损失都将大大减轻，与情景 B 相比，情景 H 在 2009 ~ 2010 年更可将 GDP 损失减少 20% ［（2198. 8−1560. 9）/3065. 4］。情景 J、情景 K 中，提高设防水平投入对直接经济损失减轻幅度较小，尽管 2009 年和 2010 年 GDP 损失低于情景 B，但是 2011 年 GDP 损失高于情景 B，因此 2009 ~ 2010 年 GDP 损失小于情景 B，2009 ~ 2011 年 GDP 损失略高于情景 B。然而，灾害刚刚发生后的第一年和第二年是恢复重建的关键时期，情景 J、情景 K 策略可以大大减轻这 2 年的 GDP 损失，对灾区的就业、财政将非常有利。所以，政府可以根据自己的偏好，选择风险管理策略。

以上对三类恢复策略做了敏感性分析，表 7. 8 统计了这些策略灾后 2 年和 3 年尺度的 GDP 损失绝对值与相对值。由于灾后经济影响（以 GDP 损失表示）具有时间属性，时间越长，积累的灾后经济影响就越大，因此，3 年尺度与 2 年尺度相比，GDP 损失的绝对值在增加。但是随着灾后经济水平逐渐恢复到无灾水平，二者越来越接近，3 年尺度与 2 年尺度相比，GDP 损失率更小。可见，灾后经济影响的大小受重建投资多少，恢复策略优劣，恢复期长短等因素的影响，无法只根据直接财产损失的大小估计灾后经济影响。因此，一些学者或者政府机构想建立一个直接财产损失和灾后经济影响的比例关系，每当灾害发生时候，只需根据评估的直接财产损失估算灾后经济影响，这一设想是不可行的。

对比设置的三类恢复策略，情景 G GDP 损失最多，情景 H GDP 损失最少。GDP 损失率，2 年尺度，情景 H 比情景 G 少 3.7%；3 年尺度，情景 H 比情景 G 少 3.9%；从 GDP 的绝对值来看，2 年尺度，情景 H 和情景 G 相比，GDP 损失将可减轻将近 35% [(2636.6-1560.9)/3065.4]。总的来说，灾后 3 年重建资金年度分配比例和重建资金筹集渠道（灾区、灾区外）对于灾后经济影响都较为敏感，当防灾效益较高时，注重灾前提高设防水平对于灾后经济影响较为敏感，当防灾效益较差时候，提高灾前设防水平对于灾后经济影响不敏感。

情景 C、情景 G、情景 H 这三种情景是 3 类恢复策略中最优或最差的策略，情景 G 与情景 B 相比，重建资金总额度相同，可以不需要额外资金投入或者减少的情况，只是调整恢复策略，就可进一步减轻或者增加灾害经济影响。以上分析说明，因为灾后恢复策略不同，灾后经济影响会有差别。自然灾害不可避免，自然灾害发生之后直接财产损失已经不可减轻，自然灾害经济影响却会因恢复策略不同，减轻程度不同，这就显得灾后恢复策略非常重要，也给决策者提供了减灾的机会。

7.3 本章小结

本章基于经济学 CGE 模型基本模块，新增了灾害冲击模块、应急阶段恢复策略模块和重建阶段恢复策略模块，称之为灾害 CGE 模型，以评估灾害经济影响和恢复策略的贡献。灾害 CGE 模型不仅评估了灾害冲击造成的负面影响，而且评估了恢复重建等行为对灾害经济影响的抵消影响。选择近年来发生在我国的汶川地震为例，评估灾害经济影响，并以地震灾害为例评估分析重建阶段恢复策略的贡献。主要结论如下。

1）通过赋予影响恢复策略各个指标的权重，给出无量纲的相对等级是目前恢复策略（resilience）评估中的常用方法，这一方法对于比较区域灾后恢复能力的相对大小意义重大。但在确定指标的正负作用和评估单次灾害中恢复策略的作用时也有不足。本书建议采用灾害经济影响减轻程度来衡量恢复策略的大小，以保证评估结果具有量纲，与灾害损失和损失概率风险直接联系。“恢复力”是灾害风险管理的重要方式。本书在“指标加权法”恢复力量化方法基础上，选用灾害经济影响减轻程度和恢复期缩短程度评估恢复力的大小。评估结果更加直观，可直接为减轻灾害损失和防范损失-概率风险服务。案例评估结果表明，灾后直接经济损失已无法减少，恢复性措施在额外花费较少的情况下，可以大大减轻灾害经济影响。

2）本书改进了经济学中常用的社会政策分析和经济影响评估 CGE 模型，主要改进包括：从要素供给和要素效率角度引入灾害冲击；引入应急阶段恢复策略模块，新增灾后弥补参数，允许灵活改变效率参数、替代弹性；引入重建阶段恢复策略模块，可很好刻画不同来源的重建资金和不同来源的投资商品作用下恢复性措施对减轻灾害经济影响的贡献。改进后的 CGE 模型，可以评估企业因自身财产破坏、效率下降导致的减产，即灾害经济影响Ⅰ，也可以评估企业因产业关联导致的减产，即灾害经济影响Ⅱ。该模型不仅能用于本书中的灾种和区域，而且有望扩展用于其他灾种和其他区域。该模型不仅可用于灾害经济影响评估，而且可作为灾后恢复策略决策支持模型使用。

3）灾害经济影响理论，以及灾害 CGE 模型在具体案例中的应用表明：与经济增长目标相比，自然灾害经济影响不容忽视；对于地震案例，灾害经济影响Ⅱ为灾害经济影响Ⅰ数倍或数十倍，换句话说，经济系统中各个行业因为外部原因（缺水、断电、缺乏原材料等产业关联效应）遭受的减产远大于因为自身原因（自身厂房、设备破坏）遭受的减产。

4）灾害恢复策略理论，以及灾害 CGE 模型在具体案例中的应用表明：正因为灾害经济影响在整个恢复期都在发生，这就为通过实施恢复策略减轻灾害经济影响提供了可能。地震案例中，重建阶段由中央政府、对口援助、捐赠、保险提供资金支持的重建能将灾害经济影响减轻 33%，将恢复期缩短 3 年；若在重建时注重提高保险赔偿占直接经济损失的比例、采用东部发达地区先进技术组织重建施工和恢复生产、改变重建资金年度分配比例，汶川地震灾害经济影响有望再减轻 32%，恢复期再缩短 1 年。自然灾害不可避免，恢复策略在额外花费较少的情况下，可以大大减轻灾害经济影响。

灾害 CGE 模型可作为灾后制定恢复重建政策的决策支持模型使用。

研究展望。尽管本书评估了 2008 年汶川地震案例的灾害经济影响，但由于直接经济损失数据的行业划分与投入产出表的行业划分不一致，而且直接经济损失统计中类似农业损失既包含流量损失又包含存量损失，因此本书在将已有直接经济损失数据处理为 CGE 模型所需要的输入数据时，在无法获取更加详细的分类别数据时，对分行业直接经济损失数据的拆分、合并较为粗糙，对剔除流量损失的处理也较为粗糙。尽管本书评估了应急阶段恢复策略和重建阶段恢复策略对减轻灾害经济影响的贡献，但对于一些恢复策略数据，如可能的替代性、可能的效率提高比例、灾后弥补比例、灾后重建资金分年度投放比例、灾后重建资金灾区和灾区外提供比例，由于我国缺乏这些恢复策略的详细调查数据，本书参考了美国联邦应急管理署、应用技术协会和日本案例中调查到的参数值。进一步评估恢复力，制定恢复重建政策，有必要参考美国和日本的灾后企业替代、效率提高、弥补因子调查方法，调查我国的恢复性措施参数。

一方面，从时间尺度看，本书构建的动态 CGE 模型以一年为步长，而没有评估更短或更长时间尺度的灾害经济影响，原因是 CGE 模型需要在年尺度上才可以达到均衡。而年度模型往往平滑掉灾害的短期影响，也无法为灾后长期的可持续发展提供服务。然而，政府制定的灾后社会经济恢复目标往往是年尺度，重建行为也是以年尺度规划，从这个角度说，年尺度的灾害社会经济影响评估模型是非常必要的。另一方面，从空间尺度看，国家尺度、省级尺度往往掩盖灾害的影响程度，只有灾区的社会经济影响评估与灾民的感受一致。并且，像洪涝灾害、干旱灾害，其发生范围并非是一个完整的省级行政区域，常常发生几个行政区的交界处。另外，自然灾害不仅仅对灾区造成影响，对灾区以外的区域也会造成影响。综合看来，尽管本书构建的 CGE 模型在省级尺度、一年尺度评估灾害经济影响是可行的，但为满足各类灾害经济影响评估的目的，下一步研究中注重发展短期、中期、长期的自然灾害经济影响模型库，以及国家尺度、灾区与灾区外两区域联动的多区域灾害社会经济影响评估模型库。

主要参考文献

曹玮，肖皓 . 2012. 基于 CGE 模型的极端冰雪灾害经济损失评估 . 自然灾害学报，21（05）：191-196.

董承章 . 2000. 投入产出分析 . 北京：中国财政经济出版社 .

段志刚 . 2004. 中国省级区域可计算一般均衡建模与应用研究 . 武汉：华中科技大学博士学位论文 .

高颖 . 2008. 中国资源–经济–环境 SAM 的编制方法 . 统计研究，25（05）：84-88.

国家统计局国民经济核算司．2009. 中国2007年投入产出表编制方法．北京：中国统计出版社．
贺菊煌，沈可挺，徐嵩龄．2002. 碳税与二氧化碳减排的CGE模型．数量经济技术经济研究，19（10）：45-49.
计志英．2003. 中国资本存量的永续盘存法估计．江苏统计，（08）：14-15.
解伟，李宁，胡爱军，等．2012. 基于CGE模型的环境灾害经济影响评估——以湖南雪灾为例．中国人口·资源与环境，22（11）：26-31.
解伟，李宁，杨娟，等．2012. 灾害风险科学视角的救灾保险制度探讨．北京师范大学学报（自然科学版），48（04）：406-410.
李善同，段志刚，胡枫．2009. 政策建模技术：CGE模型的理论与实现．北京：清华大学出版社．
李善同，何建武．2010. 中国可计算一般均衡模型及其应用．北京：经济科学出版社．
李善同，李强，齐舒畅，等．1996. 中国经济的社会核算矩阵．数量经济技术经济研究，（1）：42-48.
李善同，刘云中，等．2011. 2030年的中国经济．北京：经济科学出版社．
廖明球，马晓东．2009. 二阶段投入产出分析及应用研究．统计研究，26（02）：96-100.
刘启运，陈璋，苏汝劼．2006. 投入产出分析．北京：中国人民大学出版社．
史培军，葛全胜，郭日生，等．2008. 汶川地震灾害综合分析与评估．北京：科学出版社．
史培军，耶格·卡罗，叶谦．2012. 综合风险防范．北京：北京师范大学出版社．
宋旭光，庞明川，王晓玲．2008. 汶川地震灾害对中国经济影响的分析与评价．财经问题研究，（08）：3-10.
王其文，李善同，高颖．2008. 社会核算矩阵：原理、方法和应用．北京：清华大学出版社．
张军，章元．2003. 对中国资本存量K的再估计．经济研究，（07）：35-43.
张显东，梅广清．1999. 二要素多部门CGE模型的灾害经济研究．自然灾害学报，（1）：9-15.
张欣．2010. 可计算一般均衡模型的基本原理与编程．上海：格致出版社，上海人民出版社．
郑玉歆，樊明太．1999. 中国CGE模型及政策分析．北京：社会科学文献出版社．
Brooke A，Kendrick D，Meeraus A，et al. 1998. GAMS：A User's Guide. Washington：GAMS Corp.
Cutter S L，Lindsey B，Melissa B，et al. 2008. A place-based model for understanding community resilience to naturaldisasters. Global Environmental Change，18（4）：598-606.
Federal Emergency Management Agency（FEMA）. 2011. Hazus®-MH MR5 user manual. Washington：Department of Homeland Security and Federal Emergency Management Agency Mitigation Division.
Guha G S. 2011. Simulation of the economic impact of region-wide electricity outages from a natural hazard using a CGE model. http：//www. ser. tcu. edu/2005/ser2005% 20guha% 20101 – 124. pdf［2015-05-30］.
Hallegatte S. 2008. An adaptive regional input-output model and its application to the assessment of the economic cost of Katrina. Risk Analysis，28（3）：779-799.

Horridge M, Madden J, Wittwer G. 2005. The impact of the 2002–2003 drought on Australia. Journal of Policy Modeling, 27 (3): 285-308.

Narayan P K. 2003. Macroeconomic impact of natural disasters on a small island economy: Evidence from a CGEmodel. Applied Economics Letters, 10 (11): 721-723.

Okuyama Y. 2004. Modeling spatial economic impacts of an earthquake: Input–output approaches. Disaster Prevention and Management, 13 (4): 297-306.

Rose A, Liao S Y, Bonneau A. 2011. Regional economic impacts of a Verdugo scenario earthquake disruption of Los Angeles water supplies: A computable general equilibriumanalysis. Earthquake Spectra, 27 (3): 881-906.

Rose A, Liao S. 2005. Modeling regional economic resilience to disasters: A computable general equilibrium analysis of water servicedisruptions. Journal of Regional Science, 45 (1): 75-112.

Rose A, Oladosu G, Lee B, et al. 2009. The economic impacts of the september 11 terrorist attacks: A computable general equilibrium analysis. Peace Economics, Peace Science and Public Policy, 15 (2): 4-35.

Rose A, Oladosu G, Liao S. 2007. Business interruption impacts of a terrorist attack on the electric power system of Los Angeles: Customer resilience to a totalblackout. Risk Analysis, 27 (3): 513-531.

Rose A. 2007. Economic resilience to natural and man-made disasters: Multidisciplinary origins and contextualdimensions. Environmental Hazards, 7 (4): 383-398.

Tatano H, Tsuchiya S. 2008. A framework for economic loss estimation due to seismic transportation network disruption: A spatial computable general equilibriumapproach. Natural Hazards, 44 (2): 253-265.

Tirasirichai C, Enke D. 2008. Case study: Applying a regional CGE model for estimation of indirect economic losses due to damaged highwaybridges. The Engineering Economist, 52 (4): 367-401.

USGS (U. S. Geological Survey). 2011. Overview of the ARkstorm scenario Appendix B. http://pubs. usgs. gov/of/2010/1312/of2010–1312_appendix_b. pdf [2014-03-27].

Vennemo H, Aunan K, He J W, et al. 2009. Benefits and costs to China of three different climatetreaties. Resource and Energy Economics, 31 (3): 139-160.

White G F, Haas J E. 1975. Assessment of Research on Natural Hazards. Cambridge: MIT Press.

Wittwer G F, Griffith M. 2011. Modelling drought and recovery in the southern Murray-Darling Basin. Australian Journal of Agricultural and Resource Economics, 55 (3): 342-359.

Xie W, Li N, Li C, et al. 2014. Quantifying cascading effects triggered by disrupted transportation due to the Great 2008 Chinese Ice Storm: Implications for disaster risk management. Natural Hazards, 70 (1): 337-352.

Zhou B Z, Gu L H, Ding Y H, et al. 2011. The great 2008 Chinese ice storm its socioeconomic-ecological impact and sustainability lessons learned. Bulletin of the American Meteorological Society, 92 (1): 47-60.

Zhou H J, Wang J A, Wan J, et al. 2010. Resilience to natural hazards: a geographicperspective. Natural Hazards, 53 (1): 21-41.